总第98辑（2024.2）

中国审判指导丛书

民事审判指导与参考

最高人民法院民事审判第一庭　编

人民法院出版社

图书在版编目（CIP）数据

民事审判指导与参考. 总第98辑 / 最高人民法院民事审判第一庭编. -- 北京 : 人民法院出版社, 2025. 2.
(中国审判指导丛书). -- ISBN 978-7-5109-4451-2

Ⅰ. D925.118.2

中国国家版本馆CIP数据核字第2025XK4008号

民事审判指导与参考　2024年第2辑（总第98辑）

最高人民法院民事审判第一庭　编

责任编辑　丁丽娜
出版发行　人民法院出版社
地　　址　北京市东城区东交民巷27号（100745）
电　　话　（010）67550608（责任编辑）　67550558（发行部查询）
65223677（读者服务部）
客服QQ　2092078039
网　　址　http://www.courtbook.com.cn
E-mail　courtpress@sohu.com
印　　刷　河北鑫兆源印刷有限公司
经　　销　新华书店

开　　本　787毫米×1092毫米　1/16
字　　数　242千字
印　　张　16.25
版　　次　2025年2月第1版　2025年2月第1次印刷
书　　号　ISBN 978-7-5109-4451-2
定　　价　68.00元

《民事审判指导与参考》
编辑委员会

特约通讯员

目　录

【涉劳动者权益保障专题】

【新时代“枫桥经验”专题】

【交通事故责任纠纷专题】

【依法打击虚假诉讼专题】

【理论前沿】

【最高人民法院案件解析】

【地方法院案件解析】

【热点问题调研】

【涉劳动者权益保障专题】

最高人民法院“强化欠薪治理　保障劳动权益”新闻发布稿

（2024 年 12 月 23 日）

党中央历来高度重视劳动权益保障。党的十八大以来，以习近平同志为核心的党中央围绕加强劳动权益保护、维护新就业形态劳动者权益、深化根治欠薪等作出一系列重要部署。党的二十届三中全会通过的《中共中央关于进一步全面深化改革 推进中国式现代化的决定》明确提出“完善劳动关系协商协调机制，加强劳动者权益保障”“支持和规范发展新就业形态”，推动健全劳动权益保障制度机制。2024 年 12 月召开的中央经济工作会议指出，要保持经济稳定增长，保持就业、物价总体稳定，促进居民收入增长和经济增长同步。

就业是民生之本、发展之基。依法保障劳动权益，事关充分高质量就业、事关公平正义、事关社会和谐。最高人民法院坚持以习近平新时代中国特色社会主义思想为指导，全面贯彻党的二十届三中全会精神，深入贯彻习近平法治思想，贯彻就业优先政策，加强审判指导，明晰裁判规则，做实定分止争，支持和规范发展新就业形态，积极推动构建和谐劳动关系。

一是妥善审理各类劳动权益保障案件。要让劳动者在每一起劳动权益保障案件中感受到法治的力量与温度。2024 年 1 月至 11 月，全国法院受理一审劳动争议案件 59 万件，受理一审劳务合同纠纷案件 66 万件。这些案件的妥善审理，有力维护劳动者合法权益，依法保护用人单位利益，贯彻落实我国劳动用工制度和社会保障制度改革成果，对推动构建科学和谐劳动关系，维护企业生产经营秩序，护航新经济业态发展，具有重要意义。例如，妥善审理平等就业权纠纷案件，依法纠正用人单位因为性别歧视、地域歧视等不予招录、拒绝签订劳动合同的行为，破除各种不合理限制，推动高校毕业生平等就业、多渠道灵活就业创业。又如，落实城乡劳动者平等就业、同工同酬，完善办理拖欠农民工工资案件的快立快审快执通道，符合条件的案件依法先予执行，“提前救济”，推动完善欠薪治理长效机制，依法支持农业转移人口有序融入城市工作、生活。

二是积极巩固拓展根治欠薪成果。按时足额获得劳动报酬是劳动者最关心的权益。2024年1月至11月，全国法院受理拒不支付劳动报酬罪刑事案件约1000件，受理一审追索劳动报酬纠纷民事案件约8.2万件；2024年截至12月中旬，全国法院共执结涉农民工案件约6.9万件，执行到位金额17.2亿元。最高人民法院会同人力资源和社会保障部、中华全国总工会联合发布根治欠薪典型案例，明晰规则树立“风向标”，多措并举建立“快车道”，多方联动织牢“保护网”。有效实施拒不支付劳动报酬刑事案件司法解释，通过刑罚手段依法严惩恶意欠薪行为，对恶意欠薪者形成有力震慑。对涉欠薪执行案件实行优先立案、优先执行、优先发放执行款，充分运用“点对点”等查控系统，查控被执行人财产信息，依法适用限制消费等强制措施，制裁恶意拖欠工资的被执行人，加大对规避、抗拒执行行为的惩戒力度。会同人力资源和社会保障部、中华全国总工会等部门联合实施“护薪”行动，切实解决拖欠农民工工资纠纷中调解结案难、调查取证难、裁审衔接难等问题。会同人力资源和社会保障部等部门完善劳动保障监察执法与刑事司法衔接机制，健全打击拒不支付劳动报酬犯罪的信息共享机制，强化执行联动。

三是有序加强新业态劳动者权益保障。把劳动管理算法关进法治“笼子”，用法治方式为外卖配送系上“安全带”。2024年1月至11月，全国法院审结一审涉新就业形态民事案件约8万件，包括“新业态劳动者被个体户案”“连环外包案”“劳动管理算法控制案”等典型案例，依法保障新业态劳动者权益，支持和规范发展新就业形态。最高人民法院会同人力资源和社会保障部联合发布典型案例，明确平台经济主要行业类型和常见用工方式劳动关系认定标准，对于存在用工事实，构成支配性劳动管理的，依法认定劳动关系，劳动者依法享有取得劳动报酬等一系列劳动权益，同时，应当接受用人单位的劳动管理。积极支持人力资源和社会保障部推进新就业形态人员职业伤害保障试点工作，推行新就业形态劳动者劳动合同和书面协议示范文本，促进行业规范，促推矛盾纠纷预防化解。

四是推动形成劳动争议多元化解合力。依法保障劳动权益是个系统工程，各方同向发力才能取得最佳效果。最高人民法院会同人力资源和社会保障部、中华全国总工会等部门建立“总对总”多元解纷机制，大力推进劳动争议特别是欠薪纠纷多元化解工作，联合印发《关于加强新就业形态劳动纠纷一站式调解工作的通知》，推动做好各类调解衔接联动，合力实质化解新业态劳动纠纷。2024年1月至11月，人力资源和社会保障部诉前调解成功的劳动纠纷达6.2万件，中华全国总工会诉前调解成功33.7万件。会同人力资源和社会保障部健全仲裁、审判衔接工作机制，开展仲裁、审判信息比对机制建设试点，建立疑难复杂案件共同研讨机制和典型案例联合发布机制，统一裁判尺度，畅通维权渠道。会同中华全国总工会联合发布《关于协同推进“一函两书”工作的通知》，接下来还将联合发布“一函两书”典型案例，充分发挥工会劳动法律监督提示函、工会劳动法律监督意见书和工会劳动法律监督建议书的作用，促推用人单位规范用工，保障劳动者合法权益。

下一步，最高人民法院将深入贯彻党中央关于强化欠薪治理、支持和规范发展新就业形态等重大部署和习近平总书记关于就业促进和劳动保护的重要指示批示精神，强化欠薪治理，保障劳动权益，维护社会和谐稳定。

一是积极开展治理欠薪冬季专项行动。人民法院要切实做好岁末年初欠薪案件审判执行工作，依法及时、有力保障农民工权益，让农民工高高兴兴回家过年。根据党中央、国务院有关部署要求，结合人民法院工作实际，最高人民法院决定自2024年11月至2025年春节前，在全国法院部署开展治理欠薪冬季专项行动。各级法院要全面落实《保障农民工工资支付条例》等法律法规，落实欠薪案件绿色通道和“一站式”诉讼服务，以工程建设等领域特别是政府、国企项目为重点，加大涉欠薪案件审判执行力度，综合运用调解、和解、督促履行、强制执行等手段，推动生效裁判履行到位，确保已经执行的案款在春节前顺利发放，及时兑现农民工胜诉权益，营造和谐稳定的社会环境。开展集中打击恶意欠薪攻坚行动，做到有案必查、有罪必惩，形成有力震慑；涉嫌拒不支付劳动报酬等犯罪的，依法快速审判，严厉打击。同时，贯彻宽严相济刑事政策，被告人认罪悔罪，积极筹措资金支付拖欠劳动报酬，获得被害人谅解的，依法从宽处罚。

二是切实加强涉新就业形态民事案件审判指导。新就业形态是重要的就业“蓄水池”，也引发全社会对劳动权益保障和社会秩序管理的广泛关注。人民法院既要依法加强新就业形态劳动者权益保障，又要依法促进平台经济健康有序发展，通过妥善审理每一起涉新就业形态案件，把党中央的关怀与温暖准确传递给8400万新业态劳动者。依法审理涉新就业形态社会保险纠纷案件，落实社保政策，推动、引导、支持企业和新业态劳动者依法参加相应社会保险。依法审理保险合同纠纷案件，促进平台企业通过购买人身意外险、雇主责任险等商业保险，提升新业态劳动者保障水平。妥善审理交通事故责任纠纷案件，依法合理认定各方责任，推动平台企业适用遵守交通规则等社会秩序的算法和规章制度，强化外卖快递从业人员遵守交通规则的法治意识。依法支持劳动者主张因算法不合理造成损害的赔偿请求，推动劳动管理算法符合日常生活经验、符合公序良俗。依法支持人力资源和社会保障部健全农民工和新就业形态劳动者社保制度，扩大新就业形态劳动者职业伤害保障试点范围，共筑职业安全“防护网”。下一步，继今天发布的新业态劳动争议专题指导性案例之后，最高人民法院将围绕司法实践中突出的职业伤害保障、劳动者致人损害责任承担等问题，持续培育、选编、发布案例，推进出台有关司法解释，发挥引领示范作用，统一法律适用标准。

三是有效促推劳动争议多元预防化解。人民法院既要“定分”更要“止争”，坚持和发展新时代“枫桥经验”，做实指导调解法定职能，有效发挥调解在劳动纠纷预防化解中的基础性作用。遵循自愿原则，依法开展诉前调解、诉讼调解，促进劳动纠纷实质化解；坚持当判则判，当事人不同意调解的及时依法受理、裁判，坚决防止强迫调解、久调不决。坚持“抓前端、治未病”，用好中华全国总工会、人力资源和社会保障部建立的“总对总”多元解纷机制，引导劳动争议通过调解方式解决，提升劳动争议化解质效。推广“示范诉讼+批量调解”机制，加大对群体性劳动争议调解指导力度，宣传引导劳动者依法维权，用人单位规范用工。集中力量实质化解一批群众反映强烈的信访案件，对于复杂疑难案件，有关负责同志要带头接访、依法化解，做深做实“有信必复”。抓好建筑业、制造业、房地产业等行业领域矛盾纠纷预防化解工作，统筹协调各方面力量资源，推动劳动争议化解在基层、化解在萌芽状态。

最高人民法院关于发布涉欠薪纠纷典型案例的新闻发布稿

党中央高度重视治理欠薪工作。临近岁末，正值工资结算高峰，落实和保障好农民工工资报酬权益是当前一项重要且紧迫的民生大事。为深入贯彻党的二十届三中全会关于完善劳动者工资支付保障机制、加强劳动者权益保障的重要部署，认真贯彻中央经济工作会议关于保持就业、物价总体稳定的部署安排，最高人民法院立足司法审判职能，依法加强调解工作、加大执行力度，积极化解欠薪纠纷，及时维护劳动者合法权益。我们从全国各级法院办理的大量案件中选取、发布9个涉欠薪纠纷典型案例，进一步明晰裁判规则、推动部门联动、促进多元解纷、加强协同共治。这批案例有以下特点。

一是明晰裁判规则，妥善化解纠纷。发挥典型案例在统一裁判规则、传播价值理念、促进社会治理等方面的功能作用，引导用人单位知法守法、劳动者理性维权。在宫某等11人与某金属公司等追索劳动报酬纠纷案中，宫某等11人与海外生产项目发包人某冶金公司签订劳务合同，与承包人（实际用人单位）某金属公司未订立劳动合同。在实际用人单位不认可双方存在劳动关系的情况下，人民法院依法以人格、经济等从属性特征为判断标准，准确认定双方存在劳动关系，保障了海外务工人员的合法权益。在王某与某投资公司劳动合同纠纷案中，某投资公司就拖欠工资与王某约定了分期付款时间，但未按照约定支付第一期工资，且在诉讼过程中否认付款约定。人民法院认为，虽然后续工资付款期限尚未届满，但某投资公司明确表示不履行付款义务，劳动者可以在后续工资支付期限届满前请求该公司支付所有欠付工资，依法充分保护劳动者合法权益。

二是区分不同情形，做好统筹保护。中小企业是吸纳就业的主力军。化解欠薪纠纷过程中须处理好促进市场主体发展与维护劳动者合法权益的关系。区分用人单位欠薪的主观过错、危害后果和解决预期，推动用人单位稳住岗位、保住基本工资发放，妥善解决欠薪纠纷。在31名劳动者与陈某劳务合同纠纷执行案中，陈某经营某服饰公司，因他人拖欠货款导致该公司拖欠劳动者劳动报酬，但此前从未拖欠，且该公司提供20多个工作岗位，仍有发展盈利能力。执行法院多次调解，促使劳动者与陈某签订执行和解协议，对机器设备采取"活封"方式保障正常经营，动态监管企业账户，以企业盈利支付劳动报酬，通过"活水养鱼"方式化解欠薪纠纷。在某运输公司与某混凝土公司运输合同纠纷案中，某混凝土公司拖欠运费导致某运输公司的19名货车司机无法获得劳动报酬，集体讨薪。人民法院针对欠薪症结，在运输合同纠纷中依法裁定某混凝土公司先行支付相关运费，督促某运输公司在拿到运费的同时当庭将款项发放给每位司机，既保障用人单位正常经营，又高效化解欠薪纠纷。

三是坚持多措并举，分类有效处置。人民法院落实欠薪案件绿色通道，快立快审快执各类欠薪案件，维护劳动者胜诉权益。充分运用"总对总""点对点"查控系统，强化线上和线下财产调查工作，全面查控被执行人银行存款等财产信息。依法适用限制消费、纳入失信名单等执行措施，加大对规避、抗拒执行行为的惩戒力度。在47名劳动者与某餐饮公司劳动争议仲裁裁决执行案中，某餐饮公司拒不履行劳动仲裁调解书，其实际控制人将公司法定代表人变更为毫无关联的其他个人，意图逃避法定责任。执行法院主动查明该事实后，对实际控制人等采取限制消费措施，督促其支付了劳动者工资，圆满解决了欠薪纠纷。在11名劳动者与某科技公司劳动争议仲裁裁决执行案中，某科技公司无可供执行的财产，采取限制消费等措施未取得预期效果。执行法院依法追加未实缴出资的股东作为被执行人，引导股东直接支付欠薪，化解了公司“空壳化”导致的欠薪难题。在 69 名劳动者与某鞋业公司追索劳动报酬纠纷执行案中，某鞋业公司严重资不抵债。执行法院引导债权人申请某鞋业公司执行转破产，协调有关部门调查尚未进入诉讼的工资债权情况，在破产程序中依法优先保障全体劳动者工资债权，于春节前集中发放。

四是加强协同共治，推动防治结合。治理欠薪工作是一项复杂的系统工程，需要各相关部门积极作为、加强协作。最高人民法院坚持和发展新时代“枫桥经验”，加强与中华全国总工会、人力资源和社会保障部等相关职能部门配合协作，进一步健全防范化解工作体系，充分调动各方资源，把矛盾纠纷化解在当地、解决在萌芽状态。在 11 名网约车司机与某科技公司劳动争议案中，人民法院和中华全国总工会协同推进“一函两书”（工会劳动法律监督提示函、工会劳动法律监督意见书和工会劳动法律监督建议书）工作，通过“司法建议”+“一函两书”的方式，促使用人单位自动履行裁判义务，督促平台企业履行劳动保护责任。在支持和规范发展新就业形态、劳动权益保障、重大争议处置等方面协调联动，依法保障新就业形态劳动者合法权益，规范平台用工、促进平台经济健康有序发展。在 132 名劳动者与某船舶公司追索劳动报酬纠纷执行案中，执行法院打通“仲裁保全”链条，加强与人力资源和社会保障等相关部门的信息互通、沟通协作，积极寻找意向投资人，帮助用人单位摆脱经营困境，解决了百余名劳动者欠薪和就业问题。

下一步，最高人民法院将全力以赴把党中央、国务院决策部署不折不扣落到实处，坚持依法高效办理欠薪案件，扎实开展治理欠薪冬季行动，努力维护社会公平正义，着力构建和谐劳动关系，促进社会和谐稳定。

涉欠薪纠纷典型案例

目　录

案例一

“司法建议” + “一函两书”，推动化解平台企业欠薪纠纷

——11 名网约车司机与某科技公司劳动争议案

【基本案情】

某科技公司系某网约车平台的运营主体。网约车司机在某科技公司运营管理的 App 上接受派单，由平台统一负责运力调度。2024 年，11 名网约车司机不服劳动人事争议仲裁委员会作出的仲裁裁决，诉至法院，请求确认其与某科技公司存在劳动关系，某科技公司支付拖欠工资等。案件审理过程中，审理法院了解到该网约车 App 在线注册司机数千人。

【裁判结果】

审理法院通过寓调于审、以审促调的方式开展全流程调解，促使当事人达成调解协议，某科技公司已自动履行协议义务，共计为劳动者挽回欠薪等损失 26 万元。为推动平台企业持续健康发展，审理法院向某科技公司发送司法建议。某科技公司收到司法建议后回函表示，将依法用工，进一步优化管理模式。审理法院同时将司法建议抄送区总工会，并就“法院+工会”联动发挥“一函两书”制度优势进行沟通协调。区总工会调研后，向相关平台企业发送《工会劳动法律监督提示函》。平台企业表示，将充分发挥企业工会作用，规范用工方式，认真听取、响应工会或者劳动者代表的意见建议，避免纠纷再次产生。

【典型意义】

《中共中央关于进一步全面深化改革 推进中国式现代化的决定》强调，支持和规范发展新就业形态，完善劳动关系协商协调机制，加强劳动者权益保障。人民法院和总工会协同推进“一函两书”工作，积极发

挥各自职能优势，通过发送司法建议与“一函两书”的方式，促使用人单位及行业纠正存在的劳动用工违法行为并督促用人单位自动履行裁判义务，将矛盾纠纷化解在基层、消灭在萌芽状态，谨防“小问题”演变为“大矛盾”，引导平台企业营造更加健康、和谐、稳定的用工环境，实现了新就业形态从业者权益和平台经济发展的双向增益，助力构建和谐劳动关系。

案例二

依法确认劳动关系，妥善化解海外务工人员欠薪纠纷

——宫某等 11 人与某金属公司等追索劳动报酬纠纷案

【基本案情】

某冶金公司承租老挝某钢铁公司的螺纹钢生产线成套设备及厂房。某冶金公司（发包方）与某金属公司（承包方）订立承包合同，约定：某金属公司整体承包上述设备及厂房；某金属公司自行聘任人员，统一管理，承担人员出国、薪资等费用。某金属公司招录宫某等人到老挝工厂工作。某冶金公司为协助某金属公司办理人员出国务工手续，与宫某等人订立劳务合同。宫某等 11 人提交了工作期间某金属公司的考勤记录、公司法定代表人签字的《情况说明》等证据。《情况说明》确认了自 2022 年 11 月至 2023 年 4 月期间某金属公司欠付宫某等 11 人的工资数额。因某金属公司拖欠工资，宫某等 11 人申请劳动争议仲裁。后某金属公司不服仲裁裁决，诉至法院，请求确认其与宫某等 11 人不存在劳动关系、不承担支付工资的义务。

【裁判结果】

审理法院认为，某冶金公司与宫某等 11 人订立劳务合同，系为协助某

金属公司办理人员出国务工手续。鉴于某冶金公司与某金属公司订立的承包合同约定，某金属公司自行聘任人员、支付工资，且宫某等 11 人提供的考勤记录、《情况说明》等证实其接受某金属公司的劳动管理，故不予支持某金属公司关于某冶金公司系用工单位的主张。审理法院判令，确认宫某等 11 人与某金属公司存在劳动关系、某金属公司支付拖欠的工资。

【典型意义】

随着高质量共建“一带一路”的国际共识持续扩大，覆盖地区范围不断拓展，劳动力跨境流动日益频繁，我国到海外务工的人数逐年递增，劳动纠纷不断增加。在用人单位与劳动者未订立书面劳动合同的情况下，人民法院在审理案件时，需要充分考虑境外用工法律关系的复杂性，结合劳动报酬支付主体、劳动用工管理等情况，实质性审查双方之间的法律关系是否具备劳动关系的从属性特征，充分保障劳动者的合法权益，促进对外劳务合作健康发展，进一步为“一带一路”建设提供司法服务和保障。

案例三

用人单位在合同履行期限届满前明确表示不履行支付工资义务的，应承担预期违约责任

——王某与某投资公司劳动合同纠纷案

【基本案情】

2016 年 12 月，王某入职某投资公司。某投资公司自 2019 年起欠付王某工资。双方于 2020 年 12 月签署的《欠款担保约定》载明：“某投资公司因出现经营困难，暂时无法正常支付员工工资等费用。承诺欠付王某的 2020 年 9 月至 12 月基本工资于 2021 年 12 月前付清、2019 年 11 月

至2020年12月的其他工资于2023年12月前付清。”2020年12月，某投资公司与王某解除劳动合同，但一直未按照《欠款担保约定》支付王某2020年12月基本工资。王某于2022年3月申请劳动争议仲裁，后不服仲裁裁决诉至法院，请求某投资公司支付2020年12月工资（含基本工资、其他工资）、2019年11月至2020年11月的其他工资。某投资公司在审理中明确表示不认可《欠款担保约定》中的债务，拒绝履行。

【裁判结果】

审理法院认为，当事人在解除劳动关系前签署的《欠款担保约定》合法有效，双方均应全面履行。虽《欠款担保约定》约定某投资公司于2023年12月前向王某支付2019年11月至2020年12月期间的其他工资，但某投资公司未按照约定时限向王某支付2020年12月基本工资的行为已构成违约，且在审理中明确表示不认可《欠款担保约定》确认的债务，拒绝履行约定的义务，故王某有权在履行期限届满前要求某投资公司承担法律责任。审理法院判令，某投资公司向王某支付2020年12月工资、2019年11月至2020年11月的其他工资。

【典型意义】

用人单位与劳动者协商解除劳动合同时，经常就支付工资、经济补偿等订立协议。《中华人民共和国民法典》第五百七十八条规定：“当事人一方明确表示或者以自己的行为表明不履行合同义务的，对方可以在履行期限届满前请求其承担违约责任。”本案中，虽然劳动者起诉时，双方约定的用人单位支付欠付其他工资的履行期限尚未届满，但用人单位已存在违约行为且明确拒绝履行支付工资的义务，人民法院依法判决用人单位承担支付全部工资的责任。人民法院通过个案裁判既一揽子化解了矛盾纠纷，又引领了社会法治意识养成，倡导用人单位诚信履约，引导用人单位规范用工、保障劳动者合法权益，彰显了诚信的社会主义核心价值观。

案例四

依法裁定先予执行，实现欠薪纠纷“提前救济”

——某运输公司与某混凝土公司运输合同纠纷案

【基本案情】

某运输公司与某混凝土公司订立《砼运输合作方案》，约定由某运输公司组织车辆为某混凝土公司提供预拌混凝土运输服务。双方在合同履行过程中因运费支付等发生争议。某运输公司提起诉讼，请求某混凝土公司支付运费、利息、违约金等费用。诉讼过程中，某运输公司 19 名货车司机集体讨薪。在审理法院组织下，某运输公司、某混凝土公司共同对基础运费进行了确认。某混凝土公司认可欠付 108 万余元基础运费，同意将确认后的费用支付给司机。某运输公司申请某混凝土公司先予支付 108 万余元用于支付司机工资。

【裁判结果】

审理法院认为，某运输公司与某混凝土公司在合同履行过程中多次对账，某混凝土公司认可欠付基础运费 108 万余元，双方权利义务关系明确。某混凝土公司未支付基础运费致使某运输公司无力支付司机工资，审理法院作出先予执行民事裁定书，裁定某混凝土公司先行给付某运输公司基础运费 108 万余元。为确保司机领取到工资，审理法院逐一核实司机欠薪情况，敦促某运输公司当庭将款项发放到每名司机账户，在运输合同纠纷审理中成功化解欠薪纠纷。

【典型意义】

化解欠薪纠纷对于维护劳动者生存利益，保障劳动者利益诉求快速实现具有重要意义。人民法院审结民事案件需要一定的时间。在此期间，有的当事人可能存在严重经济困难或者其他急迫需要，若不提前兑现胜诉权益，则其难以维持正常的生活或者生产经营。在作出判决之前，根据当事人的申请，人民法院可以裁定，一方当事人给付另一方当事人一定数额的款项或者财物。本案中，人民法院在审理运输合同纠纷中，发现当事人无异议的基础运费 108 万余元正是用人单位急需发放给劳动者的工资。如解决运输合同纠纷后，再向劳动者发放工资，不利于及时保障劳动者的合法权益，亦不利于社会稳定。收到当事人提交的先予执行申请后，人民法院对于事实清楚的基础运输费用部分依法裁定先予执行，引导当事人当庭给付劳动者工资，不仅先行化解了当事人之间的合同纠纷，还有效缓解了劳动者的燃眉之急，高效维护了劳动者的合法权益，实现了对劳动者的“提前救济”。

案例五

巧用追加程序，化解群体讨薪难题

——11 名劳动者与某科技公司劳动争议仲裁裁决执行案

【基本案情】

某科技公司因经营不善拖欠 11 名劳动者工资，劳动者申请劳动争议仲裁，并在仲裁裁决生效后申请强制执行。执行法院经系统查询及实地调查，均未发现某科技公司有可供执行的财产。执行法院虽对某科技公司采取限制消费、纳入失信被执行人名单等措施，但效果不佳，一度陷入执行僵局。

执行法院及时转变执行思路，通过调取某科技公司的工商档案，发现该公司的注册资本为 500 万元，三名股东分别认缴出资额 400 万元、50 万元、50 万元，出资期限为 2050 年 12 月 31 日，出资方式为货币，股东实缴出资额均为0元。执行法院及时约谈申请执行的劳动者，依法释明，引导其申请追加股东为被执行人，并开通绿色通道将案件快速移送执行裁决部门审查。

【执行结果】

启动追加程序后，执行法院向股东释明其对公司的出资责任、出资义务加速到期的条件、公司债权人对股东出资享有的权利以及被追加为被执行人的法律后果。股东认识到其应积极履行实缴出资义务，随即向劳动者支付了工资18.97万元，劳动者撤回追加申请，案件执行终结。

【典型意义】

欠薪案件的执行关系劳动者的生存利益。《最高人民法院关于民事执行中变更、追加当事人若干问题的规定》第十七条规定："作为被执行人的营利法人，财产不足以清偿生效法律文书确定的债务，申请执行人申请变更、追加未缴纳或未足额缴纳出资的股东、出资人或依公司法规定对该出资承担连带责任的发起人为被执行人，在尚未缴纳出资的范围内依法承担责任的，人民法院应予支持。"本案中，面对公司"空壳化"、无财产可供执行的困境，人民法院依法积极履职，准确适用公司法关于公司资本制度的规定，用全、用好、用尽执行措施，通过追加执行主体方式，促使股东代公司清偿债务，全面兑现劳动者胜诉权益，真正实现了案结事了。

案例六

依法限制实际控制人等高消费，彻底化解欠薪纠纷

——47名劳动者与某餐饮公司劳动争议仲裁裁决执行案

【基本案情】

47名劳动者与某餐饮公司因劳动报酬事宜发生争议，劳动者向劳动人事争议仲裁委员会申请仲裁。双方就争议事项达成调解协议：某餐饮公司于2023年6月10日前一次性支付劳动者工资共计795942元，劳动人事争议仲裁委员会出具仲裁调解书。因某餐饮公司未履行义务，47名劳动者向执行法院申请执行。

【执行结果】

执行法院受理案件后，了解到某餐饮公司实际控制人系朱某，主要负责人实为程某，法定代表人余某与公司无任何关联。朱某、程某拒不承认自己系公司的实际控制人、主要负责人。执行法院经多方走访，最终获取到足以证明朱某、程某系公司实际控制人与主要负责人的证据，经劳动者申请，对二人采取限制消费措施。在执行法院将文书送达程某、朱某，并告知其拒不履行生效法律文书的后果后，二人主动出面与劳动者协商，支付了拖欠工资。

【典型意义】

执行实践中，将被执行人纳入失信被执行人名单、采取限制消费措施是化解“执行难”的利器。有些用人单位为了逃避执行，实际控制人将法定代表人变更为与单位毫无关联的人，人民法院对法定代表人采取惩戒措施对案件执行毫无助益，实际控制人仍然控制公司经营。本案中，人民法院在查询不到用人单位名下财产时，主动查证实际控制人相关证

据，对被执行人的实际控制人及主要负责人采取限制消费措施，促使隐匿于幕后的被执行人主要人员“走出来”与劳动者协商解决问题，圆满解决欠薪执行难题。

案例七

“灵活查封+司法监管+风险提示”，助力小微企业摆脱欠薪困境

——31 名劳动者与陈某劳务合同纠纷执行案

【基本案情】

31 名劳动者在陈某经营的某服饰公司工作。因陈某无法支付劳动报酬，双方产生争议。经人民调解委员会主持调解，双方达成调解协议，人民法院经审查认为调解协议符合确认条件，依法作出确认决定书。因陈某未按约履行债务，31 名劳动者向执行法院申请强制执行。

【执行结果】

在执行过程中，执行法院查明，陈某名下除了厂内机器设备外无其他财产可供执行。执行法官通过实地调查走访，了解到某服饰公司是本地的羽绒服加工厂，目前仍在经营，提供 20 余个就业岗位，但因被他人拖欠货款导致资金周转困难，此前从未拖欠过劳动者劳动报酬。若将机器设备一封到底，公司经营将难以为继，劳动者将全部下岗；但不及时采取有效执行措施，申请执行人的权益又难以得到保障。

执行法院综合考量后认为，某服饰公司具有发展盈利潜力，“竭泽而渔”不如“活水养鱼”。执行法官邀请申请执行人一同前往现场，阐明利害关系，多次组织双方调解，最终订立和解协议，约定分期付款，某服饰公司指定账户被纳入法院监管，除预留生产经营必需资金外，其他收

入均用于偿还债务。执行法院对机器设备采取“活封”，陈某未经允许不得对机器设备实施转让、买卖等处分行为，但可继续进行生产使用。陈某开办的某服饰公司正常经营，出厂羽绒服销往全国各地，本案得以顺利执行完毕。

【典型意义】

本案执行过程中，人民法院致力于各方主体权益的实质性实现，准确把握强制执行与善意文明执行的平衡点，根据市场环境、企业状况进行科学研判，及时调整执行方案，通过“活水养鱼”的方式为双方提供缓冲空间，保障企业持续开展生产经营活动，激发市场活力，最大限度地帮助其减负纾困、恢复发展。对企业银行账户进行动态监管，增进双方互信，在有效解决纠纷的同时，也为双方当事人今后的合作和发展提供了可能。

案例八

综合施策，实现查封财产价值最大化

——132 名劳动者与某船舶公司追索劳动报酬纠纷执行案

【基本案情】

因某船舶公司拖欠 132 名劳动者劳动报酬，双方产生争议。132 名劳动者向劳动人事争议仲裁委员会申请仲裁，并申请财产保全。执行法院打通“仲裁保全”链条，以线上与线下“双线”结合查控方式，在相关部门配合下，一天内成功冻结某船舶公司银行账户 1.13 万元，清点并查封厂内大量机器、办公设备及原材料等。双方达成调解协议后，劳动人事争议仲裁委员会出具仲裁调解书。

【执行结果】

仲裁调解书生效后，某船舶公司负责人表示无力继续经营，且案涉财产处置变现周期长，劳动者工资权益兑现难度大。为实现资产价值最大化，执行法院协调镇政府，积极寻找意向投资人，多次组织意向投资人现场走访、查看设备，促成广州某船业公司在设备拍卖前承租厂房及设备，支付的租金用以支付劳动者工资。之后，执行法院通过拍卖处置了被执行人的设备，为劳动者追回工资等共计 265 万元。为保障企业正常经营，解决劳动者失业问题，执行法院持续与竞买人广州某船业公司沟通协商，促成竞买人投资经营某船舶公司，既帮助企业摆脱经营困境，又解决了百余名劳动者的就业问题。

【典型意义】

企业经营不善易引发欠薪纠纷。本案中，人民法院积极发挥执行职能，畅通“仲裁保全”机制，加强与人社部门、属地镇政府的信息互通、沟通协作，发挥府院联动机制优势作用，创新执行联动模式，引入投资人盘活案涉机器设备并接手经营企业，解决劳动者失业问题。人民法院情系群众之“急”、善解群众之“难”、巧化群众之“愁”、回应群众之“盼”，既实质化解欠薪难题，又深入践行了“暖薪护企”理念，服务经济社会发展大局。

案例九

“执破融合”，一揽子化解欠薪纠纷

——69 名劳动者与某鞋业公司追索劳动报酬纠纷执行案

【基本案情】

某鞋业公司系生产鞋品的小微企业，因经营不善负债并拖欠劳动者工资，其中进入法院执行程序的13笔工资共计59.6万元，未经诉讼、仲裁的56笔工资共计51.5万元，累计69笔共计111.1万元。执行法院经调查走访，某鞋业公司现有资产为机器设备、铝楦及少量银行存款等，严重资不抵债。

【执行结果】

为妥善化解纠纷，一方面，执行法院加快处置某鞋业公司财产，经全体债权人同意后，对价值较高的铝楦以高于市场评估价的105.7万元予以变卖，八小时连夜完成向买受人交付。另一方面，为平等保护所有劳动者权益，执行法院协调有关部门调查尚未进入诉讼的工资债权情况，以“执破融合”引导债权人申请某鞋业公司执行转破产，于破产程序中依据破产财产分配顺序优先保障全体劳动者工资债权。最终，执行法院通过依法启动破产程序为全体劳动者发放工资105.7万元，实质性化解矛盾纠纷。

【典型意义】

人民法院立足司法职能，坚持充分保障劳动者权益，凝聚部门协作合力，深化“执破融合”，多方联动一揽子化解69名劳动者追索劳动报酬纠纷案，于春节前集中发放工资105.7万元，高效兑现工资债权，消除潜在纠纷，维护劳动者合法权益，切实实现“劳有所得”，有效维护了社会稳定。

最高人民法院关于发布新就业形态劳动争议专题指导性案例的新闻发布稿

在《中华人民共和国劳动法》颁布三十周年之际，最高人民法院公开发布第 42 批共四件新就业形态劳动争议专题指导性案例。这是最高人民法院首次发布这方面的专题指导性案例。

一、本批指导性案例的编选背景

就业是最基本的民生。近年来，随着平台经济快速发展，新就业形态在稳增长、稳就业等方面发挥了重要作用。根据中华全国总工会调查，目前，新就业形态劳动者达 8400 万人，占全国职工总数的 21%。这是一个非常庞大的群体。2024 年 12 月召开的中央经济工作会议专门强调，要“加强灵活就业和新就业形态劳动者权益保障”。在新的时代背景下，加强新就业形态劳动者权益司法保障，促进平台经济健康有序发展，是人民法院深入贯彻习近平法治思想，坚持以人民为中心，服务经济社会高质量发展的必然要求。

近五年，也就是 2020 年到 2024 年这五年，全国法院共受理新就业形态民事纠纷案件约 42 万件。调研发现，实践中对于如何准确判断平台企业与劳动者之间是否存在劳动关系较难把握、争议较大。而是否存在劳动关系，对劳动者的权益有重大影响。如果存在劳动关系，劳动者就依法享有获得劳动报酬，享受社会保险和福利，在解除或者终止劳动合同时有权获得经济补偿、赔偿金等一系列特有的权利。2005 年，原劳动和社会保障部发布了《关于确立劳动关系有关事项的通知》，对劳动关系的认定标准作出了相应明确。但是，在新就业形态领域，劳动用工模式发生很大变化，在管理方式、工作时间、报酬支付等方面呈现出灵活性、多元性、技术性等新的特点，造成新就业形态劳动争议所涉情形复杂多样，是否存在劳动关系判断困难。特别是，实践中有的企业还存在规避建立劳动关系的现象。例如，有的平台企业将相关业务“连环外包”，有的企业通过诱导劳动者注册为“个体工商户”并订立承揽、合作协议等方式，规避劳动法律法规和用人单位责任，进一步加剧了准确判断的难度，一定程度上影响了裁判标准的统一。

有鉴于此，为有效解决司法实践问题，及时回应社会关切，依法维护新就业形态劳动者合法权益，保障平台经济健康有序发展，最高人民法院经认真研究，组织选编了这一批专题指导性案例。

二、本批指导性案例的主要内容

本批案例涉及外卖骑手、网络主播、代驾司机等职业群体，聚焦平台企业与新就业形态劳动者之间的劳动关系认定，对司法实践中的突出问题作出了回应、明确了规则。

目前，我国外卖骑手的数量已超过1000万。大家普遍关注的是，如果“外卖小哥”与平台企业签订的是承揽、合作协议，或者平台企业要求“外卖小哥”先注册为“个体工商户”，再与平台企业签订承揽、合作协议，是否就不能认定存在劳动关系？对此，我们经研究认为，在新就业形态下，尽管平台企业生产经营方式发生较大变化，具有很多新的特点，但判断企业与劳动者之间是否存在劳动关系，仍然必须抓住劳动关系的本质、核心特征，即是否存在支配性劳动管理；特别是，判断是否存在劳动关系，必须透过现象看本质，坚持实事求是原则，不能只注重形式和外观。在此基础上，指导性案例237号郎溪某服务外包有限公司诉徐某申确认劳动关系纠纷案明确：平台企业或者平台用工合作企业与劳动者订立承揽、合作协议，劳动者主张与该企业存在劳动关系的，人民法院应当根据用工事实，综合考虑劳动者对工作时间及工作量的自主决定程度，劳动过程受管理控制程度，劳动者是否需要遵守有关工作规则、算法规则、劳动纪律和奖惩办法，劳动者工作的持续性，劳动者能否决定或者改变交易价格等因素，依法作出相应认定。对于存在用工事实，构成支配性劳动管理的，应当依法认定存在劳动关系。指导性案例238号圣某欢诉江苏某网络科技有限公司确认劳动关系纠纷案进一步明确：平台企业或者平台用工合作企业要求劳动者注册为个体工商户后再签订承揽、合作协议，劳动者主张根据实际履行情况认定劳动关系的，人民法院应当在查明事实的基础上，依据相关法律，准确作出认定。此外，该案例还明确：对于主营业务存在转包情形的，人民法院应当根据用工事实和劳动管理程度，结合实际用工管理主体、劳动报酬来源等因素，依法认定劳动者与其关系最密切的企业建立劳动关系。上述两个案例对于有效解决实践中存在的，利用签订承揽协议、合作协议、“引导”劳动者注册为“个体工商户”、连环外包等方式规避建立劳动关系的问题，具有重要意义。

据有关方面统计，目前我国网络主播数量已超过1500万，MCN机构已超2.5万家。网络主播与MCN机构之间的劳动争议较为多发。是不是MCN机构对网络主播但凡存在一定程度的管理，就必然要认定双方之间存在劳动关系呢？在指导性案例239号王某诉北京某文化传媒有限公司劳动争议案中，网络主播王某与北京某文化传媒有限公司（以下简称北京某传媒公司）签订了经纪合同。根据合同，王某负有准时抵达工作场所、按约定完成工作事项等义务。但在签订合同过程中，王某有较强的议价权；而且，在履行合同过程中，王某无须遵守北京某传媒公司的有关工作规则、劳动纪律和奖惩办法。根据这样一个事实，应当认为，虽然北京某传媒公司可以根据经纪合同对王某的演艺行为等进行必要的约束，但这是王某按照约定应当履行的合同义务，并不属于支配性劳动管理。因此，该案的裁判要点明确：经纪公司对从业人员的工作时间、工作内容、工作过程控制程度不强，从业人员无须严格遵守公司劳动管理制度，且对利益分配等事项具有较强议价权的，应当认定双方之间不存在支配性劳动管理，不存在劳动关系。

代驾司机也是新就业形态劳动者的重要组成部分。针对代驾司机与平台企业之间是否存在劳动关系的问题，指导性案例 240 号秦某丹诉北京某汽车技术开发服务有限公司劳动争议案明确：平台企业或者平台用工合作企业为维护平台正常运营、提供优质服务等进行必要运营管理，但未形成支配性劳动管理的，对于劳动者提出的与该企业之间存在劳动关系的主张，人民法院依法不予支持。

第 239 号、第 240 号指导性案例的发布，有利于准确区分因经纪关系所产生的履约要求，以及基于平台维护所采取的必要运营管理措施，与支配性劳动管理之间的界限，防止因劳动关系认定过于泛化，不当认定劳动关系，制约平台经济的健康发展。需要补充说明的是，发布第 239 号、第 240 号指导性案例，并不意味着平台企业与网络主播、代驾司机之间绝对不能成立劳动关系，关键要看是否存在用工事实，构成支配性劳动管理。此外，即使不构成支配性劳动管理，不能认定存在劳动关系，但企业进行一定劳动管理的，也应当依法依规保障劳动者的相应权益。

总之，最高人民法院发布这一批指导性案例，一方面，旨在通过案例指导方式统一法律适用标准，确保新就业形态案件裁判尺度统一，切实维护劳动者合法权益，努力实现“让人民群众在每一个司法案件中感受到公平正义”的目标；另一方面，旨在规范、引领平台经济健康有序发展，促进新就业形态领域劳动关系纠纷的源头预防和妥善化解。下一步，最高人民法院将继续围绕司法实践突出问题、社会关切热点问题，持续强化案例指导和法治宣传，为促进经济社会高质量发展提供有力司法服务和保障。

最高人民法院
关于发布第42批指导性案例的通知

2024年12月20日　　法〔2024〕298号

各省、自治区、直辖市高级人民法院，解放军军事法院，新疆维吾尔自治区高级人民法院生产建设兵团分院：

经最高人民法院审判委员会讨论决定，现将郎溪某服务外包有限公司诉徐某申确认劳动关系纠纷案等四个案例（指导性案例237—240号），作为第42批指导性案例发布，供审判类似案件时参照。

指导性案例237号

郎溪某服务外包有限公司诉徐某申确认劳动关系纠纷案

（最高人民法院审判委员会讨论通过　2024年12月20日发布）

关键词　民事/确认劳动关系/新业态用工/承揽、合作协议/实际履行情况/劳动管理

裁判要点

平台企业或者平台用工合作企业与劳动者订立承揽、合作协议，劳动者主张与该企业存在劳动关系的，人民法院应当根据用工事实，综合考虑劳动者对工作时间及工作量的自主决定程度，劳动过程受管理控制

程度，劳动者是否需要遵守有关工作规则、算法规则、劳动纪律和奖惩办法，劳动者工作的持续性，劳动者能否决定或者改变交易价格等因素，依法作出相应认定。对于存在用工事实，构成支配性劳动管理的，应当依法认定存在劳动关系。

基本案情

郎溪某服务外包有限公司（以下简称郎溪某服务公司）与某咚买菜平台的运营者上海某网络科技有限公司（以下简称上海某网络公司）于2019年4月1日订立《服务承揽合同》。该合同约定：郎溪某服务公司为上海某网络公司完成商品分拣、配送等工作；双方每月定期对郎溪某服务公司前一个月的承揽费用进行核对后由上海某网络公司支付；郎溪某服务公司自行管理所涉提供服务的人员，并独立承担相应薪酬、商业保险费、福利待遇，以及法律法规规定的雇主责任或者其他责任。

2019年7月，郎溪某服务公司安排徐某申到某咚买菜平台九亭站从事配送工作。郎溪某服务公司与徐某申订立《自由职业者合作协议》《新业态自由职业者任务承揽协议》。两份协议均约定：徐某申与郎溪某服务公司建立合作关系，二者的合作关系不适用劳动合同法。其中，《新业态自由职业者任务承揽协议》约定：郎溪某服务公司根据合作公司确认的项目服务人员服务标准及费用标准向徐某申支付服务费用；无底薪、无保底服务费，实行多劳多得、不劳不得制。但郎溪某服务公司并未按照以上协议约定的服务费计算方式支付费用，实际向徐某申支付的报酬包含基本报酬、按单计酬、奖励等项目。2019年8月12日，郎溪某服务公司向徐某申转账人民币9042.74元（币种下同）。2019年8月13日，徐某申在站点听从指示做木架，因切割木板意外导致右脚受伤，住院接受治疗，自此未继续在该站点工作。2019年9月3日，郎溪某服务公司以“服务费”名义向徐某申支付15000元。徐某申在站点工作期间，出勤时间相对固定，接受站点管理，按照排班表打卡上班，根据系统派单完成配送任务，没有配送任务时便在站内做杂活。

徐某申因就工伤认定问题与郎溪某服务公司发生争议，申请劳动仲裁。上海市松江区劳动人事争议仲裁委员会裁决：徐某申与郎溪某服务公司在 2019 年 7 月 5 日至 2019 年 8 月 13 日期间存在劳动关系。郎溪某服务公司不服，向上海市松江区人民法院提起诉讼。

裁判结果

上海市松江区人民法院于 2021 年 7 月 5 日作出（2021）沪 0117 民初 600 号民事判决：确认徐某申与郎溪某服务外包有限公司在 2019 年 7 月 5 日至 2019 年 8 月 13 日期间存在劳动关系。宣判后，郎溪某服务外包有限公司不服，提起上诉。上海市第一中级人民法院于 2022 年 3 月 7 日作出（2021）沪 01 民终 11591 号民事判决：驳回上诉，维持原判。

裁判理由

本案的争议焦点为：在郎溪某服务公司与徐某申订立承揽、合作协议的情况下，能否以及如何认定双方之间存在劳动关系。

是否存在劳动关系，对劳动者的权益有重大影响。存在劳动关系的，劳动者依法享有取得劳动报酬、享受社会保险和福利、获得经济补偿和赔偿金等一系列权利，同时也承担接受用人单位管理等义务。根据《中华人民共和国劳动法》《中华人民共和国劳动合同法》的规定："用人单位自用工之日起即与劳动者建立劳动关系"，"建立劳动关系应当订立劳动合同"。但实践中存在企业与劳动者签订承揽、合作等合同，以规避与劳动者建立劳动关系的情况。对此，人民法院应当根据用工事实，综合考虑人格从属性、经济从属性、组织从属性等因素，准确认定企业与劳动者是否存在劳动关系，依法处理劳动权益保障案件。《劳动和社会保障部关于确立劳动关系有关事项的通知》（劳社部发〔2005〕12 号）第一条规定："用人单位招用劳动者未订立书面劳动合同，但同时具备下列情形的，劳动关系成立。（一）用人单位和劳动者符合法律、法规规定的主体资格；（二）用人单位依法制定的各项劳动规章制度适用于劳动者，劳动者受用人单位的劳动管理，从事用人单位安排的有报酬的劳动；（三）劳动者提供的劳动是用人单位业务的组成部分。"可见，劳动关系的本质特征是支配性劳动管理。在新就业形态下，平台企业生产经营方式发生较大变化，劳动管理的具体形式也随之具有许多新的特点，但对劳动关系的认定仍应综合考量人格从属性、经济从属性、组织从属性的有无及强弱。具体而言，应当综合考虑劳动者对工作时间及工作量的自主决定程度，劳动过程受管理控制程度，劳动者是否需要遵守有关工作规则、算法规则、劳动纪律和奖惩办法，劳动者工作的持续性，劳动者能否决定或者改变交易价格等因素，依法作出相应认定。

本案中，虽然郎溪某服务公司与徐某申订立的是承揽、合作协议，但根据相关法律规定，结合法庭查明的事实，应当认定徐某申与郎溪某服务公司之间存在劳动关系。具体而言：其一，徐某申在站点从事配送工作，接受站点管理，按照站点排班表打卡上班，并根据派单按时完成配送任务，在配送时间、配送任务等方面不能自主选择，即使没有配送任务时也要留在站内做杂活。其二，徐某申的报酬组成包含基本报酬、按单计酬及奖励等项目，表明郎溪某服务公司对徐某申的工作情况存在相应的考核与管理，并据此支付报酬。其三，郎溪某服务公司从上海某网络公司承揽商品分拣、配送等业务，徐某申所从事的配送工作属于郎溪某服务公司承揽业务的重要组成部分。综上所述，徐某申与郎溪某服务公司之间存在用工事实，构成支配性劳动管理，符合劳动关系的本质特征，应当认定存在劳动关系。

相关法条

《中华人民共和国劳动法》第十六条

《中华人民共和国劳动合同法》第七条、第十条

指导性案例238号

圣某欢诉江苏某网络科技有限公司确认劳动关系纠纷案

（最高人民法院审判委员会讨论通过　2024年12月20日发布）

关键词　民事/确认劳动关系/新业态用工/个体工商户/承揽、合作

协议/实际履行情况/劳动管理

裁判要点

1. 平台企业或者平台用工合作企业要求劳动者注册为个体工商户后再签订承揽、合作协议，劳动者主张根据实际履行情况认定劳动关系的，人民法院应当在查明事实的基础上，依据相关法律，准确作出认定。对于存在用工事实，构成支配性劳动管理的，依法认定存在劳动关系。

2. 对于主营业务存在转包情形的，人民法院应当根据用工事实和劳动管理程度，结合实际用工管理主体、劳动报酬来源等因素，依法认定劳动者与其关系最密切的企业建立劳动关系。

基本案情

江苏某网络科技有限公司（以下简称江苏某网络公司）承包某外卖平台在江苏省苏州市虎丘区浒墅关片区的外卖配送服务。2019 年 4 月 25 日，圣某欢通过特定 App 注册成为该外卖平台浒墅关片区专送骑手。专送骑手的具体运行模式为：在注册方式上，专送骑手必须通过站点授权才能下载注册该 App；在派单方式上，平台根据定位向专送骑手派单，骑手不可拒绝，因特殊情况不能接单需申请订单调配；在骑手管理上，专送骑手受其专属站点管理，站长决定订单调配、骑手排班，骑手需按照排班上线接单；在薪资构成及结算上，专送骑手薪资包括订单提成、骑手补贴及其他补贴等。在注册过程中，圣某欢进行人脸识别并根据提示讲出“我要成为个体工商户”。自此，圣某欢通过上述 App 接单，接单后使用自有车辆配送。江苏某网络公司对圣某欢有明确的上班时间及考勤要求，请假会扣除相应奖励。

2019 年 5 月 30 日，江苏某网络公司与江苏某企业管理有限公司（以下简称江苏某管理公司）签订服务协议，约定委托江苏某管理公司提供市场推广服务；江苏某管理公司承接项目订单后可以另行转包；接活方在执行任务期间受到或对任何第三方造成人身伤害、财产损害，江苏某网络公司应当自行承担后果，不得要求江苏某管理公司承担侵权等赔偿责任；每月双方对上个月接活方名单、佣金费用、服务费用等进行核对，由江苏某网络公司将相应款项存入其设在第三方平台的账户，由第三方平台将相应费用划至接活方账户。同年6月10日，圣某欢委托江苏某管理公司为其注册“个体工商户”，并以“个体工商户”名义与江苏某管理公司签订《项目转包协议》，约定：双方系独立的民事承包关系，不属于劳动关系；个体工商户独立承包配送服务业务，承担承揽过程中所可能产生的一切风险和责任；江苏某管理公司按月将服务费结算给个体工商户。同年6月13日，圣某欢注册成为“个体工商户”，经营范围为市场营销策划、市场推广服务、展览展示服务。2019年6月至8月，圣某欢分别收到薪资人民币5035.5元、6270.5元、5807.7元（币种下同）。圣某欢在上述App中的薪资账单页面显示，薪资规则说明为江苏某网络公司制定，薪资构成包括底薪、提成、补贴奖励等，其中底薪为0元。

2019年8月24日晚10时许，圣某欢在外卖配送过程中因交通事故受伤。因工伤认定问题与江苏某网络公司发生争议，圣某欢申请仲裁，请求确认其与江苏某网络公司在2019年4月26日至8月24日期间存在劳动关系。江苏省苏州市虎丘区劳动争议仲裁委员会裁决：驳回圣某欢的仲裁请求。圣某欢不服，向江苏省苏州市虎丘区人民法院提起诉讼。诉讼过程中，江苏省苏州市虎丘区人民法院依职权追加江苏某管理公司作为第三人参加诉讼。

裁判结果

江苏省苏州市虎丘区人民法院于2021年8月2日作出（2020）苏0505民初5582号民事判决：圣某欢与江苏某网络科技有限公司在2019年4月25日至2019年8月24日期间存在劳动关系。宣判后，双方当事人均未提起上诉，判决已发生法律效力。

裁判理由

本案的争议焦点为：外卖骑手圣某欢与江苏某网络公司之间是否存在劳动关系。

劳动关系是劳动者个人与用人单位之间基于用工建立的关系。但实践中存在企业要求劳动者登记为“个体工商户”后再签订承揽、合作等合同，以规避与劳动者建立劳动关系的情况。发生纠纷后，劳动者主张与该企业存在劳动关系的，人民法院不能仅凭双方签订的承揽、合作协议作出认定，而应当根据用工事实，综合考虑人格从属性、经济从属性、组织从属性等因素，准确认定企业与劳动者是否存在劳动关系。劳动者被要求注册为“个体工商户”，并不妨碍劳动者与用人单位建立劳动关系。对于存在用工事实，构成支配性劳动管理的，应当依法认定存在劳动关系。

本案中，江苏某网络公司要求外卖骑手圣某欢登记为“个体工商户”后再与其签订承揽、合作协议，意在规避用人单位应当承担的法律责任，双方实际存在较强的人格从属性、经济从属性、组织从属性，构成支配性劳动管理。具体而言：其一，圣某欢成为专送骑手需通过站点授权才能完成App注册，而后圣某欢通过App接单，根据劳动表现获取薪酬，不得拒绝平台派发订单，特殊情况不能接单时需向江苏某网络公司申请订单调配；而且，江苏某网络公司制定考勤规则，对圣某欢的日常工作进行管理。其二，根据App薪资账单中的薪资规则说明、平台服务协议可以看出，圣某欢薪资来源、薪资规则制定方为江苏某网络公司，发放金额由江苏某网络公司确定，双方实际结算薪资。其三，圣某欢注册成为专送骑手，隶属于江苏某网络公司承包的某外卖平台浒墅关片区站点，其从事外卖配送服务属于该公司主营业务。综上所述，江苏某网络公司要求、引导圣某欢注册成为“个体工商户”，以建立所谓平等主体之间合作关系的形式规避用人单位责任，但实际存在用工事实，对圣某欢进行支配性劳动管理，符合劳动关系的本质特征，应当认定双方之间存在劳动关系。

关于圣某欢是与江苏某网络公司还是与江苏某管理公司存在劳动关系的问题。经查，江苏某网络公司虽然通过签订平台服务协议将配送业务转包给江苏某管理公司，但实际圣某欢依然通过此前注册的App进行接单和配送，江苏某网络公司也通过该App派单并进行工资结算。圣某欢系由江苏某网络公司直接安排工作、直接管理、结算薪资等，其与江苏某网络公司之间联系的密切程度明显超过与江苏某管理公司的联系。故对江苏某网络公司仅以其与江苏某管理公司存在内部分包关系为由，提出其与圣某欢之间不存在劳动关系的抗辩，依法不予支持。

相关法条

《中华人民共和国劳动法》第十六条

《中华人民共和国劳动合同法》第七条、第十条

指导性案例239号

王某诉北京某文化传媒有限公司劳动争议案

（最高人民法院审判委员会讨论通过　2024年12月20日发布）

关键词　民事/劳动争议/确认劳动关系/新业态用工/网络主播/经纪合同/不存在劳动关系

裁判要点

经纪公司对从业人员的工作时间、工作内容、工作过程控制程度不强，从业人员无须严格遵守公司劳动管理制度，且对利益分配等事项具有较强议价权的，应当认定双方之间不存在支配性劳动管理，不存在劳动关系。

基本案情

王某系网络主播，其在网络平台创建并运营自媒体账号。2020年3月，王某与北京某文化传媒有限公司（以下简称北京某传媒公司）签订《独家经纪合同》。该合同约定：王某授权北京某传媒公司独家为其提供自媒体平台图文、音频视频事务有关的经纪服务和商务运作；王某主要收入为按照月交易金额获取收益，王某的保底费用和提成根据月交易金额确定，北京某传媒公司将收入扣除相关必要费用后由双方按比例分成，王某有权对收入分配结算提出异议；王某应当按照北京某传媒公司的安排，准时抵达工作场所，按约定完成工作事项；该合同为合作服务合同，

并非劳动合同，双方并不因签订本合同而建立劳动关系。在签订合同过程中，王某着重对收益分配部分作了对其有利的修改。

在合同实际履行过程中，王某按照双方约定参与运营自媒体账号，其每月收入并不固定，收入多少取决于双方合作经营的平台广告收入。合同签订后，王某的自媒体账号由其与北京某传媒公司共同运营管理，粉丝量由签订合同前的近百万逐步涨至 400 万。此外，王某在北京某传媒公司推荐下参与广告制作和发布、综艺演出等活动。

后双方发生争议，王某申请劳动仲裁，请求确认其与北京某传媒公司在 2020 年 3 月 1 日至 2021 年 4 月 13 日期间存在劳动关系，北京某传媒公司向其支付 2021 年 2 月 1 日至 2021 年 4 月 13 日奖金人民币 255217.5 元（币种下同），以及 2020 年 3 月 1 日至 2021 年 2 月 28 日未订立书面劳动合同的二倍工资差额 11 万元。北京市朝阳区劳动人事争议仲裁委员会裁决：驳回王某的仲裁请求。王某不服，向北京市朝阳区人民法院提起诉讼。

裁判结果

北京市朝阳区人民法院于 2022 年 11 月 25 日作出（2022）京 0105 民初 9090 号民事判决：驳回王某的诉讼请求。宣判后，王某不服，提起上诉。北京市第三中级人民法院于 2023 年 9 月 5 日作出（2023）京 03 民终 7051 号民事判决：驳回上诉，维持原判。

裁判理由

本案的争议焦点为：北京某传媒公司与其旗下网络主播王某之间是否存在劳动关系。

劳动关系的本质特征是支配性劳动管理，即劳动者与用人单位之间存在较强的人格从属性、经济从属性、组织从属性。在新就业形态下，对于有关企业与网络主播之间的法律关系，要立足具体案件具体分析，重点审查企业与网络主播之间的权利义务内容及确定方式，准确区分因经纪关系所产生的履约要求与劳动管理，判定平台企业是否对网络主播存在支配性劳动管理，两者之间是否存在劳动关系。

本案中，从双方订立的合同及实际履行情况看，北京某传媒公司未对网络主播王某进行支配性劳动管理。具体而言：第一，根据北京某传媒公司与王某订立的经纪合同，王某应当按照北京某传媒公司的安排，准时抵达工作场所，按约定完成工作事项。但王某无须遵守北京某传媒公司的有关工作规则、劳动纪律和奖惩办法。因此，虽然北京某传媒公司可以根据经纪合同约定对王某的演艺行为等进行必要的约束，但这并不属于劳动法律意义上的劳动管理，而是王某按照约定应当履行的合同义务。第二，王某对收益分配方式等内容具有较强的协商权和议价权。王某在与北京某传媒公司订立协议的过程中，着重对收益的分配比例等核心内容进行谈判议价，双方之间的法律关系体现出平等协商的特点，而且约定分成的收益分配方式明显有别于劳动关系。第三，从合同目的和内容看，双方合作本意是通过北京某传媒公司的孵化，进一步提升王某在自媒体平台的艺术、表演、广告、平面形象影响力和知名度，继而通过王某独立参与商业活动获取相应广告收入，并按合同约定进行分配。合同内容主要包括有关经纪事项、报酬及收益分配、违约责任等权利义务约定，不具有劳动合同的要素内容。

综上所述，北京某传媒公司与旗下网络主播王某之间的权利义务不符合劳动管理所要求的劳动者与用人单位之间存在人格从属性、经济从属性、组织从属性的特征，依法不应认定存在劳动关系。

相关法条

《中华人民共和国劳动合同法》第七条

《最高人民法院关于适用〈中华人民共和国民事诉讼法〉的解释》(法释〔2015〕5号) 第九十条

指导性案例 240 号

秦某丹诉北京某汽车技术开发服务有限公司劳动争议案

（最高人民法院审判委员会讨论通过　2024 年 12 月 20 日发布）

关键词　民事/劳动争议/确认劳动关系/新业态用工/代驾司机/必要运营管理/不存在劳动关系

裁判要点

平台企业或者平台用工合作企业为维护平台正常运营、提供优质服务等进行必要运营管理，但未形成支配性劳动管理的，对于劳动者提出的与该企业之间存在劳动关系的主张，人民法院依法不予支持。

基本案情

秦某丹于 2020 年 12 月 31 日注册某代驾平台司机端 App，申请成为代驾司机。该平台运营者为北京某汽车技术开发服务有限公司（以下简称北京某汽车公司）。平台中的《信息服务协议》约定：北京某汽车公司为代驾司机提供代驾信息有偿服务，代驾司机通过北京某汽车公司平台接单，与代驾服务使用方达成并履行《代驾服务协议》，由平台记录代驾服务过程中的各项信息数据；代驾司机以平台数据为依据，向代驾服务使用方收取代驾服务费，向北京某汽车公司支付信息服务费；北京某汽车公司不实际提供代驾服务，也不代理平台任何一方用户，仅充当代驾司机与代驾服务使用方之间的中间人，促成用户达成《代驾服务协议》；北京某汽车公司与代驾司机不存在任何劳动、劳务、雇佣等关系，但有权根据平台规则，对代驾司机的代驾服务活动及收费情况进行监督，有权根据平台用户的反馈，对代驾司机的代驾服务活动进行评价，以及进行相应调查、处理。

在协议实际履行过程中，北京某汽车公司未对秦某丹按照员工进行管理，亦未要求其遵守公司劳动规章制度。代驾服务使用方发出代驾服务需求信息后，平台统一为符合条件的司机派单，秦某丹自行决定是否接单、抢单。秦某丹仅需购买工服、接受软件使用培训、进行路考、接受抽查仪容等，其在工作时间、工作量上具有较高的自主决定权，可以自行决定是否注册使用平台、何时使用平台从事代驾服务等。秦某丹从事代驾服务所取得的报酬系代驾服务费，由代驾服务使用方直接支付。

此外，平台根据代驾司机接单率对其进行赠送或者扣减金币等奖罚。平台奖励金币可用于代驾司机购买平台道具以提高后续抢单成功率，与其收入不直接关联。平台统计代驾司机的成单量、有责取消率等数据，并对接单状况存在明显异常的代驾司机账号实行封禁等相关风控措施。

后双方发生劳动争议，秦某丹申请劳动仲裁，请求北京某汽车公司支付2021年1月31日至2022年1月31日未订立书面劳动合同的二倍工资差额人民币8074.38元。北京市石景山区劳动人事争议仲裁委员会裁决：驳回秦某丹的仲裁请求。秦某丹不服，向北京市石景山区人民法院提起诉讼。

裁判结果

北京市石景山区人民法院于2023年3月31日作出（2023）京0107民初2196号民事判决：驳回秦某丹的诉讼请求。宣判后，秦某丹不服，提起上诉。北京市第一中级人民法院于2023年9月15日作出（2023）京01民终6036号民事判决：驳回上诉，维持原判。

裁判理由

本案的争议焦点为：平台运营者北京某汽车公司与代驾司机秦某丹之间是否存在劳动关系。

劳动关系的本质特征是支配性劳动管理，即劳动者与用人单位之间存在较强的人格从属性、经济从属性、组织从属性。在新就业形态下，认定是否存在劳动管理，仍然应当着重考察、准确判断企业对劳动者是否存在支配性劳动管理，劳动者提供的劳动是否具有从属性特征。

本案中，虽然北京某汽车公司根据约定对代驾司机秦某丹进行一定程度的运营管理，但该管理不属于支配性劳动管理；秦某丹有权自主决定是否注册使用平台，何时使用平台，是否接单、抢单，其对北京某汽车公司并无较强的从属性。具体而言：其一，从相关协议内容来看，北京某汽车公司为代驾司机提供代驾信息有偿服务，代驾司机通过北京某汽车公司平台接单，与代驾服务使用方达成交易；代驾司机依约向代驾服务使用方收取代驾服务费，向北京某汽车公司支付信息服务费；北京某汽车公司不实际提供代驾服务，也不代理平台任何一方用户，仅充当代驾司机与代驾服务使用方之间的中间人；代驾司机可以自由决定是否使用平台接受信息服务。其二，从协议实际履行情况来看，秦某丹有权自行决定工作时间、地点，而非根据北京某汽车公司的工作安排接受订单，且北京某汽车公司未对秦某丹在上下班时间、考勤等方面进行员工管理，故双方之间不存在管理与被管理的从属关系。秦某丹的收入系从平台账号中提现，提现款项来源于代驾服务使用方，由代驾服务使用方直接支付到秦某丹在平台的账户，再由秦某丹向平台申请提现，提现时间由秦某丹自主决定，并非由北京某汽车公司支付劳动报酬。其三，尽管北京某汽车公司让秦某丹购买工服、接受软件使用培训、进行路考、接受抽查仪容等，以及根据秦某丹接单率对其进行赠送或者扣减金币，但属于维护平台正常运营、提供优质服务等进行的必要运营管理；北京某汽车公司根据秦某丹的成单量、有责取消率等数据，以及接单状况异常情况实行封禁账号等措施，亦系基于合理风控采取的必要运营措施。

综上所述，北京某汽车公司对代驾司机秦某丹提出的有关工作要求，是基于维护平台正常运营、提供优质服务等而采取的必要运营管理措施，不属于支配性劳动管理，故依法不应认定双方之间存在劳动关系。

相关法条

《中华人民共和国劳动合同法》第七条

《最高人民法院关于适用〈中华人民共和国民事诉讼法〉的解释》（法释〔2015〕5号）第九十条

最高人民法院、人力资源和社会保障部、中华全国总工会相关负责人就劳动权益保障问题答记者问

2024 年 12 月 23 日，最高人民法院举行“强化欠薪治理，保障劳动权益”新闻发布会，最高人民法院副院长贺小荣、最高人民法院民一庭庭长陈宜芳、最高人民法院研究室主任周加海、人力资源和社会保障部调解仲裁管理司司长王振麒、中华全国总工会法律工作部副部长李进东出席发布会，发布最高人民法院依法保障劳动权益总体情况以及涉欠薪纠纷典型案例、新业态劳动争议专题指导性案例，并回答记者提问。发布会由最高人民法院新闻发言人林文学主持。

问：为落实党中央、国务院有关决策部署，充分、高效保护农民工的合法权益，最高人民法院在诉讼中采取了哪些具体举措？

答：保障农民工合法权益关乎广大农民工切身利益，事关社会和谐稳定。最高人民法院全面落实劳动合同法及《保障农民工工资支付条例》等法律、行政法规和司法解释的相关规定，通过司法审判及时充分保护农民工的合法权益。一是认真贯彻调解优先、调判结合的原则，着眼化解社会矛盾和维护社会稳定，尽可能多地适用调解、和解等方式，让农民工尽快拿到劳动报酬，努力实现案结事了。对案件事实清楚、调解不成的欠薪纠纷，充分发挥民事简易程序、小额诉讼程序简便、快捷解决纠纷的功能，在确保公正的前提下，着重提高司法效率，做到快立快审

快结。符合先予执行法定条件的，及时裁定先予执行，提前兑现农民工胜诉权益。二是对农民工符合法定条件的调查取证申请，积极依职权调查。同时，根据双方当事人的主张，结合距离证据的远近等因素，合理分配举证责任，保护农民工的诉讼利益。三是对于涉及农民工的工伤保险类案件，一方面，依法支持社会保险行政部门认定违法转包的用工单位、接受个人挂靠的被挂靠单位是承担农民工工伤保险责任单位；另一方面，以上单位未给农民工缴纳工伤保险的，经社会保险行政部门认定工伤后，人民法院依法支持农民工要求上述单位支付工伤保险待遇的诉讼请求。上述单位承担赔偿责任后，有权向相关组织、单位和个人追偿。四是认真执行《诉讼费用交纳办法》。追索欠薪、工伤保险待遇等案件当事人向人民法院申请减、免、缓诉讼费用，经审查符合法定条件的，积极为其办理相关手续，确保其及时获得司法救济。

问：仲裁与诉讼都是解决劳动人事争议的重要途径，能否简要介绍一下近年来劳动人事争议仲裁与诉讼衔接机制建设工作成果及下一步工作打算？

答：近年来，人力资源和社会保障部与最高人民法院坚持和发展新时代“枫桥经验”，统筹发展与安全、统筹处理促进企业发展与维护劳动者合法权益的关系，在加强裁审衔接机制建设方面取得了丰硕成果，对于防范化解劳动关系风险，保障劳动者合法权益，维护劳动关系和谐与社会安全稳定发挥了十分重要的作用。一是裁审衔接机制实现全覆盖。人力资源和社会保障部与最高人民法院共同印发《关于加强劳动人事争议仲裁与诉讼衔接机制建设的意见》，明确提出“两个统一（逐步统一裁审受理范围和法律适用标准）、三个规范（规范受理、保全和执行程序衔接）、四项制度（建立联席会议、信息共享、疑难复杂案件办案指导和联合培训制度）”工作要求，目前，各级仲裁机构、人民法院实现了裁审衔接机制的全面对接。二是案件处理标准逐步统一。人力资源和社会保障部与最高人民法院制定《关于劳动人事争议仲裁与诉讼衔接有关问题的意见（一）》，规范调解协议仲裁审查、部分终局裁决等案件程序衔接，统一了一批重要法律适用问题。2020年以来，人力资源和社会保障部与最高人民法院建立了典型案例联合发布制度，重点围绕新就业形态、超时加班、拖欠农民工工资等热点难点问题，联合发布多批典型案例，有效指导裁审实践，引导企业依法规范用工和劳动者理性维权。目前，正联合开展裁审信息比对机制建设试点，为进一步分析研究裁审法律适用问题提供保障。三是裁审程序衔接更加顺畅。人力资源和社会保障部会同最高人民法院、中华全国总工会等部门联合开展“护薪”行动，建立裁审证据衔接制度；在《关于劳动人事争议仲裁与诉讼衔接有关问题的意见（一）》中扩大适用范围，有效纠正部分当事人规避仲裁程序行为，简化诉讼举证质证环节。

近年来，调解仲裁作为劳动人事争议案件处理的主渠道，切实发挥协商调解前端性、基础性作用和仲裁“前置、三方、高效”制度优势，将大量争议案件终结在调解仲裁阶段，有效发挥了“拦水坝”作用。一是争议多元处理合力不断增强。人力资源和社会保障部会同最高人民法院、中华全国总工会等部门联合印发《关于进一步加强劳动人事争议协商调解工作的意见》，建立起党委领导、政府负责、人力资源和社会保障部门牵头和有关部门参与、司法保障、科技支撑的争议多元处理机制。2024年年初，人力资源和社会保障部会同最高人民法院、中华全国总工会等部门联合开展新就业形态劳动纠纷一站式调解工作，已建立调解平台1500余家，有效破解新就业形态劳动者“维权难、多头跑”难题。二是协商调解作用日益凸显。一方面，建立“多渠道、社会化”的调解组织网络，会同有关部门开展基层调解组织建设专项行动，指导企业事业单位、乡镇（街道）、行业商（协）会、工业园区等积极推进调解组织建设，提升协商调解化解案件数量在案件总量中的比重；另一方面，健全“总对总”工作机制，组织1.7万家调解组织、2.6万名调解员入驻人民法院调解平台，会同人民法院携手构建源头预防、调解仲裁挺前、诉讼托底的争议联调共治解纷新模式。三是仲裁办案质效逐步提升。修订仲裁办案规则和组织规则，强化仲裁委员会办案主体作用，指导各地稳妥处理农民工工资、解除和终止劳动合同、社会保险等重点领域争议案件。加强与劳动保障监察联动，共同发挥职能作用。积极推行线上庭审等“不见面”维权方式，为劳动者提供高效、便捷的仲裁服务。

下一步，人力资源和社会保障部将深入贯彻落实党的二十届三中全会关于“完善劳动关系协商协调机制，加强劳动者权益保障”等要求，会同最高人民法院努力开创裁审衔接工作新局面。一是加强顶层设计，进一步统一裁审标准。2025 年上半年，两部门将联合印发第四批社会保险、竞业限制等典型案例。共同研究解决规范裁审程序衔接、法律适用问题，为制定《关于劳动人事争议仲裁与诉讼衔接有关问题的意见（二）》奠定基础。二是突出重点争议化解，进一步加强欠薪案件处理。参与治理欠薪冬季专项行动，切实发挥农民工工资速裁机制作用，提升调解仲裁案件终结率。三是完善联动机制，进一步提升裁审衔接效能。共同加大对各级仲裁机构、人民法院指导力度，确保裁审衔接工作机制落实落地、争议处理合力有效发挥。

问：中华全国总工会在运用劳动法律监督“一函两书”推动治理欠薪方面做了哪些工作？

答：劳动报酬是劳动者最直接、最核心的权益。党中央、国务院高度重视治理欠薪工作。2024 年，中华全国总工会认真贯彻落实党中央统一部署，发挥中华全国总工会根治欠薪领导小组作用，组织各级工会常态化开展欠薪舆情线索核查和欠薪案件核处工作，部署开展工会治理欠薪冬季行动，全面推行劳动法律监督“一函两书”，在推动劳动法律法规的贯彻执行，特别是推动治理欠薪方面主要做了以下工作。

一是积极参与和推动立法。中华全国总工会聚焦推动治理欠薪和新就业形态劳动者权益维护等重点任务，围绕工会劳动法律监督主责主业，持续推动和参与修改劳动法律法规和政策文件，指导地方工会积极推动劳动法律监督专项立法。截至目前，已有 19 个省（区、市）完成实施工会法的地方性法规修改工作；14 个省（区、市）出台了《工会劳动法律监督条例》，在开展劳动法律监督的机制建设、协作方式、监督范围等方面实现了一定突破，为工会深入开展新就业形态劳动者权益保障、治理欠薪等重点工作提供更有力的法治保障。

二是加强顶层制度设计。2024 年年初，中华全国总工会联合人力资源和社会保障部、最高人民法院、最高人民检察院召开了全面推行工会劳动法律监督“一函两书”工作部署会，修改了《工会劳动法律监督办法》，将推动治理欠薪纳入工会劳动法律监督“一函两书”重点范围；与最高人民法院、最高人民检察院就劳动者权益保障联合印发文件，建立了协同推进运用劳动法律监督“一函两书”相关协同协作机制，共同推动治理欠薪等劳动领域重点问题。目前，31 个省（区、市）总工会和新疆生产建设兵团总工会均与同级人力资源和社会保障部门、法院、检察院建立了协作机制。全国地市级总工会（含地市级开发区、综合试验区等）中，与同级检察机关建立协作机制的占 94.6%，与法院建立协作机制的占 95.7%，与人力资源和社会保障部门建立协作机制的占 96.8%，劳动法律监督“一函两书”协作机制在地市级以上基本覆盖。

三是综合运用多种手段推动治理欠薪问题。近年来，中华全国总工会通过劳动法律监督“一函两书”与“商、调、裁、诉、援、执”劳动争议处理一体化衔接机制为劳动者提供维权法律服务。对劳动者因欠薪、工伤等申请仲裁、提起诉讼的，工会依法给予支持和帮助，提供法律援助等维权服务。地方各级工会以劳动法律监督“一函两书”为抓手，常态化开展劳动用工指导服务，形成工作长效机制，推动解决欠薪等劳动违法突出问题。2024 年 11 月底，全国总工会开展治理欠薪冬季行动启动后，31 个省（区、市）总工会和新疆生产建设兵团总工会集中向省（区、市）域内所有用人单位发出工会劳动法律监督提示函，对用人单位依法及时足额发放劳动报酬等进行提示，对发现问题或线索的欠薪案件及时跟进，推动解决。据不完全统计，2024 年以来，各地工会运用“一函两书”发现线索并推动解决的涉欠薪案件共 7846 件，为劳动者挽回经济损失 3.8 亿元。

四是联合发布涉欠薪法律监督典型案例。2024 年上半年，中华全国总工会落实推动治理欠薪专项行动部署和“一函两书”制度，先后与最高人民法院、人力资源和社会保障部等联合发布涉欠薪纠纷典型案例，与最高人民检察院共同发布充分发挥行政检察监督职能助力根治欠薪典型案例。近期，中华全国总工会将会同最高人民法院、最高人民检察院，联合发布十个劳动法律监督“一函两书”典型案例。这十个案例，突出了法院、检察院司法职能与工会劳动法律监督“一函两书”的衔接协作，为维护劳动者合法权益提供司法保障。特别是法院依法办理劳动争议案件，通过司法建议、“12368”热线等与工会合力推动解决农民工、环卫工人、工伤职工等群体的劳动报酬、伤残津贴被拖欠等问题；检察机关通过行政公益诉讼等程序，与工会合力保障户外劳动者高温天气津贴发放、快递员工伤保险等权益，为我们下一步共同推动治理劳动领域突出问题提供了有力参考和借鉴。

【新时代“枫桥经验”专题】

做深新时代“枫桥经验” 做实专业性行业性调解

——最高人民法院、国家金融监督管理总局联合发布

金融借贷纠纷调解工作典型案例

为深入学习贯彻习近平法治思想，认真贯彻纪念毛泽东同志批示学习推广“枫桥经验”60周年暨习近平总书记指示坚持发展“枫桥经验”20周年大会和全国调解工作会议精神，最高人民法院、国家金融监督管理总局以“做深新时代‘枫桥经验’ 做实专业性行业性调解”为主题，在各地金融监管部门严格把关、认真推荐基础上，经反复修改完善，选取十一个符合实际、各具特色、具有可推广性的金融借贷纠纷调解工作典型案例，分两批发布。

这些案例集中展示了人民法院和金融监管部门深入贯彻落实习近平总书记“抓前端、治未病”重要指示精神，共同推进矛盾纠纷预防化解工作迈向更高水平：一是推动形成调解工作新格局，立足金融借贷纠纷的特点规律，激发专业性行业性调解化解纠纷内在潜能；二是通过共享案例、依法确认调解协议等方式做实法院指导调解业务职能；三是打造调解特色品牌、数字化解纷平台，依靠品牌模式、科技赋能撬动社会治理“大效应”；四是做深专业性行业性调解，促推金融借贷纠纷诉讼减量。

金融借贷纠纷调解工作典型案例（第一批）

（2024年12月20日最高人民法院、国家金融监督管理总局联合发布）

目　录

案例一

非诉善治　全面提升化解能力

——通过“互联网+”拓宽解纷渠道

北京辖内共有7家信用卡中心，信用卡纠纷量大、投诉占比高，约占国家金融监督管理总局北京监管局（以下简称北京金融监管局）接收银行业年投诉总量的大部分，纠纷整体呈现小额、批量、同质的特征。北京金融监管局坚持和发扬新时代“枫桥经验”，将非诉讼纠纷解决机制挺在前面，努力实现“简单纠纷不出机构，复杂纠纷不出行业，化解纠纷少去法院”目标。自2023年3月起搭建解纷平台，同年6月，指导行业调解组织及金融机构信用卡中心开展试点，截至2024年7月底，各方面取得良好成效。

一、搭建平台，实现一站式的纠纷化解

北京金融监管局联合北京市高级人民法院指导北京市银行业协会建立银行业保险业纠纷多元化解平台。一是打造一站式多元解纷。集合诉前调解、司法确认、文书自动生成、批量诉讼等诸多功能，客户可通过小程序线上调解签约、申请司法确认，金融机构可批量录入调解及立案材料，实时跟踪调解进展。二是探索建立失联修复机制。指导北京市银行业协会与通信运营商开展合作，在银行机构完善销售协议文本，明确告知金融消费者失联修复事项基础上，开展失联修复，破解信用卡类纠纷失联率高难题。三是设置专线接入解纷平台。采用专线对接方式，确保数据仅在金融机构和人民法院之间流转，切实保障金融消费者数据安全。四是建成全国首个行业区块链。指导在京金融机构合力共建全国首个行业联盟链（京融链），联合中国信息通信研究院、国家授时中心搭建安全隔离数据鉴证体系，实现授时和守时同态可信，保障多元解纷全流程记录、全链路可信。

通过“互联网+”模式拓宽解纷渠道，减轻消费者负担，满意度显著提升。金融机构通过平台开展区块链存证24万余笔，开展调解6万多件，调解成功率达68.9%，平均调解时长仅约32小时。

二、各方协作，打通非诉化解堵点难点

北京金融监管局与北京市各级人民法院、调解组织、金融机构密切协作，及时梳理解决多元解纷堵点难点，不断畅通解纷渠道，建立“先行调解+司法确认”模式。一是优化调解及司法确认流程。梳理业务流程，理顺司法确认渠道及模式，精简调解及司法确认所需材料。二是建立日常联络协作机制。调解组织与金融机构安排专门团队或人员入驻法院协同开展工作，同时要求金融机构报备三级司法联系人，即分管负责人、部门负责人及经办人员，方便日常联络。三是加大金融机构内部支持力度。试点机构升级司法催收平台及分期系统，减少人工参与，提高业务效率及准确率；完善考核制度，将多元化解工作开展情况纳入分支机构考核体系，特别加强对业务一线人员考核力度，增强机构和员工积极性；优化调解和用印审批制度，精简审批流程。四是创新建立中立评估机制。组建行业纠纷中立评估专家队伍，金融机构无法化解纠纷的，可申请专家对化解方案进行评估、提出意见建议；选编中立评估典型案例供金融机构参考适用，借助行业力量，提升金融机构解纷能力。2023年6月以来，已开展信用卡纠纷中立评估2700多件，通过优化方案指导解决同类案件，实现评估一件化解一批的效果。

“先行调解+司法确认”模式有效遏制投诉量增长趋势，试点机构逾期、催收投诉占比呈下降趋势；改善金融机构资产质量，实现信用卡分期履约率超80%，较协商方式提升20个以上百分点；节约司法成本，经试点机构核算，通过行业调解组织共完成司法确认6800余件，实现回款超1.58亿元，节省成本3300万余元。

三、转型升级，推进行业调解组织建设

针对辖内行业调解组织能力不足问题，北京金融监管局多措并举，

促推组织机制升级。一是调整调解收费标准。行业调解组织与试点机构签订工作协议，将收费模式由传统的固定服务费调整为按量收费，提升调解组织发展动力。试点机构已通过行业组织调解纠纷25950件，达成调解协议19794件，成功率超76%，涉及金额超11.09亿元。二是提升调解队伍业务水平。指导行业协会、行业调解组织在辖内金融机构推荐的基础上组建各类型专业人才库，开展兼职调解员分级管理，增强调处力量，调解能力得到大幅提升。三是创新建立小额纠纷裁决机制。对于标的金额6万元以下的小额纠纷，无法达成调解的，调解组织可直接作出裁决，消费者认可的，金融机构必须执行。指导行业协会以行业自律方式，推动金融机构积极参加机制建设，与调解组织签订协议授权开展纠纷裁决，充分保护金融消费者合法权益。经统计，调解组织共对285件信用卡类小额纠纷进行裁决，消费者同意裁决方案150件，占总裁决量的52.63%。

案例二

调诉衔接　关注小微金融纠纷

——创新“人民调解+司法确认”模式

浙江台州是中国民营经济的发源地之一，也是中国小微金融的先行区和集聚区。小微金融为民营经济发展注入活力的同时，也产生了大量的金融纠纷。国家金融监督管理总局台州监管分局联合台州市中级人民法院建设“和合金融”共享法庭，创新实践“人民调解+司法确认”风险处置新模式，提供一站式、零成本、高效率的纠纷解决渠道。

一、引流、圈池：发挥人民调解基础性作用

坚持把非诉讼纠纷解决机制挺在前面，在纠纷源头筑起一道“拦洪闸”。一是建立纠纷引流分流机制。明确银行机构优先通过人民调解处置

风险资产，将不易和解的纠纷就近引导至共享法庭进行调解。银行机构内部赋予支行网点更大的调解决定权，对延长还款期限、减免利息罚息及手续费等政策性事项给予弹性让利空间，提升调解成功率。二是设立未逾期贷款风险池。银行业协会牵头建立风险监测模型，督导各行设立未逾期贷款风险池。针对入池贷款，推行分级解纷管理，对贷款未逾期、先还后贷、重组等分类进行人民调解。设置调执衔接程序，以诚信教育、执行风险警示、发布拒执罪案例等方式，督促债务人自动履行。三是前置风险处置管理关口。在授信文本中约定调解前置条款，纠纷进入诉讼程序前，先由共享法庭诉前化解。一旦发现利息逾期、违反借款用途、不配合贷后回访等风险苗头，不论是否逾期，均可向共享法庭提出解纷申请，通过人民调解渠道提早介入，在处置措施上掌握更多的主动权。

二、赋能、缩链：以司法确认实现执行提速

坚持把纠纷多元化解贯穿始末，在执行环节架起一条“快车道”。一是推行延迟司法确认程序。当事人调解成功的，签署司法确认申请书，并设置延期确认条款，将司法确认程序的启动时间从申请书签订之日起三十日内延长至债务人逾期之日起三十日内。一旦发生逾期或实质性风险，可在三十日内申请司法确认，直接进入执行程序，为风险管理前置提供司法保障。二是缩短案件执行链条。以往金融案件进入执行，从立案、送达、审理、判决再到生效，耗时往往在三个月以上，而“人民调解+司法确认”模式将案件涉及的权利义务提前固定，直接进入执行程序，将多个环节合并为一个环节，原本三个月的确权等待只需三日即可完成，具有效率高、不收费的优点。三是用好司法督促途径。设置“金融纠纷化解五步走”工作机制，分为风险苗头、调前督促、多元化解、执前督促、强制执行五个步骤，在调前督促与执前督促环节开设法院专线，通过电话、微信、短信等方式督促债务人履行义务，有效提升处置效果。

三、延伸、共享：以司法为民构建立体网络

坚持“以人民为中心”理念，高质量推进“和合金融”共享法庭建设。一是打通便民服务“最后一公里”。台州全市共建有共享法庭 23 家，并设立百余家分站、服务站，实现网上立案、指导调解、在线诉讼、普法宣传等功能。当事人可就近通过金融机构便民网点的共享法庭申请立案、调解等服务，提升金融纠纷化解实效。二是建立资源共享、合力化解的调解队伍。台州市银行业保险业人民调解委员会择优选聘行业内有法律从业经验的人员担任调解员、庭务主任，按照 1∶1 的比例与法官结对，同时发挥人民调解员全天待命、随叫随到、进村入户的机动优势，有效突破纠纷化解时空限制。三是数字化改革助力金融解纷“最多跑一次”。推出“金融解纷码”，以“不盖房、不增编、快落实、广覆盖”为原则，以“一屏、一线、一终端”为标准配置，集成浙江解纷码、移动微法院、庭审直播网、中国裁判文书网等软件模块，便捷当事人线上享受司法服务外，为更多异地客户提供新的解决方案，实现金融纠纷处理“零次跑”。

案例三

调处一体　服务实体经济发展

——创新融合集中处置、多元调解、智慧审判

福建泉州是国家级金融服务实体经济综合改革试验区，金融资源集聚、金融市场活跃，借贷纠纷集中高发。为做实金融领域多元纠纷化解工作，国家金融监督管理总局泉州监管分局（以下简称泉州金融监管分局）坚持和发展新时代“枫桥经验”，积极会同政法单位联合设立泉州市金融纠纷一体化调处中心（以下简称泉州金融调处中心），在全国创新融合集中处置、多元调解、智慧审判于一体的金融纠纷调处模式，相关经

验做法获评“中国改革2023年度地方全面深化改革典型案例”。

一、机制一体化，金融纠纷化解实现全链条、全覆盖

针对金融纠纷涉及面广、专业性强、权责关系复杂的特点，泉州金融监管分局创新建立跨部门联动机制，与市委政法委、市中级人民法院等8家单位共同制定工作意见，通过设立泉州金融调处中心，优化整合金融、司法、监管、调解组织资源，构建集中处理、资源共享、协同高效的金融纠纷多元化解工作格局，从顶层设计打破多头管理、多头调解局面，促推各领域、各环节打通壁垒、有效贯通、相互衔接。2023年2月24日，泉州金融调处中心正式落地海丝中央法务区（泉州片区），全市38家银行金融机构集中进驻，形成8个部门协同、法务区执行、N家金融机构配合的“8+1+N”组织架构，成为“集中处置、多元调解、智慧审判”等功能为一体的全链条、实体化运转中心，业务实现市、县两级全覆盖。

二、流程一体化，金融纠纷化解实现一窗式、闭环式

率先推出金融纠纷集中处置模式，建立起“集中处置—诉前调解—立案审判—快速执行”的一窗式闭环调处机制。一是简易案件集中处置。设立金融债权集中处置区，将全市金融机构的信用卡、小额贷款、小微企业贷款、个人经营性贷款等四类金融纠纷统一导入，由入驻泉州金融调处中心的150名金融机构人员运用失联修复、智能初筛、一键拨号、催告短信等方式集中催告处置。该中心运行以来，80%的小额简易金融纠纷化解在集中处置阶段，累计调解成功8.78万件，金额达59.2亿元，调处成功率超传统模式四倍。二是复杂案件先行调解。设立金融债权纠纷调解区，组建专职调解员、政协委员、全国劳模等参与的多元调解队伍，对金额大、专业较强、涉访涉诉以及经前端集中处置未果的复杂案件，通过当面协调、上门协商、多方会商等方式“把脉问诊”，组织专案调解。三是诉讼案件速裁快执。设立金融审判巡回法庭，由泉州市丰泽区

人民法院组建五支速裁团队，对调解不成的案件一键转诉，畅通小额诉讼"绿色通道"，以缩短举证周期、运用小额速裁程序等方式，最短时间完成立案、审判、执行全流程。

三、信息一体化，金融纠纷调处实现数字化、智能化

打造智慧金融服务平台，线上实现"催、调、诉、执"各环节信息一站式管理。一是共享信息。创新区块链技术应用，打通司法机关、监管部门、金融机构和消费者的信息壁垒，建立共享数据池，为纠纷调处提供全面、准确的信息支撑。二是云端调解。通过在线文字语音、视频等方式与当事人开展线上调解，有效减少当事人的时间成本和交通成本。累计开展线上调解 456 场，覆盖上海、四川、新疆等 16 个省（市）。三是智慧审判。建立智慧庭审系统，涵盖网上立案、一键送达、在线庭审、线上直播、一键生成裁判文书等功能，办案时间缩短 30%，平均审理周期 28 天，实现案件当月立、审、结。四是网络执行。联合司法机关对被申请人的银行账户、房产、车辆等进行线上监测，有力打击规避执行和恶意逃避金融债务行为。五是智能监测。建立金融大数据中心，实时对纠纷数量、案件类型、调处金额等数据信息进行动态监测、分析研判，为全市经济运行、风险防范提供决策参考。

案例四

提质增效　调解信用卡小额纠纷

——行业调解组织、金融机构协同建立小额纠纷快速解决机制

为切实维护金融安全和社会稳定，保障金融消费者和银行机构合法权益，广东正和银行业保险业消费者权益保护中心（以下简称广东正和消保中心）自 2021 年成立以来，与 10 家银行机构探索实施信用卡小额纠纷快速解决机制，取得明显成效。以 2023 年为例，该中心受理信用卡

调解案件 8000 余件，成功调解 6132 件，调解成功率 76.65%，涉及金额 3.55 亿元。通过小额纠纷快速解决机制成功化解信用卡纠纷 4623 件，所涉金额共计 2.4 亿元。

一、聚焦“最大类”，靶向治理信用卡纠纷

随着信用卡业务的长足发展，信用卡纠纷成为最大类的金融纠纷之一，且呈现涉及面广、影响大等特点。2023 年，信用卡投诉量占广东正和消保中心全年受理银行业务投诉量的 82.7%。为快速化解此类纠纷，中心根据信用卡纠纷事实清楚、权利义务关系明确、标的金额相对较小等特点，与 10 家银行机构签订《关于全面合作建立小额纠纷快速解决机制的备忘录》，通过建立实施小额纠纷快速处理机制，实现信用卡纠纷调解提速、扩面、双赢、增效，保障银行及时实现债权，切实提升金融消费者的获得感、幸福感、安全感。

二、坚持“小、灵、快”，建立实施快速调解机制

一是聚焦“小额”。结合信用卡业务投诉常见纠纷金额小的特点，明确快速解决机制主要适用于 5 万元以下案件，实际覆盖中心约 50%的信用卡纠纷。实践中，有个别银行机构将适用范围进一步扩展至 10 万元以上。二是方案“灵活”。与银行充分沟通协商，引导银行根据金融消费者协商一次性还款、分期还款、息费减免等不同诉求，进一步细分涉案金额，按金额梯度明确对应的“一揽子”解决方案，授权广东正和消保中心在方案范围内组织调解。以最灵活优惠的方案，为达成调解合意打下坚实的基础。三是推进“快速”。在受理消费者调解申请、收齐约定资料后，可结合申请人实际情况，根据合作备忘录所授权的调解方案，直接与消费者协商。消费者同意协商方案的，即可达成调解协议，避免当事人双方反复扯皮拉锯，最快三日内可以签署协议。例如，消费者李女士持有的某银行信用卡逾期 138 天，总欠款 34036.76 元。经银行短信及电话催收，李女士迫切想协商可以承受的还款方案，遂向广东正和消保中

心求助。基于所涉金额属于小额纠纷快速解决机制可适用范围，中心调解员迅速为其提供可以接受的调解方案，双方在三日内签署了调解协议。

三、着眼“最基层”，全方位提升快速调解可得性

一是建线上平台。加快金融消保服务数字化建设，2023 年 12 月 18 日开发建设的金融消保数字化服务平台正式上线运行，构建“官网+小程序+公众号”三大门户，集成身份认证、电子印章、电子签名、在线音视频、在线文档等五大核心功能，实现金融纠纷全流程线上处理，使小额纠纷快速解决机制更加亲民、便捷、高效。二是设基层站点。为进一步提高金融纠纷调处效率，推进包括信用卡在内的各类金融纠纷就地化解，广东正和消保中心于 2023 年 12 月在广东发展银行信用卡中心等机构设立首批派驻调解工作站，聘请从业经验丰富的机构业务骨干担任兼职人民调解员，确保金融消费者就近获得调解服务，拓展了调处服务的覆盖面和可得性。三是广应用宣导。2023 年，面向银行保险机构开展金融纠纷调解机制巡回宣讲 12 场，引导金融消费者与银行保险机构加深认识，充分了解金融纠纷多元化解机制的功能作用。2023 年，银行保险机构应调率达 90. 33%，机构主动申请调解的纠纷同比增长 98. 75%，金融消费者申请调解的纠纷占全年的 73. 7%。

案例五

打造样本　建设一站式调解机制

——聚焦金融纠纷化解痛点、堵点持续发力

山东省青岛市银行保险业纠纷调解中心（以下简称青岛调解中心）坚持把非诉讼纠纷解决机制挺在前面，聚焦金融纠纷化解的痛点、堵点，推动建设一站式矛盾纠纷解决机制，打造新时代“枫桥经验”青岛样板。2023 年，青岛调解中心共调解案件 1499 件，同比增长 61. 18%，涉及金

额2.3亿元，综合调解成功率78.3%，快速处理法院转办案件5700余件。

一、聚合“四种力量”，创建一站式纠纷调解平台

一是创新组织架构。打造投诉接访、纠纷调解、金融知识宣传教育“一站式受理、一揽子服务”平台，持续加强常态化、规范化、数字智能化建设。二是整合行业资源。从银行保险业选聘141名优秀调解员，并择优部分专家、律师组建调解服务宣讲团，实现“调研+宣讲+培训”一体推进，已赴机构开展宣讲23次。三是推广实践经验。推动繁简分流、轻重分离、快慢分道，针对黑产代理、暴力催收、贷款拖欠等矛盾集中领域，总结提炼“闪调快签”“避虚就实”“释法言害”等可复制、可推广的经验做法。四是完善激励机制。制定实施调解员评优即专业等级晋升管理办法，2023年度共表彰年度优秀调解员28名，季度优秀调解员18名，有18名优秀调解员晋升为中级调解员。

二、创新“四项服务”，持续提升调解工作便捷性

一是推动就地化解。设立六个调解工作站和系统内首家社区金融纠纷调解工作室，形成“一中心、六站、二室”覆盖市域的三级调解服务网络。二是推动智慧化解。坚持“线上+线下”同步，建设“智慧调解”信息系统，线上实现调解案件从申请到归档的全流程操作。2023年，线上调解纠纷1178件，占调解结案量的87%。三是推动高效化解。开通调解申请热线，建立即接即调、即访即调的诉访快速引导机制，推动形成来访、12378热线与调解的速接模式。调解案件平均用时十八日，最快一日至两日即调解成功，全年为行业节省纠纷化解时间近4万天。四是推动联动化解。加大与市委政法委、司法局、法院及街道协调联动，联合法院、街道开展金融纠纷化解专项研讨7次，调解案件司法确认率达46.6%。

三、聚焦“四类群体”，不断提升人民群众获得感

一是聚焦新市民。调解新市民金融纠纷418件，涉及金额3556.93万

元。为606名还款困难的信用卡持卡人协调办理息费减免及分期还款业务。二是聚焦老年人。2023年，共调解涉老年人金融纠纷64件，涉及金额877.23万元。三是聚焦涉诉群体。调解法院转办案件182件，调解成功125件。其中，小微企业金融纠纷8件，涉及金额1124万元。四是聚焦异地消费者。为黑龙江、浙江等19个省（市）的异地消费者线上调解纠纷259件，赴县域现场化解纠纷11件。

四、筑牢“四道防线”，联动夯实风险防范根基线

一是深化诉调对接。与青岛市中级人民法院签署合作备忘录，与辖区各级法院建立诉调对接快速办理机制，2023年，办理法院转办案件5700件。二是强化风险预警。利用投诉调解数据库，开展穿透式筛查分析，加大风险识别预警，运用座谈、通报等方式向机构发出风险提示10余次。三是实施联动防控。针对高风险案件，开通绿色通道，协助机构做好风险防控和纠纷化解。四是健全协同合作。与上海银行业保险业纠纷调解中心开展跨区域联合调解；与青岛市仲裁委、公证处联合推动调解、仲裁、公证等无缝衔接，共建大调解格局。

案例六

多元解纷　基层法院入驻调解工作站

——推动纠纷防范化解向金融机构源头前移

受疫情等因素影响，以信用卡、金融借款合同纠纷为主的金融纠纷增长快速，国家金融监督管理总局吉林监管局（以下简称吉林金融监管局）坚持把非诉讼纠纷解决机制挺在前面，因地制宜探索金融纠纷调解组织建设新模式，指导银行机构联合基层法院入驻调解工作站，将调解工作引入银行网点“小单元”，推动矛盾化解向金融机构源头防控前移。

一、整合资源，织密金融纠纷调解组织网络

吉林金融监管局与吉林省高级人民法院、人民银行吉林省分行签订《关于推进金融纠纷多元化解机制建设的意见》，建立金融监管部门与各级人民法院和司法行政机关常态化沟通协作机制，指导银行机构依托银行网点消费者权益保护专区、金融教育示范基地、客户服务专区成立金融纠纷调解工作站。2021 年 12 月 23 日，长春市朝阳区人民法院（以下简称朝阳区法院）驻光大银行金融纠纷调解工作站揭牌，一批人民法院驻银行机构调解工作站在吉林省内相继成立。金融监管部门和政法系统以“银行+法院”为基础，以吉林省金融消费纠纷人民调解委员会（以下简称吉林省金调委）入驻吉林省高级人民法院、长春市中级人民法院金融法庭，基层人民法院入驻银行机构调解工作站为载体，在吉林省内构建起金融纠纷多元化解交互网络，缩短金融纠纷解决半径，推动解纷体系直达金融业务一线，实现纠纷矛盾就地化解。

二、联动升级，实现金融纠纷一站式化解

一是深化协作配合，建立全流程诉调对接工作机制。在金融监管部门指导下，吉林省金调委与朝阳区法院签署《金融消费纠纷调解合作备忘录》，制定完善调解工作站运行制度，搭建矛盾纠纷收集与委派、分类调处、司法确认的全流程机制，实现在线委托、在线调解和在线司法确认的一站式诉调对接模式。调解工作站坚持“抓前端、治未病”理念，把诉调对接的“调”向前延伸，发挥银行机构消保专区“探头”作用，放大调解工作站“前哨”作用，强化法院诉讼“兜底”作用，将原先的“特邀调解+司法确认”升级为“银行前置沟通+工作站驻点调解+司法在线确认审查”模式，将调解工作与银行机构消保工作流程深度嵌合，妥善化解纠纷。

二是强化科技赋能，打造“线下+线上”诉调对接模式。调解工作站积极促推中国金融消费纠纷调解网与人民法院调解平台在线对接，实现

案件委派、委托调解、送达、交换等环节的全流程信息化、科技化，相关案例入选2022年人民法院“总对总”在线多元调解案例。“两网转办”较法院平台调解时长平均缩短一半，且无论线上线下调解，调解工作站均不收取任何费用，有效减轻当事人诉累。自成立以来，调解工作站已成功化解客户矛盾纠纷671笔，签订调解协议557份，达成调解金额7884万元，实现将纠纷高效便捷化解在源头、化解在前端，成功探索出一条银行消保专员、驻点人民调解员、基层法院审判员“三员联动”，访、调、诉无缝衔接的金融矛盾纠纷化解新路径，是新时代“枫桥经验”在金融领域创新发展的生动实践。

三、完善保障，强化金融纠纷前端预防

一是深化能力建设，提升调解队伍专业化水平。针对金融业务专业性强、复杂程度高、覆盖面广的特点，朝阳区法院驻光大银行金融纠纷调解工作站试点聘请退休法官作为驻站调解员，充分发挥退休法官业务优势、经验优势，得到群众的认可和信任；按照懂政治、懂法律、懂政策、会做群众工作的“三懂一会”要求，积极采取走出去、请进来等方式，定期开展消保专员和调解员专项培训和现场模拟，不断提升调解队伍能力水平。目前，该工作站已完成金融消保培训20余次、调解业务辅导5次，开展模拟演练4次。

二是深化金融教育，提升金融消费者专项素养。吉林金融监管局统筹规划、因地制宜，将调解工作与金融消费者知识普及相融合，立足调解工作站打造金融教育阵地，指导金融机构构建金融知识普及长效机制，坚持预防在先、调解优先、运用法治、就地解决，组织各金融机构以“3·15”金融教育活动和9月金融教育宣传月活动为契机，开展“有纠纷找调解”系列活动，调解工作站走进各营业网点，走进代发企业，走进社区，宣传调解工作机制、普及金融知识，及时跟进金融热点话题，提示金融消费者抵制“不当得利”“修复征信”等诱惑，引导提升法治意识，理性表达诉求，妥善解决纠纷，获社会普遍好评。

三是深化普法宣传，提升人民群众法治获得感。针对信用卡纠纷多发高发情况，吉林金融监管局与各级法院联动共治，召开联席会议和系列座谈会，积极落实最高人民法院“二号司法建议”①，指导银行机构进一步规范和提升信用卡发放标准，提高债务催收能力，通过非诉讼纠纷解决机制化解信用卡等金融纠纷，并以调解工作站为依托，深度开展普法宣传活动。以朝阳区法院为例，近年来持续开展银行机构法律培训，宣讲金融纠纷化解与风险防范知识，引导人民群众树立正确维权观念，促进金融纠纷得到实质性化解。

① 《最高人民法院关于完善信用卡监管政策维护金融安全的司法建议书》（法建〔2023〕2 号）。

金融借贷纠纷调解工作典型案例（第二批）

（2024年12月25日最高人民法院、国家金融监督管理总局联合发布）

目　录

案例一

诉调联动　打造枫桥式“一站两中心”

——探索“一站式诉调”“传票+调解通知同步送达”等实践

漳浦县金融纠纷多元化解中心（以下简称漳浦中心）是福建漳州辖区功能齐备、机制健全、富有成效的县域中心。自2021年5月14日成立以来，积极践行金融工作的政治性、人民性，突出系统布局、诉调联动、机制创新，深化发展新时代“枫桥经验”漳浦实践，创新设立“一站两中心”，探索落地“一站式诉调”“传票+调解通知同步送达”“二次调解”等六项工作，在调解数量处于各县之首的情况下群众满意率位居全市前列，2023年全省金融纠纷多元化解现场会在漳浦中心举办。

一、“精心”谋篇，在规划建设上体现系统思维

漳浦中心积极响应监管部门关于金融纠纷调解机制建设“三年三跨步”计划，率先在全市开展点上运行、探索，为全市各县域同步揭牌起到“先锋队”“探路灯”作用。坚持长远谋划、体系建设，制订“问题”“成效”两项清单和“必须做”“应当做”“提倡做”三项列表，精心选择独立办公场所，设置接待区、调解室、巡回法庭、金融宣传教育窗口等多功能区域，开创性取得地方财政常态化支持，为后期发展壮大打下坚实基础。围绕调解解纷、基层治理、教育宣传等职能制定10项制度文件，从组织领导、规划布局、建章立制、自律保障等维度统一标准、厘清权责。积极运用橱窗式LED、智能引导台等科技手段展示一站式纠纷调处优势与便利，在重要时点通过户外摆摊、新闻媒体、微信公众号等方式推广调处典型案例。践行“四下基层”工作法，创新“集中服务日”机制，推动金融机构高管定期到中心集中接访、现场办公。

二、“同心”聚力，在诉调联动上突出多元融合

积极构建“共治善治”新格局，通过“入驻当地法院与配套巡回法

庭”相结合，让行业调解走进法院，把法院审判请进行业，推动形成“调解成功即时确认+调解不成就地速裁”的诉非联动闭环。采用“传票+调解通知书”同步送达模式，前移调解告知端口，为消费者提供更加灵活、主动的解纷渠道。畅通多元维权网络，在全省县域率先设置968133投诉热线，积极联动地方信访部门，诉求承接量位列全市各县之首。建立兼职调解员轮值制度，以监管评价、重点监管机构等制度为“指挥棒”，构建“简单纠纷不出机构，复杂纠纷不出行业”工作格局。大力运用科技手段对接法院调解平台，线上实现法院委派案件、中心接收处置、调解结果反馈、申请司法确认的数字化流程闭环，积极为异地或因故无法到场调解的消费者提供线上调解服务。

三、“潜心”蓄能，在机制建设上彰显先行先试

创新一站式诉调模式，设立诉调对接工作室，实现“立案+调解+司法确认+速裁”无缝衔接。截至2024年1月，共接收漳浦县人民法院委派1820件，现场调解成功率84.67%，分流法院90%的金融纠纷案件；探索一体化风险防控，建立金融纠纷案件预警研判机制，促推银行案件调撤率达85%以上，帮助清收不良贷款7947.22万元；搭建“一张网”协助执行，跟踪涉案账户查封工作，将执行案件移至中心开设“二次调解”绿色通道，调解成功16笔，涉金额324.49万元。充分运用小额纠纷快速解决机制，深入推进案件繁简分流，对争议金额较小的纠纷案件，调解员可依据授权独立提出“类裁决”意见，为金融消费者节省律师费、诉讼费等270万元。联动法院打造集云上普法、在线联动、流程监督一站式多功能解纷阵地，探索实现从简单线上调解向“数据流转+信息共享+资源聚合”高度集约化模式的转型升级。

案例二

立体解纷　构建金融共享法庭

——创新“司法+行业”解纷模式

为有效应对小额借贷类不良资产激增态势，国家金融监督管理总局宁波监管局（以下简称宁波金融监管局）指导市银行业协会、市银行保险行业人民调解委员会（以下简称银保调委会）坚持非诉纠纷化解理念，与宁波高新技术产业开发区人民法院（以下简称宁波高新区法院）创新构建“1+3+N”的金融共享法庭立体解纷体系，列入“宁波市矛盾纠纷化解法治化2023年度重点攻坚项目”，相关经验做法获当地主流媒体多次报道。

一、创新资源共享，构建金融共享法庭

一是创新解纷体系。为健全金融纠纷多元化解体系，创新“司法+行业”解纷模式，银保调委会与宁波高新区法院联合发布《关于全面推进高新区金融“共享法庭”建设的工作指引》（甬高新调〔2023〕1号），构建立体解纷体系：以设立在宁波高新区法院的1个金融共享法庭为治理中心，以银保调委会等3家行业及市场调解组织的共享法庭为治理枢纽，以设立在金融机构的N个共享法庭为治理前端，建设“市场调解优先、行业调解并重、电子督促跟进、法院诉讼断后”的金融纠纷递进分层过滤体系。二是共享多方资源。各金融共享法庭以“一站点一法官一主任”为基本人员配置，从银保调委会、各金融机构中选任庭务主任，接受法院的业务指导；共享行业调解与司法服务资源，提升金融机构快速处理纠纷能力。三是发挥各方优势。依靠立体解纷体系充分发挥行业专业优势，加大行业投诉处置力度，完善法院执前督促流程，推动建立金融纠纷非诉核销机制，融合信访、调解、诉讼“三支队伍、三个环节”，将金融共享法庭打造成金融纠纷化解“终点站”。

二、创新一站协同，探索非诉化解模式

一是在线委派调解。由宁波高新区法院诉讼服务中心批量登记小额借贷类案件，在线委派银保调委会就地引导，金融共享法庭组织调解，通过法庭的在线视频指导，为金融机构提供灵活的综合调解方案，并通过智能调解模块实现“菜单选择调解套餐、一键生成调解协议”的快速调解服务。二是电子督促跟进。对诉前调解失败且合同中有约定电子送达条款的案件，由金融机构线上提交电子支付令申请，法院适用电子督促程序视情合并立案，一揽子生成并自动送达电子支付令，督促被申请人尽快履行义务。三是法院诉讼断后。针对调解失败又无法申请支付令的案件，可以通过法院“金融联审”机制进入诉讼程序。四是试点非诉核销机制。宁波高新区法院与宁波银行、浙商银行宁波分行联合试点非诉核销机制，对确无财产可供执行的金融不良债权出具《预查废证明》，银行无须走完诉讼、执行流程，即可以该证明作为金融不良债权的核销依据。2023 年，两家试点银行收到法院开具的《预查废证明》291 份。

三、创新调处举措，赢得多方认可肯定

一是诉讼成本明显降低。最终实现银行为原告的案件最快当天调解、当天出具裁定，平均耗时十五日以内；降低银行诉讼垫费金额，减轻债务人负担，累计减免诉讼费 190.84 万元。二是纠纷投诉有效减少。金融共享法庭平台全程录音录像，保障双方当事人权益，降低后续客户投诉可能，同时以法院信用为背书，以行业调解为纽带，客户接受度明显提高，因外部催收引发的投诉明显下降。三是激发自动履约意愿。小额借贷案件缺席判决率高、缺乏个性化调解方案，易导致欠款人还款能力继续恶化，银行债权难以真正实现。诉前调解灵活采取分期偿还、减免罚息等方式鼓励调解，对自动履行的债务人给予提额、降息、展期等信贷激励政策，当事人主动履约意愿显著提升。四是辐射带动作用增强。在宁波金融监管局的持续推动下，2023 年至今，银保调委会联动宁波市辖

内其他基层法院陆续在城区和县域法人金融机构设立金融共享法庭 17 家，累计处理小额借贷类纠纷 21219 件，涉及金额 3.87 亿元。

案例三

激发效能　探索异地裁调对接机制

——加强调解宣传，优化调解供给

深圳作为改革开放最前沿，金融创新活跃。面对日益增长的金融消费纠纷，国家金融监督管理总局深圳监管局（以下简称深圳金融监管局）坚持和发展新时代“枫桥经验”，坚决把非诉讼纠纷解决机制挺在前面，加强调解宣传，优化调解供给，创新探索“本地调+异地裁”裁调对接模式，充分激发金融纠纷调解效能，及时化解金融消费者的“急难愁盼”。

一、积极引导参调，普及纠纷化解“首选择”

多措并举宣传普及金融调解机制，引导社会公众和金融机构正确认识，发挥调解基础性作用。一是明确调解优先。深圳金融监管局联合法院、人民银行等部门共同签署建设金融纠纷多元化解机制合作备忘录，要求全市各银行保险机构坚持“能调尽调”；推动金融机构将调解解决争议方式写入合同条款，分流此类纠纷进入调解渠道。二是普及调解途径。在公众金融教育活动中增加金融调解内容，开展金融调解应知应会知识宣传；组建“社区消保轻骑兵”队伍，社区义工、志愿者经培训后深入基层开展日常宣传和调解工作，延伸金融调解触角，队伍人数超过 70 人。三是推动调解程序前置。指导行业调解组织向全市 11 个区人民法院派驻 15 名金融纠纷调解员，实现市区两级法院全覆盖，前端介入金融纠纷化解，推动“诉转调”，为消费者提供更低成本、更加灵活的争议解决渠道。

二、高标落实应调，打造金融纠纷“更优解”

立足调解实效，推动灵活高效化解金融消费纠纷。一是强化专业规范。深圳金融监管局指导行业组织组建由专职调解员、公益调解员及专家调解员构成的多层次调解员队伍，研究制定《调解员工作手册》等规范守则，以半月为期常态化开展案例分析和业务交流。二是突出高效便民。创建推广深圳银行业保险业“纠纷在线调解室”，推动金融机构在基层网点等场所设立调解室，接入行业调解组织视频系统，当矛盾双方无法自行协商解决时一键转调，由行业调解组织及时“云端”介入调处，提升调解效率和化解成功率。目前，有21家主要银行保险机构建成“纠纷在线调解室”并投入使用。三是推动小额快调。行业调解组织同市内4家消费纠纷数量较大的信用卡中心、消费金融公司等签订小额纠纷快速调解协议，在约定范围内对矛盾纠纷实行快调快处，及时回应消费者合理诉求，避免矛盾升级。目前，已运用快调机制解决消费纠纷819起。近两年，深圳银行业调解组织受理消费者纠纷4.2万件，成功调解1.9万件，涉及金额22亿元。

三、创新异地裁调，完善效力保障“润滑剂”

在深圳金融监管局指导下，行业调解组织积极探索异地裁调对接联动模式，通过“市内调解、市外仲裁”，为现有司法力量提供有力补充，有效增强金融解纷保障力度，提升社会公信力。一是利用异地解纷资源。同广东省江门市仲裁委等异地仲裁机构建立合作机制，深圳行业调解组织及时告知消费者异地仲裁渠道，协助有需要的消费者提出申请，异地仲裁机构快速对接审理。2023年12月，成功办理深圳首例异地裁调对接案件，促成某小微企业主在其居住地同金融机构快速解决贷款纠纷。二是促推结果高效可得。深圳行业调解组织不断提升裁调服务水平，加强与仲裁机构沟通，打通业务办理全链条，跟踪案件处理全流程，缩短仲裁时限，尽早获得效力保障。通过异地裁调对接机制，平均二十日作出调解协议裁决决定，较市内其他解纷渠道时间成本大幅度降低。

案例四

协同优化　推动纠纷前端化解

——搭建分层递进的金融解纷路径

国家金融监督管理总局厦门监管局（以下简称厦门金融监管局）秉持“抓前端，治未病”理念，联合地方法院、人民银行等六家单位，通过厦门市地方金融纠纷调解中心（以下简称厦门金融调解中心）探索“金融纠纷调处前移工作法”，实现投诉纠纷快速介入，双向提升诉前调解意愿，完善预立案和同步委派等诉调对接流程，借助金融司法协同优势，搭建分层递进的金融纠纷解决路径。相关经验做法被评为“福建省自贸区第 19 批创新举措”。

一、重协同，促进金融纠纷调处模式再优化

2021 年 9 月，厦门金融调解中心经厦门市人民政府批准成立。作为全国率先成立的“府院协同”调解组织，凝聚政府、司法、监管、金融机构等各方合力，促推金融纠纷调处实现创新发展，努力保护金融消费者合法权益。一是构建多元协同机制。成立伊始，厦门金融监管局即与法院、人民银行等六家单位共同签署《厦门市金融纠纷协同调解机制合作备忘录》，充分发挥协同单位职能优势，以调解协同、信息共享、业务协作、风险预警合作、调研宣传、人员培训交流为主要内容，建立常态化监督指导合作机制，夯实工作协同基础。二是确立调解独立性原则。多部门协同共建赋予厦门金融调解中心中立、权威优势。2022 年 12 月，厦门金融监管局指导推动市银行业协会、市保险业协会与厦门金融调解中心签署合作备忘录，进一步明确做好行业协调对接是行业协会的主要职责，支持厦门金融调解中心秉持“中立、公益、权威”原则，确保调

解立场中立、过程独立。三是探索调解收费与服务质效相挂钩。目前与金融机构的合作主要采取按单收费或者一揽子收费模式，激励调解组织持续提升调解服务水平，推动形成调解成效与调解收费正向循环。自调解中心设立以来共受理各类金融纠纷 2.8 万余件，为金融消费者节省诉讼费用 4242.56 万元，减少律师费支出 1922.53 万元。

二、优机制，实现金融纠纷调处环节再前移

立足金融司法协同优势，积极探索“金融纠纷调处前移工作法”，努力实现纠纷止于非诉，切实降低金融解纷成本。一是投诉纠纷快速介入。创新投诉纠纷快速反应机制，设立投诉纠纷专线，实时、在线调解疏导投诉纠纷；进驻金融机构设立金融纠纷调解工作站，在纠纷萌芽阶段快速响应介入。自 2023 年 3 月以来，共疏导化解投诉纠纷 1047 件，金融消费者满意度达 96%。二是双向提升诉前调解意愿。针对信用卡和信用类消费贷款纠纷高发的现状，通过来电显示、短信告知纠纷调解意向等方式触达，提高案件调解率，调解成功后经法院立“民初”“民特”案号，快速作出调解书、裁定书，切实提升金融机构的委托意愿。通过机构主动委托、中心接收调解的纠纷共 2.1 万余件，标的额达 26.11 亿元，将大量金融纠纷引入调解程序。三是完善预立案、同步委派等诉调对接流程。进入法院立案前，金融机构提交案件简要材料，由法院批量分配“诉前调”案号并委托厦门金融调解中心处理，调解成功后对调解协议进行司法确认。针对已进入法院立案系统排队立案的案件，法院可同步委托该中心进行调解，成功的予以撤案，打通诉讼“堰塞湖”。截至目前，共调解法院委派的金融纠纷案件 7248 件，涉标的额 15.82 亿元，成功化解纠纷达 3.05 亿元。

三、强配套，推动金融纠纷调处质效再提升

一是强化科技赋能。厦门金融调解中心自主研发“金调云”线上调解系统进行视频调解，涵盖线上委案、在线调解、案件查询、文书签订、

文书送达、司法确认等业务模块，让调解员、当事人在“指尖”即可完成在线调解，打破传统调解的时空限制。二是强化教育宣传。针对重点难点案件定期分析研判、案例分享，必要时针对热点问题、行业风险等提出调解建议书。在 2024 年“3·15”金融司法协同保护主题活动上，发布 2023 年度厦门金融消费者权益保护调解典型案例。三是强化协同规范。2024 年 5 月 31 日，六家协同单位共同发出协同规范信用卡业务健康发展倡议书，倡导“全生命周期管理”理念，针对信用卡纠纷案件激增后暴露出来的问题提出 15 条完善意见。四是强化监管衔接。明确要求辖内机构建立临时授权、异地授权、快速审批机制，促推金融纠纷调解处理。对无正当理由拒绝配合调解工作或履行调解协议的，及时采取监管措施，全力支持纠纷调解机制有效运行。

案例五

培育品牌　实现金融纠纷多元化解

——强化调解引导、缓冲劝导和价值引导

江苏南通是“大调解”的发源地，调解文化和资源积累丰厚。近年来，随着经济社会发展和金融消费者维权意识日益增强，南通辖内金融纠纷案件数量、化解难度呈增加态势，国家金融监督管理总局南通监管分局（以下简称南通金融监管分局）积极发挥金融监管在国家治理体系和治理能力现代化中的职能作用，强化调解引导、缓冲劝导和价值引导，不断深化纠纷化解便民举措，实现一站式、低成本、高效率纠纷解决。

一、开源+纳才，开创多元解纷“新路径”

南通金融监管分局积极践行新时代“枫桥经验”，推动实现金融纠纷化解在基层、消灭在萌芽。2021 年 11 月，与南通市崇川区人民法院多轮会商，探索搭建南通市银行业保险业金融纠纷调解中心，建立双向合作

的调解员选任制度，聘请调解经验丰富的法律、金融专业人士为专职或特邀调解员，打造“法律+金融”“专职+特邀”金牌调解组合，相关经验做法得到社会充分肯定。中心成立以来，受理诉前调解案件1676件，调解成功880件，涉及标的金额6.16亿元。

二、规范+专业，拓展诉调对接“新优势”

针对金融纠纷特殊而复杂的特点，南通金融监管分局联合司法、行政、社会等多元解纷力量，逐步实现调解机制规范化、调解业务专业化。与法院、司法局开展定期研判和会商，探索“监管部门指导推动、行业协会具体调解、人民法院司法确认”工作方式，形成多方参与、专业支撑、信息共享的纠纷调解工作格局。制定《南通银行业人民调解委员会工作流程》《南通保险业保险合同纠纷调解管理办法》，编制工作流程图和格式文本，明确调解规范、程序流程、时限要求，提升纠纷化解的规范与效率。围绕调解工作部门设置、审批权限等问题，调研后推动机构积极向上争取调解支持政策和权限，健全小额纠纷快速解决等配套机制，为金融纠纷高效化解提供有力支撑。

三、质效+宣传，升级南通模式“新品牌”

在全市推广南通市银行业保险业金融纠纷调解中心经验做法的基础上，2022年5月，南通市中级人民法院牵头建立南通市金融纠纷调解中心，在全市设立1个主中心、9个分中心，实现金融纠纷调解广口径、全覆盖，“金融纠纷多元化解南通模式”获评南通市“法惠民安·治在江海”精品样板项目。2022年7月，南通金融监管分局指导市银行业协会、保险行业协会创新打造“银保和事佬”纠纷调解品牌，实现法院端诉前案件与监管端消费纠纷调解双轨运行、同向发力。通过地方官媒及协会公众号，以“3·15国际消费者权益日”“7·8全国保险公众宣传日”等活动为契机，发布金融调解典型案例，发扬“和为贵”理念，“和事佬”品牌深入人心。

四、溯源+集约，激发纠纷治理“新动能”

南通金融监管分局主动摸排投诉焦点和风险苗头，每月跟踪梳理信访、举报、投诉及舆情动态，通过局务会形式前瞻化会商研判应对。一是针对提前还贷纠纷集中、销售误导类投诉高发等问题，及时开展窗口指导，强化对当事人的程序引导；瞄准信用卡、贷款还款等宜调解化解的纠纷，提供非诉讼纠纷解决指引，合理分流部分当事人选择调解方式，自愿撤回投诉或举报，释放有限监管资源。二是针对道交事故理赔纠纷堵点难题，与公安、法院分别建立道交事故报案信息共享机制、理赔纠纷化解对接机制，选派专业资深调解人员驻点“道交一体化中心”，协调部门联动，集约解纷资源，保障调解过程公正、结果权威，调解成功率、群众满意度超95%、98%。

【交通事故责任纠纷专题】

最高人民法院关于发布交通事故责任纠纷典型案例的新闻发布稿

习近平总书记高度重视保障人民群众生命财产安全工作，强调要牢固树立安全发展理念，始终把人民群众生命安全放在第一位。党的二十届三中全会进一步强调“聚焦提高人民生活品质”“聚焦建设更高水平平安中国”。人民法院始终坚持以习近平新时代中国特色社会主义思想为指导，深入贯彻习近平法治思想，坚持以人民为中心，统筹高质量发展和高水平安全，依法履行审判职责，妥善审理了一大批交通事故责任纠纷案件，努力为有效化解矛盾纠纷、保障道路交通安全、维护群众合法权益和社会和谐稳定发挥积极作用。

为充分发挥典型案例宣传教育和示范引领作用，最高人民法院于2024年12月2日发布五个交通事故责任纠纷典型案例。这些案例具有以下特点。

一是注重保障和救济当事人权利。交通事故往往造成人身、财产损害，甚至造成伤残、死亡等严重后果，导致被侵权人生活陷入困顿。及时、充分保障和救济被侵权人，是人民法院在交通事故责任纠纷案件审判中的首要关注。司法实践中，人民法院恰当界定赔偿范围，准确分配各方当事人责任，及时对当事人进行救济。案例二中，人民法院对于超过法定退休年龄但仍依靠劳动获取收入的被侵权人的误工费赔偿请求予以支持，体现了对被侵权人的周延保护。

二是注重引导增强交通安全责任意识。随着交通事业发展和人民生活品质提升，机动车、非机动车保有量和道路里程快速增长，交通参与人日益增加，交通事故责任纠纷易发。道路交通秩序关系经济社会发展和群众切身利益，需要各类交通参与人共同维护。人民法院注重通过司法裁判引导交通参与人增强安全责任意识。案例一中，人民法院判令未依法投保交强险的投保义务人在交强险责任限额内与交通事故侵权人共同承担赔偿责任，及时维护被侵权人权益。该案例也提醒广大车主依法投保交强险，为自身和其他交通参与人做好最基本的保障。案例三中，非机动车一方具有较大过错，人民法院依法判令适当减轻机动车一方赔偿责任，督促非机动车驾驶人增强安全责任意识，共同构建安全和谐有序的道路交通环境。案例四中，人民法院准确适用法律，就“搭便车”中产生的事故损失在驾驶人、乘车人间合理分配，一方面体现了对“好意同乘”的肯定和维护，另一方面也督促驾驶人强化责任观念。

三是注重健全完善多元解纷机制。交通事故发生后，尽快得到损害赔偿，降低维权成本，避免增加解纷负担和成本，通常是群众的“急难愁盼”。人民法院注重在个案中探索经验，健全完善多元解纷机制，努力搭建群众维权便捷通道。案例五中，人民法院根据案件事实和当事人诉讼行为，敏锐意识到某保险公司的上诉并非出于维权目的，而是基于绩效考核考虑，遂加大调解力度，积极向某保险公司说理劝导，同时，针对诉讼背后的绩效评价等问题提出意见建议。该公司自愿撤回上诉并立即支付赔偿款，纠纷得以便捷有效解决。

下一步，人民法院将进一步发挥审判职能作用，加强当事人合法权益保障，推进审判机制健全完善，通过高质量司法工作促推构建良好交通秩序，以司法之力护航人民群众出行安全，不断增强人民群众的获得感、幸福感和安全感。

交通事故责任纠纷典型案例

目　录

案例一

未依法投保交强险的车辆发生交通事故，由投保义务人和侵权人在交强险责任限额内共同承担赔偿责任

——李某与周某、张某机动车交通事故责任纠纷案

【基本案情】

李某驾驶机动车在公路上掉头时，因疏于观察，与周某驾驶的电动自行车发生碰撞，造成周某受伤和车辆损坏。公安交管部门认定，李某承担事故全部责任，周某无责任。案涉机动车登记车主为张某，事故发生时，车辆未投保交强险。周某受伤住院治疗，后被评定为十级伤残。周某诉至法院，请求驾驶人李某、车主张某赔偿其因交通事故造成的各项损失 14 万余元。

【裁判结果】

审理法院认为，根据《最高人民法院关于审理道路交通事故损害赔偿案件适用法律若干问题的解释》第十六条第一款的规定，未依法投保交强险的机动车发生交通事故造成损害，当事人请求投保义务人在交强险责任限额范围内予以赔偿的，人民法院应予支持。本案中，李某驾车发生交通事故导致周某受伤，李某系侵权人，依法应对周某的损失承担赔偿责任。张某作为投保义务人未依法投保交强险，导致周某不能在交强险责任限额内得到保险赔付，也应承担相应责任。因周某的损失未超出交强险责任限额，最终判决：由张某、李某在交强险责任限额内共同赔偿周某损失 14 万余元。

【典型意义】

交强险以救济损害为主要功能，其先予赔付的制度设计对交通事故

被侵权人及时获得救济具有重要意义。投保交强险是机动车所有人、管理人的法定义务，机动车所有人、管理人未履行该义务将导致被侵权人无法获得交强险赔付进而利益受损，故投保义务人应当承担相应责任。本案中，人民法院判决投保义务人在交强险责任限额内与交通事故侵权人共同承担赔偿责任，体现了法律对投保义务人怠于履行义务的否定评价和对被侵权人权益的维护，也警示了投保义务人要依法履行为机动车投保交强险的义务，维护好自身与其他道路交通参与人的合法利益。

案例二

超过法定退休年龄的被侵权人能够证明存在因误工导致收入减少的，其误工损失应当获得赔偿

——金某诉谭某、某保险公司机动车交通事故责任纠纷案

【基本案情】

谭某驾驶小型轿车与金某驾驶的电动自行车发生碰撞，造成两车受损、金某受伤的交通事故。公安交管部门认定，谭某负事故全部责任，金某无责任。谭某驾驶的小型轿车在某保险公司投保了交强险和商业三者险，事故发生在保险期间内。事故发生时，金某已年满七十周岁。金某诉至法院，请求谭某、某保险公司赔偿包括误工费在内的各项损失合计9.4万余元。某保险公司抗辩称，金某已超过法定退休年龄，无权请求赔偿误工费。

【裁判结果】

审理法院认为，侵害他人造成人身损害的，除应当赔偿医疗费、护理费、交通费、营养费、住院伙食补助费等损失外，还应当赔偿因误工减少的收入。本案事故发生时，金某虽已超过法定退休年龄，但根据其

提交的送货单、记账本、企业负责人出庭陈述等证据，可以证实金某受伤前不仅具备相应劳动能力，且持续为多家企业提供货运服务，有较为稳定的收入。故人民法院结合误工时间等事实，认定应当赔偿金某误工费损失4.5万余元。最终判决：某保险公司赔偿金某因交通事故造成的各项损失合计约8万元。

【典型意义】

当前，超过法定退休年龄的人继续工作、劳动的情形较为常见，其合法权益应当受到法律保护。超过法定退休年龄的人因交通事故受伤后是否有权请求赔偿误工费，应根据其是否存在因误工导致收入减少进行判断，而不能简单地以法定退休年龄来确定是否支持误工费。本案中，超过法定退休年龄但仍依靠自身劳动获取收入的被侵权人请求赔偿误工费损失，人民法院予以支持，充分体现了对超龄劳动者合法权益的尊重和维护，有利于充分发挥老年人作用，推动实现老有所为。

案例三

非机动车一方存在过错的，应当依法减轻机动车一方赔偿责任

——王某与李某、某保险公司机动车交通事故责任纠纷案

【基本案情】

王某驾驶电动自行车在机动车道内逆行，与李某驾驶的机动车发生交通事故，事故造成王某死亡和车辆损坏。公安交管部门认定，王某驾驶电动自行车在机动车道内逆向行驶，是造成事故的主要原因；李某对路面情况疏于观察，是造成此事故的原因之一；王某负事故主要责任，李某负事故次要责任。李某驾驶的机动车在某保险公司投保了交强险和

商业三者险，事故发生在保险期间内。王某近亲属诉至法院，请求李某、某保险公司承担死亡赔偿金等损失120万余元。

【裁判结果】

审理法院认为，根据《中华人民共和国道路交通安全法》第七十六条的规定，机动车与非机动车驾驶人之间发生交通事故，非机动车驾驶人没有过错的，由机动车一方承担赔偿责任；有证据证明非机动车驾驶人有过错的，根据过错程度适当减轻机动车一方的赔偿责任。一般而言，由于机动车行驶速度快、危险程度高，机动车一方在道路通行中应当负有较高注意义务。本案中，王某驾驶非机动车在机动车道内逆行，是造成事故的主要原因，其对自身的损害存在较大过错，应当依法减轻机动车一方的赔偿责任。同时，考虑到事发时路况、视野良好，李某如充分注意，一定程度上也能够避免发生严重事故。李某疏于观察，存在过错。最终判决：李某对超出交强险赔偿部分的损失承担40%的赔偿责任，该部分赔偿责任由某保险公司承担。

【典型意义】

非机动车驾驶人作为交通参与人，应当与机动车驾驶人同样遵守交通规则。现实生活中，一些非机动车逆行、超速、闯红灯等违章行为给道路交通安全造成隐患。本案中，在非机动车一方具有较大过错的情况下，人民法院依法判令减轻机动车一方的赔偿责任，既合理地确定了双方责任，也警示了非机动车驾驶人应当遵守交通规则，共同构建安全和谐有序的道路交通环境。

案例四

“好意同乘”情形下机动车驾驶人无故意或者重大过失的，应适当减轻其赔偿责任

——颜某与刘某、顾某、某保险公司机动车交通事故责任纠纷案

【基本案情】

顾某驾驶小型普通客车与刘某驾驶的普通二轮摩托车发生道路交通事故，致刘某及其搭乘人颜某受伤，双方车辆不同程度损坏。公安交管部门认定，顾某、刘某负事故同等责任，颜某无事故责任。顾某驾驶的小型普通客车在某保险公司投保交强险和商业三者险，事故发生在保险期间内。颜某诉至法院，请求刘某、顾某、某保险公司赔偿各项损失合计 22 万余元。

【裁判结果】

审理法院认为，刘某无偿搭载颜某属于“好意同乘”行为。刘某作为车辆驾驶人，对搭乘人颜某负有安全方面的注意义务。《中华人民共和国民法典》第一千二百一十七条规定，非营运机动车发生交通事故造成无偿搭乘人损害，属于该机动车一方责任的，应当减轻其赔偿责任，但是机动车使用人有故意或者重大过失的除外。据此，由于并无证据证明刘某对事故的发生存在故意或者重大过失，因此，应当减轻其赔偿责任。本案中，颜某的损失共计 159899 元，先由某保险公司在交强险责任限额内赔偿颜某 140965 元；其余 18934 元，由某保险公司在商业三者险保险范围内按照事故责任比例（50%）赔偿 9467 元；刘某应按照事故责任比例（50%）赔偿 9467 元，但因其系无偿搭载颜某且无故意或重大过失，应当减轻刘某的赔偿责任。最终判决：酌定刘某承担其中 30% 部分的赔偿责任，赔偿颜某 5680 元。

【典型意义】

“好意同乘”，即日常生活中的“搭便车”，是指驾驶人出于善意无偿地邀请或允许他人搭乘自己车辆的非营运行为。“好意同乘”作为助人为乐的善意利他行为，对于促进形成互助友爱社会风尚具有积极意义，也符合绿色低碳出行方式的要求，还有利于缓解公共交通压力，降低出行成本。本案判决依法合理认定“好意同乘”情形下车辆驾驶人的责任，既合理分配搭乘人损失，也有助于督促驾驶人切实负起责任和安全驾驶车辆。

案例五

避免程序空转，及时促进被侵权人权利实现

——李某诉王某等机动车交通事故责任纠纷案

【基本案情】

王某驾驶机动车超速行驶时与驾驶电动自行车的李某相撞。事故造成李某颅脑损伤，经司法鉴定构成一级伤残、完全护理依赖。公安交管部门认定，王某负事故主要责任。李某将王某及承保王某车辆的某保险公司诉至法院，请求王某、某保险公司赔偿各项损失共计 104.5 万元。一审法院根据案涉事故责任划分及保险情况，判令某保险公司赔偿李某 74 万余元，由王某赔偿约 1000 元。一审宣判后，某保险公司提起上诉。

【纠纷化解过程及效果】

二审中，人民法院了解到，某保险公司对一审判决结果实际上并无异议，提起上诉的原因是为了跨过年底理赔率考核时点，进而提升当年的考核绩效。为避免程序空转，保障被侵权人及时获得赔偿，人民法院

加大调解工作力度，建议该保险公司客观面对事故事实和被侵权人损失，积极依照合同进行理赔；同时，综合相关情况与某保险公司积极沟通，促推树立正确的业绩导向，合理设置、规范优化考核指标。某保险公司对人民法院的工作表示认可，及时进行整改，撤回了对该案的上诉，立即向李某足额支付了赔偿款。

【典型意义】

交通事故往往造成被侵权人直接财产损失或人身损害。很大程度上讲，尽快得到损害赔偿，避免再度增加解纷负担和成本，是群众的“急难愁盼”。人民法院坚持实质解纷理念，坚决杜绝程序空转，在个案诉讼中“以案见事”，充分关注到纠纷成诉的核心原因和实质理由，因事施策、对症下药。纠纷解决中，人民法院不拘于“就案办案”，而是全面分析案件情况和相关背景，查摆诉讼关键原因，找准息诉着力点，加大工作力度，促进了纠纷高质量解决。本案是人民法院多元解纷的生动实践。

【依法打击虚假诉讼专题】

最高人民法院关于发布人民法院打击通过虚假诉讼逃废债典型民事案例的新闻发布稿

虚假诉讼破坏社会诚信、损害人民群众合法权益、危害司法公信力，党和国家高度重视防范和惩治虚假诉讼工作。党的十八届四中全会通过的《中共中央关于全面推进依法治国若干重大问题的决定》提出："加大对虚假诉讼、恶意诉讼、无理缠诉行为的惩治力度。"党的二十大报告提出："弘扬诚信文化，健全诚信建设长效机制。"民事诉讼法第十三条对民事诉讼诚信原则作出规定。最高人民法院始终坚持以习近平新时代中国特色社会主义思想为指导，深入学习贯彻习近平法治思想，坚决贯彻落实党中央决策部署，通过制定司法政策、发布典型案例、加强审判指导、建立预警机制、强化部门协作等多种方式，刑民并进、多措并举、联合施治，重拳惩处各类虚假诉讼。

通过虚假诉讼逃废债，是实践中较为常见的虚假诉讼类型。例如，债务人与第三人恶意串通，为其财产设置"旋转门"，通过虚假诉讼将自己财产"执行"到自己手里，制造无财产可供执行的假象；通过虚构债权参与分配，使他人真实债权不能全部实现；在虚假诉讼中申请查封财产，阻碍另案对该财产的强制执行。为加强对虚假诉讼的辨识、防范和遏制，指导各地人民法院依法严厉打击通过虚假诉讼逃废债行为，倡导诚信诉讼，最高人民法院发布五个人民法院打击通过虚假诉讼逃废债典型民事案例。本次发布的典型案例有以下特点。

一、针对重点领域，明确查处标准

本次发布的典型案例包含民间借贷、买卖合同、执行异议之诉等容易出现通过虚假诉讼逃废债的纠纷类型，人民法院对这些案件类型和其中发现的逃债手段应当重点关注、严格审查，在“立案、审判、调解、执行”全过程、各环节加大整治虚假诉讼工作力度。例如，在王某科诉冯某军民间借贷纠纷案中，债务人因多笔债务即将到期，除了工资之外没有其他收入，通过与第三人恶意串通，虚构民间借贷关系提起虚假诉讼，试图达到转移责任财产的目的，进行“预防性”逃债。在曹某东诉尹某安民间借贷纠纷案中，尹某安和曹某东通过虚构债权债务关系提起诉讼，获得生效判决后由被执行人尹某安实际领取执行款项，阻碍另案执行，导致尹某安真实债权人的债权无法实现。在侯某某诉某发展公司案外人执行异议之诉案中，被执行人虚构房屋买卖合同关系，试图由虚假购房人主张权利排除对被执行人的强制执行。在陈某、甘某诉甲公司等追加被执行人异议之诉案中，公司股东滥用有限责任制度，在因公司财产不能清偿到期债务被追加为被执行人后，通过循环转账虚构出资事实，试图逃避不实出资责任。以上案例中，人民法院根据查明事实，驳回原告诉讼请求或者追加公司股东为被执行人，并对虚假诉讼行为人采取罚款、拘留等处罚措施，实现司法公正，维护司法权威。通过这些案例，人民法院明确了坚决打击通过虚假诉讼逃废债的鲜明态度。

对于捏造哪些事实提起诉讼构成虚假诉讼的问题，存在不同认识。司法实践对当事人捏造全部案件事实提起诉讼构成虚假诉讼没有争议，但是对当事人捏造部分案件事实或者隐瞒案件事实提起诉讼是否构成虚假诉讼存在争议。本次发布的典型案例对这一问题作了回应，明确应当以原告是否捏造或者隐瞒民事案件基本事实向人民法院提起诉讼作为认定虚假诉讼的基本要件，准确识别、查处各类虚假诉讼案件。

二、加强沟通协作，形成打击合力

人民法院与检察机关、公安机关建立沟通协作机制，有利于克服司法机关与当事人之间的信息不对称问题，增加虚假诉讼被查处的概率，加大打击通过虚假诉讼逃废债工作力度。一方面，人民法院在查处虚假诉讼时，发现虚假诉讼行为涉嫌犯罪的，应当将犯罪线索移送公安机关处理。例如，在陈某、甘某诉甲公司等追加被执行人异议之诉案中，审理法院发现陈某的行为涉嫌虚假诉讼罪，将该案有关材料移送公安机关立案侦查。另一方面，人民法院应当认真审查其他机关移送的虚假诉讼线索，依法查假纠错。例如，在王某科诉冯某军民间借贷纠纷案中，检察机关在办案过程中发现涉嫌虚假诉讼的线索，移送至审理法院，审理法院发现该案构成虚假诉讼，依法启动审判监督程序进行改判。在曹某东诉尹某安民间借贷纠纷案中，再审法院依据公安机关移送线索，在查明该案系虚假诉讼后，依法对该虚假诉讼案件再审改判。

《最高人民法院、最高人民检察院、公安部、司法部关于进一步加强虚假诉讼犯罪惩治工作的意见》《最高人民法院关于深入开展虚假诉讼整治工作的意见》等司法政策文件均对各司法机关建立沟通协作机制作出规定。人民法院一方面要在审判工作中落实上述规定，另一方面要不断探索完善沟通协作机制，推动建立信息互联共享、程序有序衔接、整治协调配合、制度共商共建的虚假诉讼整治工作格局，形成整治虚假诉讼的合力，确保司法公器不被恶意利用。

三、惩治救济并重，维护司法公正

虚假诉讼不仅扰乱司法秩序、损害司法权威，还损害公共利益或者他人合法权益。人民法院查明虚假诉讼后，应驳回原告诉讼请求，对已作出的错误生效判决应当依法启动审判监督程序，撤销原判决，改判驳回原告诉讼请求。本次发布的典型案例中，两个案例均由人民法院通过审判监督程序依法撤销错误判决，改判驳回原告诉讼请求，既惩治虚假诉讼行为人，又依法纠错，对虚假诉讼受害人的权利予以救济。

人民法院发现公司股东滥用有限责任制度、通过虚假出资逃废债的，既应惩治股东虚假诉讼行为，又应依法追加股东为被执行人，救济公司债权人的权益。在陈某、甘某诉甲公司等追加被执行人异议之诉案中，股东陈某因未缴足出资被追加为被执行人，在明知其未缴足出资的情况下仍然提起追加被执行人异议之诉，并通过循环转账捏造已补缴出资的事实以支持其主张，构成虚假诉讼。人民法院对陈某予以罚款，同时，判决追加陈某为被执行人，在其尚未缴纳出资的范围内承担责任，对公司债权人的权益予以救济。

虚假诉讼增加其他当事人诉累、损害他人权益的，应当赔偿受害人因此受到的损失。虚假诉讼对受害人通常会造成两方面的损失：一是受害人为参加诉讼或者为纠正错误裁判而支出的误工费、交通食宿费、律师费等费用；二是虚假诉讼导致受害人财产权被侵害、债权无法及时实现而产生的损失。《最高人民法院关于深入开展虚假诉讼整治工作的意见》第十六条规定，对造成他人损失的虚假诉讼，受害人请求虚假诉讼行为人承担赔偿责任的，应予支持。在张某某诉田某某、朱某某财产损害赔偿纠纷案中，朱某某、田某某通过虚假诉讼逃避执行，妨碍张某某债权实现，给张某某造成诉累，使其财产权益受损，审理法院认定朱某某、田某某构成共同侵权，并判决朱某某、田某某向张某某连带赔偿误工费、交通食宿费和律师费。由虚假诉讼行为人向受害人承担损害赔偿责任，既增加虚假诉讼违法成本，也弥补受害人因虚假诉讼而受到的损失。

人民法院打击通过虚假诉讼逃废债典型民事案例

目　录

案例一

股东在追加被执行人异议之诉中循环转账捏造虚假出资事实逃避执行的，属于通过虚假诉讼逃废债

——陈某、甘某诉甲公司等追加被执行人异议之诉案

【基本案情】

乙公司注册资本 800 万元，股东陈某、甘某等认缴出资期限均至 2050 年 6 月 9 日止。因无可供执行财产，以乙公司为被执行人的执行案件被裁定终结本次执行。经申请执行人甲公司申请，执行法院于 2022 年 10 月 19 日裁定追加相关股东为被执行人，由各股东分别在各自未缴足出资范围内承担责任。股东甘某（认缴 72 万元）、陈某（认缴 328 万元）不服该裁定，于 2022 年 12 月提起追加被执行人异议之诉。诉讼中，陈某提供银行转账记录，在形式上反映陈某于 2023 年 1 月 18 日（诉讼过程中）向乙公司汇款 300 万元。乙公司于 3 月 17 日自行在国家企业信用信息公示系统中填报陈某于 1 月 18 日实缴出资 300 万元等信息，又于 4 月 10 日形成新的公司章程，将陈某等出资信息予以载明，并将该章程备案于当地市场监督管理局。

审理法院依职权调取陈某、乙公司以及案外人陈某华银行账户的流水情况，查明陈某、乙公司与案外人陈某华在 2023 年 1 月 18 日发生多笔连环交易：陈某先分两次共向乙公司转账 100 万元后，乙公司立即向陈某华共转账 100 万元，而陈某华收到 100 万元后又分两次向陈某转账 100 万元；前述连环转账交易重复两次，形成 200 万元闭环转账，全部资金最终回到陈某账户。后陈某又向乙公司转账 100 万元，该 100 万元已支付申请执行人。

【裁判结果】

审理法院认为，《最高人民法院关于民事执行中变更、追加当事人若

干问题的规定》第十七条规定："作为被执行人的营利法人，财产不足以清偿生效法律文书确定的债务，申请执行人申请变更、追加未缴纳或未足额缴纳出资的股东、出资人或依公司法规定对该出资承担连带责任的发起人为被执行人，在尚未缴纳出资的范围内依法承担责任的，人民法院应予支持。"本案被执行人乙公司章程约定公司股东的认缴出资期限为2050年6月9日，股东陈某依法享有期限利益，但是，执行法院于2022年4月18日查明乙公司无财产可供执行，不能清偿所欠债务，并裁定对执行案件终结本次执行，故公司股东的出资期限利益丧失，出资期限应加速到期。乙公司股东陈某因未足额缴纳出资，应当被追加为被执行人，在其尚未缴纳出资的范围内依法承担责任。

关于陈某"补缴"出资的事实，综合分析陈某、乙公司与案外人陈某华之间转账交易的支付次数、支付金额、资金流向以及交易次序，可以明显识别出"陈某→乙公司→陈某华→陈某"的资金转账闭环，且陈某未有效举证证明其与案外人陈某华之间、案外人陈某华与乙公司之间存在真实交易关系。据此可以认定，陈某系使用同一笔金额为100万元的资金，通过与案外人陈某华循环转账的方式，制造了共计300万元的转账流水，并采取在国家企业信用信息公示系统自行填报年度报告、修改公司章程并到市场监督管理部门备案的方式，对外公示"陈某已于2023年1月18日实缴出资300万元"。因前述循环转账结束后，最终实际用于清偿乙公司到期债务的资金为100万元，且甲公司亦明确认可其系在陈某实际出资100万元后收取乙公司转账款项100万元，股东陈某实际出资金额仅为100万元。故判决追加陈某为被执行人，在尚未缴纳出资的范围内承担责任。

陈某为逃避履行出资义务，逃废债务，阻碍执行，在诉讼过程中伙同他人通过循环转账的方式虚构出资金额200万元，并以隐瞒真实交易流水、填报虚假公示信息、向法庭作虚假陈述等方式进行虚假诉讼，严重妨碍了人民法院对案件的公正审理，情节恶劣，妨害了民事诉讼正常秩序。审理法院依据《中华人民共和国民事诉讼法》的规定，决定对陈某处以罚款人民币 5 万元。由于陈某的上述行为涉嫌虚假诉讼罪，审理法院依照《最高人民法院、最高人民检察院、公安部、司法部关于进一步加强虚假诉讼犯罪惩治工作的意见》第十条的规定，将该案有关材料移送公安机关立案侦查。

【典型意义】

有限责任制度对于降低投资风险、保护股东利益、促进社会投资具有重要意义。股东滥用有限责任制度，通过虚假出资逃避责任，破坏公司治理制度，扰乱市场秩序，应依法予以打击。股东被追加为被执行人后，为逃避执行、逃废债务，提起追加被执行人异议之诉，并在诉讼中通过编制虚假出资手续、制造虚假银行流水、循环转账虚增出资金额，制造已经履行完毕出资义务的假象，依据该虚构事实逃避执行的，构成虚假诉讼。人民法院应当依法追加股东为被执行人，由其在虚假出资范围内承担责任，并依据《中华人民共和国民事诉讼法》的规定，对虚假诉讼行为人处以罚款或者拘留，将犯罪线索移送公安机关，严厉打击股东通过虚假出资逃废债的行为。

案例二

捏造借贷关系提起虚假诉讼由被执行人实际领取执行款以逃避执行的，属于通过虚假诉讼逃废债

——曹某东诉尹某安民间借贷纠纷案

【基本案情】

曹某东持尹某安出具的金额为 50 万元的借条诉至法院，请求尹某安偿还借款 50 万元，尹某安对借款事实不持异议。曹某东的诉讼请求获得支持。判决生效后，曹某东申请强制执行。被执行人尹某安控制曹某东

的银行卡，实际领取执行款15.91万元。

朱某蓉对尹某安享有到期债权，经人民法院作出生效裁判并强制执行，仅执行到部分财产。朱某蓉因债权未得到全部清偿，向公安机关报案反映上述民间借贷案件涉嫌虚假诉讼。公安机关通过讯问曹某东、尹某安，认为上述案件涉嫌虚假诉讼，并向审理法院移送虚假诉讼线索。审理法院依法对该案启动审判监督程序。

【裁判结果】

审理法院认为，《中华人民共和国民事诉讼法》第一百一十五条第一款规定，当事人之间恶意串通，企图通过诉讼、调解等方式侵害国家利益、社会公共利益或者他人合法权益的，人民法院应当驳回其请求，并根据情节轻重予以罚款、拘留；构成犯罪的，依法追究刑事责任。公安机关对曹某东、尹某安的讯问笔录等证据和尹某安与曹某东在再审中的陈述证实，尹某安为逃避承担保证责任、避免其财产被债权人申请强制执行，与曹某东恶意串通，向曹某东出具借条凭据，虚构50万元债权债务，并由曹某东作为债权人提起民事诉讼。该案民事判决生效后，曹某东申请执行尹某安的财产，相关款项实际由被执行人尹某安领取，制造尹某安名下无财产可供执行的假象。尹某安和曹某东通过虚构债权债务关系提起诉讼的方式侵害尹某安真实债权人的合法权益，扰乱审判秩序，损害司法公正，二人行为构成虚假诉讼。人民法院发现后，应当对虚假诉讼所涉生效裁判依法改判。故判决撤销原判决，驳回曹某东的全部诉讼请求，并决定对尹某安拘留十日、罚款5万元；对曹某东拘留七日、罚款3万元。

【典型意义】

虚假诉讼扰乱诉讼秩序，浪费司法资源。本案中，尹某安、曹某东提起虚假诉讼，损害申请执行人权益。申请执行人报案后，公安机关经调查发现虚假诉讼线索。人民法院根据线索对虚假诉讼案件启动审判监督程序，依法纠错。尹某安、曹某东的虚假诉讼行为严重扰乱诉讼秩序，极大浪费司法资源，增加其他当事人诉累，应予严厉惩治。民间借贷是虚假诉讼的高发领域。《最高人民法院关于审理民间借贷案件适用法律若干问题的规定》第十九条等司法解释和政策文件对虚假诉讼的审查作出明确规定。人民法院应当依据相关规定，结合借贷金额大小、当事人之间关系以及当事人陈述的交易细节等因素综合判断，对民间借贷虚假诉讼进行查处，依法保护真实债权人的合法利益。

案例三

虚构借贷债务起诉意图转移财产逃避执行的，属于通过虚假诉讼逃废债

——王某科诉冯某军民间借贷纠纷案

【基本案情】

冯某军因房屋装修等原因，欠多笔外债即将到期，除工资之外没有其他收入。2022 年 7 月，冯某军因欠他人的债务即将到期，担心债权人起诉后法院冻结、扣划其工资，便与亲戚王某科通谋，虚构冯某军向王某科借款 30 万元的事实。冯某军持王某科名下的银行卡，自行通过银行转账、取现、存款的方式，制造王某科向冯某军出借 30 万元的银行流水。同时，冯某军向王某科出具借款金额为 30 万元的虚假借条，由王某科持相关证据提起诉讼，请求判令冯某军偿还王某科借款本金 30 万元。诉前调解中，王某科、冯某军达成虚假的还款协议，致使人民法院根据调解协议作出民事调解书。上述虚假民间借贷诉讼行为涉嫌虚假诉讼罪。检察机关在办案过程中，将涉嫌虚假诉讼的线索移送审理法院。审理法院依法启动审判监督程序，对本案进行再审。

【裁判结果】

审理法院认为，《中华人民共和国民事诉讼法》第一百一十五条第一款规定：“当事人之间恶意串通，企图通过诉讼、调解等方式侵害国家利益、社会公共利益或者他人合法权益的，人民法院应当驳回其请求，并根据情节轻重予以罚款、拘留；构成犯罪的，依法追究刑事责任。”《最高人民法院关于审理民间借贷案件适用法律若干问题的规定》第十九条第一款规定：“经查明属于虚假民间借贷诉讼，原告申请撤诉的，人民法院不予准许，并应当依据民事诉讼法第一百一十二条之规定，判决驳回其请求。”人民检察院提交的冯某军、王某科书写的情况说明，检察机关对冯某军、王某科的询问笔录、调取的银行交易流水能够证明该案属于虚假诉讼。冯某军、王某科提起本案诉讼的真实目的是通过虚假诉讼帮助冯某军逃避债务。二人恶意串通，伪造证据、虚构债权债务关系提起虚假诉讼，损害他人合法权益，故判决撤销原民事调解书，驳回王某科的诉讼请求。审理法院依据《中华人民共和国民事诉讼法》的规定，对冯某军罚款5000元，对王某科罚款3000元。二人已主动缴纳罚款。

【典型意义】

本案是一起典型的“恶意串通型”虚假诉讼。原、被告双方恶意串通，虚构民间借贷债权债务关系，“手拉手”提起民事诉讼、进行调解，以达到逃废债务的目的。这类虚假诉讼行为损害法律权威，降低人民群众对司法机关的信任，必须予以严厉打击。人民法院对原、被告存在特殊关系的民间借贷纠纷案件，应详细审查大额资金来源、债权债务形成经过等事实，对于原、被告双方没有争议、极力和解的案件，更应审慎处理，确保在查明案件事实的基础上作出裁判。人民法院还应当与检察机关、公安机关等部门建立线索移送、信息交换等工作机制，形成惩治虚假诉讼的合力，对“手拉手”虚假调解行为形成有力震慑，确保司法公器不被恶意利用。

案例四

捏造房屋买卖合同提起执行异议之诉的，属于通过虚假诉讼逃废债

——侯某某诉某发展公司案外人执行异议之诉案

【基本案情】

2015 年，侯某某（乙方）与曹某、曹某某（甲方）就某动迁房签订一份无落款日期的房地产买卖协议。后曹某、曹某某向侯某某出具收到全款的收据。2015 年 4 月 25 日，侯某某向曹某账户汇入两笔钱款，每笔 70 万元，随后该两笔钱款又分别汇回侯某某本人农业银行账户及其关联方账户。侯某某希望通过法院诉讼的方式将虚假的房屋买卖合同关系转变为法院生效判决认定的“真实”房屋买卖关系，故起诉请求曹某、曹某某办理诉争房屋的过户手续。曹某作出虚假陈述，认可自己已收到侯某某支付的购房款。审理法院以过户条件未成就为由，判决驳回其诉讼请求。2018 年，案涉房屋被预查封，侯某某以其系案涉房屋买受人、享有足以排除强制执行的民事权利为由，向审理法院提出执行异议，被驳回后又提起执行异议之诉，请求停止对案涉房屋的执行，并判决确认房屋归侯某某所有。

双方当事人在诉讼中承认侯某某与曹某、曹某某并不存在真实的房屋买卖合同关系，签订案涉房屋买卖合同实为为他人债务作担保。

【裁判结果】

审理法院认为，侯某某与曹某、曹某某之间的房屋买卖合同存在诸多疑点。首先，该房屋买卖合同形式过于简单，既没有约定付款方式，也没有签署日期。其次，房屋买卖合同明确约定诉争房屋属于动迁安置

房，依政策三年内不得办理过户手续，侯某某却在限制过户期限内提起民事诉讼，要求办理诉争房屋的过户手续，违背常理，存在企图通过诉讼形式确认该合同真实、有效，为后续诉讼提供依据的嫌疑。正是基于这些疑点，审理法院调取2015年4月25日侯某某向曹某银行账户汇款当日的银行转账明细。银行转账明细显示侯某某从未向曹某、曹某某支付过房款。经法官多次询问，侯某某和曹某、曹某某承认双方之间的房屋买卖合同关系是虚假的。审理法院遂判决驳回侯某某的诉讼请求，并决定对侯某某处以2万元的罚款。

【典型意义】

执行异议之诉是虚假诉讼增长较快的领域。为保护购房消费者等购房人的权利，司法实践对符合法定条件的购房人请求交付、占有房屋的权利予以优先保护。部分不诚信当事人恶意利用这一制度，通过虚构房屋买卖合同等基本事实提起执行异议之诉，逃避执行。本案中，侯某某虚构房屋买卖合同，捏造案件基本事实，滥用执行救济制度阻却执行，损害执行债权人的合法权益。人民法院通过严查虚假诉讼，惩治不诚信诉讼行为，为更好发挥执行异议之诉保护购房消费者合法权益的作用创造了条件。

案例五

虚假诉讼行为人应当向虚假诉讼受害人承担赔偿损失责任

——张某某诉田某某、朱某某财产损害赔偿纠纷案

【基本案情】

张某某向一审法院起诉请求田某某、仝某归还借款本息299621元并获支持。随后，朱某某也向该法院提起诉讼，要求田某某归还借款20万

元及利息，并申请查封了田某某的两套房产。一审法院根据双方调解协议出具调解书，确认田某某自愿偿还朱某某借款 20 万元及利息。朱某某在执行过程中向法院表示，田某某有还款意向，暂不对其名下房产进行拍卖。债权人张某某在申请执行过程中得知朱某某已先行申请查封了债务人田某某的房产，但在田某某未履行还款义务的情况下，朱某某既不要求解除对房产的查封又不向一审法院申请强制执行。由此，张某某对朱某某和田某某之间民间借贷关系的真实性产生怀疑，认为二人相互串通，虚构债权债务并通过虚假诉讼逃避执行。张某某遂提起第三人撤销之诉，请求撤销朱某某诉田某某民间借贷纠纷案的民事调解书。一审法院经审理，判决驳回张某某的诉讼请求。张某某不服提起上诉。二审法院查明，朱某某、田某某在原案中进行虚假陈述，存在串通行为，原案诉讼为虚假诉讼。故判决撤销朱某某诉田某某民间借贷纠纷案的民事调解书，驳回朱某某的诉讼请求。

张某某以被告朱某某与田某某恶意串通、虚假诉讼致使其先后委托多名律师参与维权，产生误工费、交通食宿费、律师费等损失为由，起诉请求朱某某、田某某连带赔偿因虚假诉讼给张某某造成的误工费、交通食宿费、律师费等损失，并赔偿精神损害抚慰金 2 万元。

【裁判结果】

审理法院认为，《中华人民共和国民法典》第三条规定：“民事主体的人身权利、财产权利以及其他合法权益受法律保护，任何组织或者个人不得侵犯。”第一百二十条规定：“民事权益受到侵害的，被侵权人有权请求侵权人承担侵权责任。”本案中，朱某某、田某某实施的虚假诉讼行为给张某某造成诉累，并造成其财产权益受损，应当认定朱某某、田某某构成共同侵权。故判决朱某某、田某某向张某某连带赔偿误工费 12060 元、交通食宿费 2000 元、律师费 17000 元。

【典型意义】

当事人通过虚假诉讼妨碍债权人申请执行被执行人财产，造成申请执行人诉累，妨碍申请执行人及时实现债权，损害申请执行人权益。《最高人民法院关于深入开展虚假诉讼整治工作的意见》第十六条规定，对造成他人损失的虚假诉讼案件，受害人请求虚假诉讼行为人承担赔偿责任的，应予支持。虚假诉讼行为人赔偿责任大小可以根据其过错大小、情节轻重、受害人损失大小等因素作出认定。被执行人与第三人恶意串通，通过虚假诉讼妨碍债权人申请强制执行、造成申请执行人损失的，构成共同侵权，申请执行人有权请求虚假诉讼行为人承担连带赔偿责任。由虚假诉讼行为人向受害人承担赔偿责任，既增加了虚假诉讼行为人的违法成本，有利于防范和遏制虚假诉讼，也弥补了受害人因虚假诉讼而受到的损失，有利于实现司法公正。

民间借贷虚假诉讼的司法规制与完善路径

——由一起民间借贷诉讼案例引发的思考

刘忠伟* 郭峻维**

一、问题的提出

虚假诉讼，是指当事人以捏造的基本事实提起民事诉讼，企图通过诉讼、调解等方式侵害国家利益、社会公共利益或他人合法权益的行为，对司法权威和法治秩序带来极大危害。民间借贷是虚假诉讼的多发场域。在最高人民法院审理的（2024）最高法民终 64 号民间借贷纠纷一案中，出借人孙某某曾因民间借贷纠纷一案于 2015 年起诉借款人施某某，称其与施某某形成民间借贷关系，现借款已到期，请求施某某返还本金及利息。施某某对此予以认可。二人遂在福建省高级人民法院主持下于 2015 年 6 月 17 日达成（2015）闽民初字第 11 号民事调解书并生效。2019 年，福建省泉州市丰泽区人民检察院以孙某某与施某某涉嫌虚假诉讼为由提起公诉。福建省泉州市丰泽区人民法院经审理认为，孙某某与施某某之间的民间借贷关系虚假，相关款项交付系人为制造的银行“流水”循环转账，二人以捏造的事实提起民事诉讼并达成民事调解书，妨碍司法秩序，情节严重，其行为构成虚假诉讼罪。福建省泉州市中级人民法院二

* 中国政法大学博士研究生，最高人民法院民事审判第一庭法官助理。

** 中国人民大学博士研究生。

审予以维持。据此，福建省高级人民法院依职权启动审判监督程序决定对（2015）闽民初字第11号民事调解书再审。再审中，根据刑事生效裁判认定的事实以及孙某某与施某某并未形成真实的民间借贷关系等查明事实与在案证据，认定孙某某与施某某实施虚假诉讼行为，依法撤销（2015）闽民初字第11号民事调解书并判决驳回孙某某全部诉讼请求。最高人民法院二审予以维持。本案是一起典型的民间借贷虚假诉讼案例，当事人双方之间人为制造转账记录循环转账，形成民间借贷的“表面”事实，并利用民事诉讼程序“迅速”达成调解，侵害案外人利益。在生效刑事裁判已认定当事人构成虚假诉讼罪的情况下，人民法院依法撤销案涉民事调解书，同时判决驳回孙某某全部诉讼请求，从法律上对其诉讼请求予以否定。

本案再次提示我们，如何应对民间借贷虚假诉讼成为司法实践中现实、急迫的课题。本文通过锚定民间借贷虚假诉讼的本质特征，旨在分析司法实践面临的困境并为其提供完善建议，从而为民间借贷纠纷中识别、防范虚假诉讼提供些许助益。

二、民间借贷虚假诉讼现状之检视

民间借贷作为多层次借贷市场的重要组成部分，一定程度上满足了人民群众日益增长的生产生活用资需求，但囿于其缺乏监管，资金流转具有隐蔽性与灵活性，为虚假诉讼的滋生提供了土壤，成为虚假诉讼的多发领域。

据司法大数据统计，2019年至2023年全国法院每年一审新收涉民间借贷案件200万件左右，而其中因民间借贷行为引发的刑事犯罪不在少数。据不完全统计，2019年至2023年，全国法院一审审结因民间借贷引发刑事案件各罪名人数7.55万人，其中，因民间借贷引发虚假诉讼犯罪人合计3123人。

民事诉讼法第一百一十五条[①]为虚假诉讼设立单独条款。学界对虚假诉讼之规制亦提出“加强法官依职权调查取证的力度以及诉讼过程中的证据审查力度”[②]“完善案外利害关系人的诉讼参与权”[③] 等建议。《最高人民法院关于审理民间借贷案件适用法律若干问题的规定》（以下简称《民间借贷解释》）第十八条用十种情形列举了民间借贷虚假诉讼的常见特征。尽管立法、司法与学界给予了充分重视，民间借贷案件近年来高位运行，但其中虚假诉讼案件数量仍然居高不下。比如，据某省法院调研发现，该省虚假诉讼案件每年保持一定比例且持续增加，成为审判中的痼疾。在审判实践中，因民间借贷具有灵活性、缺乏监管等特性，经常出现当事人缺乏诚信意识，选择性陈述对自己有利的事实的情形，案件事实真假难辨，难以查清。更有甚者，有的当事人伪造变造债权凭证等主要证据，恶意串通虚构债权债务关系，损害他人合法权益，严重干扰法院的办案效率和正确裁判。而从全国法院审判实践来看，虚假诉讼存在“认定标准不统一”等问题。[④]

具体到本案，施某某与孙某某人为制造银行“流水”，制造款项交付的证据，以捏造的事实提起诉讼，妨碍司法秩序，侵害他人合法权益。该类案件的难点源于民间借贷本身的隐蔽、灵活以及信息不对称。结合案件事实看，行为人利用银行“流水”循环转款，依据虚构合同起诉，使案件表面上顺利构成双方已形成民间借贷关系的“事实”，却根本不存在双方真实的辩论对抗。人民法院在不清楚循环转款这一事实原委之前，很难察觉出孙某某与施某某之间民事法律关系的不真实性。民事诉讼法

① 民事诉讼法第一百一十五条：“当事人之间恶意串通，企图通过诉讼、调解等方式侵害国家利益、社会公共利益或者他人合法权益的，人民法院应当驳回其请求，并根据情节轻重予以罚款、拘留；构成犯罪的，依法追究刑事责任。当事人单方捏造民事案件基本事实，向人民法院提起诉讼，企图侵害国家利益、社会公共利益或者他人合法权益的，适用前款规定。”

② 李浩：《第三人撤销之诉抑或审判监督程序——受害债权人救济方式的反思与重构》，载《当代法学》2020 年第 5 期。

③ 韩波：《论虚假诉讼的规制方式：困扰与优化》，载《政法论丛》2020 年第 4 期。

④ 参见谢勇：《关于人民法院防治虚假诉讼工作的调研报告》，载最高人民法院民事审判第一庭编：《民事审判指导与参考》2023 年第 3 辑，人民法院出版社 2024 年版，第 209~210 页。

第十三条规定了处分原则，即当事人有权在法律规定的范围内处分自己的民事权利和诉讼权利。在当事人主义的诉讼模式中，加之民间借贷本身事实认定难的现状，人民法院因种种因素很难在每个案件中都能做到穿透式审查。

三、民间借贷虚假诉讼的本质特征与及其防范困境

本文围绕与民间借贷虚假诉讼直接相关的法律规范即民事诉讼法第一百一十五条与《民间借贷解释》第十九条，在司法实践基础上尝试进一步厘清民间借贷虚假诉讼的本质特征与及其防范困境。

（一）民间借贷虚假诉讼的本质特征

从《民间借贷解释》第一条可以得知，相对于正规金融机构的借贷行为，民间借贷是游离于金融监管之外的自然人、法人和非法人组织之间的资金融通活动，融资低门槛、灵活简便、缺乏监管是其显著特征。对民事诉讼法第一百一十五条进行文义解释可知，首先，在事实层面，虚假诉讼虚构民事纠纷、民事权利义务关系，该条第一款与第二款在逻辑上为并列关系，既包括当事人双方恶意串通，也涵盖当事人单方行为。其次，在实体法层面，虚假诉讼当事人利用日常交易活动便利，侵害国家利益、社会公共利益或他人合法权益。国家利益、社会公共利益对应民法典第一百五十三条，他人合法权益则对应民法典第一百五十四条，即第三人的私益。[①] 当事人虚构诉讼行为，将人民法院诉讼、调解当作牟利工具，浪费司法资源，对司法秩序造成极大破坏。

民间借贷虚假诉讼存在一定特殊表现形式，比如，名为借贷，实为赌债。在部分借贷案件的审理中，一些被告在接到法院的应诉材料后，来法院反映他们所写的“借条”中所称债务其实是赌债，并且一些当事人在借条形成后也曾至公安机关报过案，但最终因缺乏证据，公安机关

① 参见王利明：《体系化视角下的恶意串通规则》，载《法律科学（西北政法大学学报）》2024年第1期。

没有认定。例如，在赵某诉范某民间借贷纠纷案中，[①] 赵某诉称，范某向他借款2万元，却迟迟不肯归还；而范某予以否认，并认为只是在打牌时陆续欠下赵某赌债1万元，后赵某带人将他挟持到某酒店逼迫他写下欠款2万元的借条，并因此要挟他。虽然第二天范某即至派出所报案，但因没有证据，最终不了了之。法院在向公安机关调查时，也只能确认范某报案的事实，对于借款系赌债以及其被迫写借条的事实则无法取证认定，最终判决范某败诉。

进一步识别民间借贷虚假诉讼，还须从体系的视角将其与真实诉讼进行比较。从法律规范切入，虚假诉讼行为包含当事人单方行为与双方恶意串通行为。

从当事人单方行为的角度而言，虚假诉讼一方通过捏造事实、伪造证据、虚增数额等手段，损害对方利益。比如，当事人双方确实曾经存在借贷关系，但借款方清偿债务后未收回借条原件，出借人以原件再次恶意主张还款等情形。又如，双方认可存在借贷关系，但往来账目较多，有的还存在委托他人支付借款或委托他人偿还借款，出借人恶意截取其中一个时间段的转账起诉，否认借款人及其委托人转账的性质等情形。可见，证据的片面性、虚假性是虚假诉讼的主要特征，在单方行为的情形中，原告、被告展开激烈对抗，双方对证据、事实往往存在较大争议，通过完善司法程序的取证、质证环节，能够识别其中单方的虚假行为。

双方恶意串通这种情形，则更为复杂。民事诉讼的真实样态应当为两造对抗，一方面，对抗内化于民事纠纷当中，正是因为双方当事人对于人身权利、财产权利存在争议对立，才需要向法院起诉请求公正裁判；另一方面，对抗是得出真相的必经之路，在维护各自利益的强烈动机下，双方当事人会竭力举证并反驳对方的主张，常见于裁判文书的“诉请的事实与理由”与“辩称”部分。民间借贷的非正规性、灵活性使其容易成为虚假诉讼的载体，当事人之间往往存在亲属、朋友、同学等熟人关

---

① 参见自孙立军：《民事虚假诉讼的分析与思考》，载中国诉讼法律网，http：//www. procedurallaw. cn/info/1021/2807. htm。

系，沟通成本较低，易于得逞。[①] 比如，在孙某诉邱某民间借贷纠纷案中，法院认为："孙某变更诉讼请求，金额相差巨大，邱某又仅仅提交书面答辩状，对变更后的诉讼请求完全同意，双方没有对抗性，显然在诉前就已经协商一致。"[②] 又如，在周某诉陈某民间借贷纠纷案中，再审法院认为："原审系周某持伪造的借条起诉，诉讼过程中周某与陈某未经实质性诉辩对抗就形成调解协议，周某持民事调解书向原审法院申请强制执行并分得执行款。"[③] 在前文孙某某诉施某某民间借贷纠纷案中，施某某在明知借款并非真实存在的情况下，在孙某某起诉时隐瞒真实情况，签订调解协议，双方同样没有形成有效对抗。可见，在双方恶意串通情形中，当事人利用借款合同、收条、委托书等证据，制造虚假外观，更是直接冲击民事诉讼的两造对抗。

（二）防范民间借贷虚假诉讼的困境

具体而言，防范民间借贷虚假诉讼的困境体现在事实识别、宣传教育、部门协作、惩戒力度等方面。[④]

首先，各地法院普遍存在案多人少的客观压力，法官亦面临审限、结案数、调解率等多种绩效指标的考核。民间借贷案件数量近年来一直高居各类民事案件收案数量之首。在民间借贷诉讼中，当事人达成调解协议，符合法院对办案效率的追求，因此，个别法院疏于对是否存在虚假诉讼必要的审查。在实践中，不同法院、法官之间对虚假诉讼的认定标准存在认识差异，比如，存在认为虚构事实或隐瞒事实提起诉讼的行为均构成虚假诉讼，认为只有虚构全部案件事实或隐瞒了债务已经清偿的事实起诉才构成虚假诉讼，以及将原告是否捏造其诉讼请求所依据的

---

① 参见魏新璋、张军斌、李燕山：《对"虚假诉讼"有关问题的调查与思考 以浙江法院防范和查处虚假诉讼的实践为例》，载《法律适用》2009年第1期。

② 广东省佛山市中级人民法院（2018）粤06民初47号民事判决书。

③ 浙江省金华市中级人民法院（2020）浙07民再33号民事判决书。

④ 董真：《民间借贷类虚假诉讼的规制困境与纾解》，载《西部学刊》2024年第8期。

要件事实作为认定虚假诉讼的标准等不同情形。① 在当事人的相互配合下，民间借贷案件事实简单，证据链完整，仅仅依靠法院的取证与审查，识别虚假诉讼存在一定难度。

其次，从法社会学层面分析，现代社会功利主义、利己主义等思想冲击人们传统的诚信道德观念，失信行为屡有发生，对于民间借贷虚假诉讼亦缺乏警示教育宣传。与此同时，人民法院、检察机关、公安机关与监管部门之间各司其职，未形成完善的共同协作体系。

最后，罚款、拘留等处罚手段力度不足且适用条件较为严苛，面对违法收益高于成本而产生负面激励的当事人，并不能起到更好的威慑作用。《最高人民法院、最高人民检察院关于办理虚假诉讼刑事案件适用法律若干问题的解释》第二条规定："以捏造的事实提起民事诉讼，有下列情形之一的，应当认定为刑法第三百零七条之一第一款规定的'妨害司法秩序或者严重侵害他人合法权益'：（一）致使人民法院基于捏造的事实采取财产保全或者行为保全措施的；（二）致使人民法院开庭审理，干扰正常司法活动的；（三）致使人民法院基于捏造的事实作出裁判文书、制作财产分配方案，或者立案执行基于捏造的事实作出的仲裁裁决、公证债权文书的；……"可见，民事诉讼中查明的虚假诉讼很可能构成犯罪。在孙某某诉施某某民间借贷纠纷案中，一审法院（2019）闽 0503 刑初 100 号刑事判决和二审法院（2021）闽 05 刑终 222 号刑事裁定已经发生法律效力，不属于"必须以另一案的审理结果为依据，而另一案尚未审结的"应当中止诉讼情形。但实践中发现可能构成虚假诉讼罪的，人民法院常见的做法是根据《民间借贷解释》第十九条的规定，判决驳回其诉讼请求，再将犯罪线索移送有管辖权的公安机关，由公安机关立案查处涉嫌犯罪的行为。实践中，存在人民法院未及时移送线索和移送线索后公安机关不向移送法院反馈处理结果的情况，而且开展侦查和追诉的案件并不多。究其原因，在于实现惩戒要付出较大成本。最终，人民

① 参见谢勇：《关于人民法院防治虚假诉讼工作的调研报告》，载最高人民法院民事审判第一庭编：《民事审判指导与参考》2023 年第 3 辑，人民法院出版社 2024 年版，第 209~210 页。

法院所采取的罚款及强制措施的力度无法与行为人所获利益相匹配，行为人权衡利弊后，仍会通过虚假诉讼牟利。

四、民间借贷虚假诉讼规制的完善进路

（一）完善民间借贷虚假诉讼识别机制

《民间借贷解释》第十八条列举了可能存在虚假诉讼的十种情形。对于出现上述十种情形的，应当严格审查借贷发生原因、时间、地点、款项来源、交付方式、款项流向以及借贷双方的关系、经济状况等事实。

具体而言，例如，《民间借贷解释》第十八条第五项将“对借贷事实陈述不清或者陈述前后矛盾”的主体规定为无正当理由拒不到庭参加诉讼的当事人的委托代理人。此类情形下，案件即存在虚假诉讼的可能。一方面，当事人无正当理由拒绝参加庭审，而委托代理人对借贷事实陈述不清或者陈述前后矛盾，此时即存在当事人虚构借贷事实的可能性；另一方面，积极诉讼实施权所具有的主动进攻性会因代理人与对方当事人恶意串通而完全丧失，此时被代理人的真实意思将无法对诉讼结果产生实质影响。[①] 质言之，诉讼代理人既可能成为被代理人的共犯，也可能倒戈侵害被代理人的合法权益，应当重点关注诉讼代理人的陈述。又如，《民间借贷解释》第十八条第七项规定，“借款人的配偶或者合伙人、案外人的其他债权人提出有事实依据的异议”。当异议人系借款人的配偶、合作伙伴等的其他债权人并提出异议时，基于上述人员一般与借款人关系更紧密，更了解交易情况，一般要严格审查借贷关系的真实性，以防止出借人或借款人串通或捏造事实转移财产损害他人合法权益。

鉴于民间借贷极易出现虚假诉讼的可能，对民间借贷案件款项交付、出借能力、交易习惯等应进行综合判断。据此，可按照《最高人民法院

① 参见黄忠顺、刘宏林：《虚假诉讼侵害他人合法权益的原理及其救济》，载《经贸法律评论》2024 年第 1 期。

关于依法妥善审理民间借贷纠纷案件促进经济发展维护社会稳定的通知》第七条的规定依法审理。具体而言，在审理民间借贷纠纷案件过程中，要依法全面、客观地审核双方当事人提交的全部证据，从各证据与案件事实的关联程度、各证据之间的联系等方面进行综合审查判断。对形式有瑕疵的“欠条”或者“收条”，要结合其他证据认定是否存在借贷关系；对现金交付的借贷，可根据交付凭证、支付能力、交易习惯、借贷金额的大小、当事人之间关系以及当事人陈述的交易细节经过等因素综合判断。

民间借贷具有隐蔽、灵活的特点，识别当事人之间真实的人身关系、经济关系尤为关键。需要进一步提高防范意识，建立立案预防、审判核查、执行反馈的立体防范机制，各司其职，层层把关。具体而言，应当充分完善信息技术，依靠智慧法院建设，结合运用基本检索、组合检索、自定义检索等手段进行排查。比如，通过数字法院系统检索关联案件，发挥大数据优势，构建贯穿立案、审判、仲裁、执行各个环节的识别与查处系统，可以按照“诉状记载+证据材料”的立案审查方法，就特定事项进行审查，发现有明显嫌疑的，裁定不予受理，[①] 由此起到事前强化预警作用。亦可利用审前程序加强对民间借贷虚假诉讼的规制。依据《最高人民法院关于适用〈中华人民共和国民事诉讼法〉的解释》第二百二十五条[②]的规定，庭前会议的基本功能是明确争点、固定证据和促进和解，法官在组织当事人交换证据、明确争点时，应当告知当事人虚假诉讼需要承担的法律责任，并在促进和解时观察双方诉讼状态。[③] 法官在庭

---

① 参见曹云吉：《民事诉讼正当当事人判断标准的建构——兼谈起诉条件的“双重高阶化”》，载《北方法学》2019年第5期；吴泽勇：《民事诉讼法理背景下的虚假诉讼规制——以〈民事诉讼法〉第112条的适用为中心》，载《交大法学》2017年第2期。

② 《最高人民法院关于适用〈中华人民共和国民事诉讼法〉的解释》（2022年修正）第二百二十五条规定：“根据案件具体情况，庭前会议可以包括下列内容：（一）明确原告的诉讼请求和被告的答辩意见；（二）审查处理当事人增加、变更诉讼请求的申请和提出的反诉，以及第三人提出的与本案有关的诉讼请求；（三）根据当事人的申请决定调查收集证据，委托鉴定，要求当事人提供证据，进行勘验，进行证据保全；（四）组织交换证据；（五）归纳争议焦点；（六）进行调解。”

③ 参见洪冬英：《论虚假诉讼的厘定与规制——兼谈规制虚假诉讼的刑民事程序协调》，载《法学》2016年第11期。

审过程中还应当着重审查出借人的经济实力是否与借贷金额相匹配，当事人双方是否多次参与借贷、低价转让，是否存在陈述不清、陈述前后矛盾以及不正当放弃权利等情形，以穿透式思维，打破民间借贷虚假诉讼本身不易识别的信息壁垒。

（二）加大宣传教育及部门协同治理力度

针对民间借贷虚假诉讼，应当大力开展法治宣传，发布惩治民间借贷虚假诉讼行为典型案件，制作相关普法宣传短视频，依托法院微信公众号、微博等自媒体平台并协调主流媒体加强宣传工作，将集中宣传与常态化宣传相结合，不断提高人民群众对民间借贷虚假诉讼危害的认知，引导、教育人民群众依法诉讼，弘扬诚实守信的社会风气，实现对民间借贷虚假诉讼的源头治理。最高人民法院应适时发布典型案例，完善指导意见，就审判实践中的新情况、新问题出台司法解释，丰富法答网与案例库，为全国各地法院提供裁判指引。同时，应当加强协同治理力度，人民法院与公安机关、检察机关、金融监管机构之间形成协调联动机制，打破部门之间和机关内外的信息壁垒，实现案件线索的多维流转。[①] 加强学术交流与信息共享，联合金融从业者、行政监管人员、经济学家、法学家等相关人员共同研究，加强调研，在识别、认定、惩戒、防控等方面达成共识，将理论与实践相结合。

（三）加强民间借贷虚假诉讼惩戒力度

针对民间借贷虚假诉讼的惩治手段，在民事方面为判决驳回诉讼请求，对于诉讼参与人或者其他人恶意制造、参与虚假诉讼的，依据民事诉讼法的规定，应依法被处以罚款、拘留，情节严重涉及犯罪的，则须

---

① 参见张文荣、薛春艳：《打击虚假诉讼 维护司法公正》，载《法治与社会》2024 年第 8 期。

承担相应刑事责任。[1] 判决驳回诉讼请求是民事审判处理民间借贷虚假诉讼的主要手段。但部分当事人从虚假诉讼中获得的巨额收益大于违法的成本，因此，虚假诉讼行为仍时有发生。依据民事诉讼法第一百一十八条的规定，对个人的罚款金额为10万元以下，对单位的罚款金额为100万元以下，拘留的期限为十五日以下。以上处罚力度亦未能与虚假诉讼的收益相匹配。而在刑事层面，民间借贷虚假诉讼最终被追究刑事责任的案件占比不高。因此，对民间借贷虚假诉讼的惩戒力度有待进一步加强。

第一，在民事层面，探索构建民间借贷虚假诉讼侵权损害赔偿制度，当行为人符合侵权行为的构成要件时，赋予受害人就其为诉讼所支出的费用、损失请求赔偿的权利。行为人预期收益较大，同时给受害人造成严重损害或精神损害的，可适用侵权赔偿，使行为人付出较高违法成本。在程序上，依据民事诉讼法第五十九条[2]的规定，保障与案件处理结果有法律上的利害关系的当事人及时参加诉讼，有助于查明案件事实，遏制虚假诉讼行为人的嚣张气焰。

第二，严格依法追究民间借贷虚假诉讼当事人刑事责任。依据刑法第三百零七条之一[3]的规定，“以捏造的事实提起民事诉讼”，比如，行为人以伪造的借条等证据提起民事诉讼，妨害了司法秩序的公正纯洁性的，就应依法追究其刑事责任，即只要当事人存在上述行为，妨碍司法秩序，

---

① 《民间借贷解释》第十九条规定：“经查明属于虚假民间借贷诉讼，原告申请撤诉的，人民法院不予准许，并应当依据民事诉讼法第一百一十二条之规定，判决驳回其请求。诉讼参与人或者其他人恶意制造、参与虚假诉讼，人民法院应当依据民事诉讼法第一百一十一条、第一百一十二条和第一百一十三条之规定，依法予以罚款、拘留；构成犯罪的，应当移送有管辖权的司法机关追究刑事责任。单位恶意制造、参与虚假诉讼的，人民法院应当对该单位进行罚款，并可以对其主要负责人或者直接责任人员予以罚款、拘留；构成犯罪的，应当移送有管辖权的司法机关追究刑事责任。”

② 民事诉讼法第五十九条规定：“对当事人双方的诉讼标的，第三人认为有独立请求权的，有权提起诉讼。对当事人双方的诉讼标的，第三人虽然没有独立请求权，但案件处理结果同他有法律上的利害关系的，可以申请参加诉讼，或者由人民法院通知他参加诉讼。人民法院判决承担民事责任的第三人，有当事人的诉讼权利义务。……”

③ 刑法第三百零七条之一第一款规定：“以捏造的事实提起民事诉讼，妨害司法秩序或者严重侵害他人合法权益的，处三年以下有期徒刑、拘役或者管制，并处或者单处罚金；情节严重的，处三年以上七年以下有期徒刑，并处罚金。”

就可认为构成虚假诉讼罪。该条亦规定，“以捏造的事实提起民事诉讼”，“严重侵害他人合法权益的”，也将构成刑事犯罪。只不过此处要求当事人实施虚假诉讼行为，利用诉讼活动满足其个人利益，导致第三人的利益遭受严重侵害。从刑法上说，虚假诉讼罪系结果犯，要求行为人捏造的事实要造成严重侵害他人合法权益的后果。可见，虚假诉讼罪侵害的法益具有选择性，针对不同的保护法益分别成立行为犯与结果犯。[①] 依此逻辑，认定民间借贷虚假诉讼构成虚假诉讼罪要区分情形，分别认定犯罪构成要件，通过刑罚打击民间借贷虚假诉讼，在社会层面起到严厉警示教育作用。

第三，发挥信用评价体系的惩戒作用。相较于财产责任，信用责任可以降低行为人的信用评价，减少交易机会，也具备一定惩戒和遏制民间借贷虚假诉讼的功能。[②]《最高人民法院关于深入开展虚假诉讼整治工作的意见》第二十二条提供了指引，可以建立虚假诉讼“黑名单”制度，建立失信人名单信息库，与征信机构信息数据库对接，共同助力诚信社会建设，保障市场有序发展。

第四，遏制部分法律工作者对虚假诉讼的不当帮助。在司法实践层面，还应当警惕法律工作者为促成民间借贷虚假诉讼提供不当帮助，对于参与民间借贷虚假诉讼的律师、公证员、调解员等，应对其违反职业道德的行为处以吊销职业资格等严厉处罚，坚决遏制法律工作者为虚假诉讼提供帮助的现象。

五、结语

民间借贷虚假诉讼问题的解决任重而道远，从社会宏观层面而言，该问题与诚信意识培养的不足也有一定关联。在通过法治方法构建规制体系的同时，亦需要结合社会主义核心价值观，从文化、意识形态层面加强诚信建设，方能裨益民间借贷虚假诉讼的治理。

---

① 参见张明楷：《虚假诉讼罪的基本问题》，载《法学》2017 年第 1 期。

② 参见谢勇：《论虚假诉讼的查处和防治》，载《中国应用法学》2024 年第 2 期。

【理论前沿】

过分高于损失：违约金调整的基本标准*

——以民法典第五百八十五条第二款为中心

王利明**

合同纠纷案件占民事纠纷案件的很大比例，[①] 合同纠纷大多涉及违约责任，而违约金责任又是违约责任的主要形式，因为大多数合同都有违约金条款，尤其是法人或非法人组织之间的合同以及涉及自然人的租赁、房屋买卖等格式合同。因此，承担违约金责任对于救济非违约方、确保合同履行发挥了重要作用。

然而，违约金也存在因过分高于损失而被调减的可能性。我国民法典第五百八十五条第二款规定："约定的违约金低于造成的损失的，人民法院或者仲裁机构可以根据当事人的请求予以增加；约定的违约金过分高于造成的损失的，人民法院或者仲裁机构可以根据当事人的请求予以适当减少。"该条确立的"过分高于损失"的违约金调减标准，在总结我国民事立法经验并借鉴《国际商事合同通则》的基础上，为调整违约金提供了基本依据，也为保障裁判公正、限制自由裁量权范围提供了基本

* 原文刊载于《法学研究》2024年第6期。

** 中国人民大学法学院教授。

① 截至2024年8月19日（同时为检索日），根据中国裁判文书网的数据，民事纠纷案件共83036545件，其中，合同纠纷案件53135345件，约占民事纠纷案件的63.99%。

依据。[①] 但是，司法实践中确实存在“大概率调整违约金的现象”。[②] 一些法院在调整违约金时，未将违约金与损失相比较，对于启动违约金调整程序的理由未加详细阐释，就在裁判中直接认定双方约定的违约金过高，应当“酌情予以调整”或“酌定”，[③] 但违约金为何过高、如何调减等，未予言明。一些法院判决将违约金调整的举证责任完全加诸非违约方，一旦非违约方不能就损失充分举证，就对违约金予以调减。尤其是因为缺乏标准，导致有些法院在调减中自由裁量，甚至调减后的赔偿数额不足以弥补非违约方的损失。按照民法典第五百八十五条第二款的规定，上述做法都存在可待商榷之处。由于过分高于损失是违约金调减的前提条件和基本标准，因此，有必要对违约金过分高于损失的认定标准及其对违约金调整的影响进行探讨，以保障违约金调整规则的准确适用。

一、过分高于损失标准彰显了意思自治的基本理念

违约金条款作为当事人约定的重要合同条款，是当事人意思自治的产物。但学者调研发现，实践中，针对当事人要求调减违约金的请求，有78.6%的比例予以支持，可谓违约金大概率会被调减。[④] 因此，违约金调整普遍存在的现象是，以调减为原则，以不调减为例外。[⑤] 笔者认为，这种现象不符合意思自治原则。

---

① 民法典第五百八十五条第二款的前身合同法第一百一十四条借鉴了《国际商事合同通则》第7.4.13条。参见张玉卿主编、审校：《国际统一私法协会国际商事合同通则2016》，中国商务出版社2019年版，第579页。

② 参见罗昆：《我国违约金司法酌减的限制与排除》，载《法律科学（西北政法大学学报）》2016年第2期。

③ 参见陕西省西安市灞桥区人民法院（2024）陕0111民初1784号民事判决书；新疆维吾尔自治区奎屯市人民法院（2024）新4003民初1130号民事判决书；等等。

④ 参见罗昆：《我国违约金司法酌减的限制与排除》，载《法律科学（西北政法大学学报）》2016年第2期。

⑤ 参见罗昆：《我国违约金司法酌减的限制与排除》，载《法律科学（西北政法大学学报）》2016年第2期。

(一) 违约金调整必须尊重当事人的意思自治

合同自由支撑着整个市场。[①] 约定违约金本身是合同自由的重要内容，因此，尊重违约金约定，就是尊重合同自由。违约金是当事人事先对损害赔偿的预估，其既可以在违约发生后免去非违约方对损害进行举证的困难，又可以发挥事先担保合同履行的功能。在一方违反合同约定时，对方有权依法请求其承担违约责任。[②] 就违约责任的承担而言，当事人也同样享有合同自由，即当事人有权依法选择违约责任的承担方式，并可以事先对违约责任的承担作出约定，例如，当事人可以事先在合同中约定违约金。合同法应当充分尊重当事人选择违约金责任的自由。

诚然，违约金的约定有可能因过分高于损失而需要司法调整，这种调整是维护合同正义的要求。因此，违约金调整涉及合同自由与合同正义关系的协调问题。法律之所以允许调减违约金，一方面，是为了保护债务人、确保个案中的合同正义；[③] 同时，如果当事人约定的违约金过分高于或者低于违约造成的损失，也会造成当事人之间权利义务的严重失衡，偏离其损害填补的主要功能定位。另一方面，如果放任当事人任意约定违约金，可能出现“天价违约金”等现象，使约定违约金的行为异化为一种赌博。[④] 可见，违约金调整旨在兼顾合同正义与当事人的意思自治。[⑤] 关于如何兼顾二者之间的关系，比较法上关于违约金的调整有几种不同的模式。

一是德国法模式。德国法区分民事关系和商事关系。德国商法典第

---

① See E. Farnsworth, *Contracts*, 2d ed. , Little, Brown and Company, 1990, p. 21.

② See Ian Macneil, “Power of Contract and Agreed Remedies, ”*Cornell Law Quarterly* 47(1962): 495-496.

③ Vgl. Staudinger/Rieble, in: Staudinger BGB, 2020, § 343 Rn. 1; Gottwald, Münchener Kommentar zum BGB, 9. Aufl. , 2022, § 343 Rn. 1; Janoschek, BeckOK BGB, 70. Ed. , 2024, § 343Rn. 1.

④ 参见陈龙业：《违约金调整的规则体系——以〈合同编通则解释〉第65条为切入点》，载《环球法律评论》2024年第2期。

⑤ 参见许德凤：《违约金司法酌减的依据及其限度》，载《法学》2024年第4期；姚明斌：《〈民法典〉违约金规范的体系性发展》，载《比较法研究》2021年第1期。

348 条规定了商人在商事交易中约定的违约金数额不得调整的规则。德国民法典第 343 条规定了违约金调减规则，但该条也对违约金调减作了必要限制，即“对适当性进行判断时，应斟酌债权人一切正当利益，不限于债权人财产上之利益。违约金已支付者，不得调减”。

二是法国法和日本法模式。法国民法典规定，“通常情况下，约定的违约金的数额往往高于甚至远远高于实际损失，除上诉审法官认定违约金数额明显过高的情形外，法官原则上既不得减少也不得增加当事人在合同中约定的违约金数额。”① 有学者强调，法国法院虽然有权减少过高的违约金，但其原则上执行了违约金条款，尊重了当事人意思自治。② 日本民法第 420 条也禁止违约金调整。实践中，只有在违约金违背公序良俗时，才认定其无效。③

三是英美法模式。英美法区分补偿性违约金和罚金，二者的区别在于是否显著偏离预先估计的损失或实际的违约损害。④ 在违约金条款被宣告无效后，受害方可以获得法定的违约损害赔偿救济，就如同该条款没有被订入合同一样。⑤ 但是如果在签订合同时，违约金条款体现了对违约行为可能造成的损害的合理估计，那么，法院将支持违约金。⑥ 英美法通说认为，认定违约金条款无效只是特殊情形。“通常的规则是，合同应按‘约定必须遵守’的原则执行，除非合同属于有限的一类案件，在这类案件中，出于公共政策的原因，法院拒绝执行当事人的协议……惩罚性违

---

① 《法国民法典》，罗结珍译，北京大学出版社 2023 年版，第 661 页。

② See Charles Calleros, “Punitive Damages, Liquidated Damages, and Clauses of Penalties in Contract Actions: A Comparative Analysis of the American Common Law and the French Civil Code, ”*Brooklyn Journal of International Law* 32(2006): 109.

③ 参见［日］我妻荣：《我妻荣民法讲义Ⅳ：新订债权总论》，王燚译，中国法制出版社 2008 年版，第 118 页。

④ 《美国统一商法典》第 2-718 条和《美国合同法重述（第二次）》第 356（1）条就违约金作出了相关规定。

⑤ 参见［美］E. 艾伦·范斯沃思：《美国合同法》，葛云松、丁春艳译，中国政法大学出版社 2004 年版，第 837 页。

⑥ See Charles Calleros, “Punitive Damages, Liquidated Damages, and Clauses of Penalties in Contract Actions: A Comparative Analysis of the American Common Law and the French Civil Code, ”*Brooklyn Journal of International Law* 32(2006): 73.

约金就是这里所说的有限的、众所周知的类别。”①

从两大法系的做法来看，普遍认为，应当充分尊重当事人对违约金的约定，不宜轻易调整。除了上述德国、法国、日本的情况外，美国法虽然认定罚金条款无效，但如果当事人能够证明预估的损失是合理的，就难以被认定为罚金。这也限制了违约金被认定为无效的范围。近年来，美国法逐渐认可惩罚性违约金，美国学者也呼吁改革美国法上对惩罚性违约金的否定态度，更加尊重当事人的合同自由。②《国际商事合同通则》第7.4.13条也首先宣示违约金约定原则上有效，仅在“严重过高”时，才能调减。③

尊重违约金的约定，就是尊重当事人依法安排违约风险的自由，实质上就是尊重合同自由。对违约金的任意调整既违背了当事人安排自身生活的意愿，也否定了当事人的意思自治。合同自由是合同法的基础性原则，法官限制合同自由需要充分的理由并承担论证义务。即便违约金适当高于损失，也必须执行违约金，才能有效督促合同履行，激励当事人恪守承诺、诚实守信。“前景理论”认为，人们对损失的反应比对等额收益的反应强烈。因此，面对确定的损失，人们会比面对不确定的损失感到更强烈的恐惧。这就形成了一种“确定效应”，人们作出的选择可能是非理性的，在比较两种损失的选择时，可能过于看重避免损失，而非进行更理性的选择。④ 违约金条款的约定同样如此。违约金设定本身就是一种风险分配。因为有此风险压力，当事人才被激励去履行合同，并基于合同会被履行而对未来事务作出各种规划和安排。如果一方违约后，

① Phillip Bernstein(Successors) Ltd. v. Lydiate Textiles Ltd., (1962) CA Transcript 238; Sterling Industrial Facilities v. Lydiate Textiles Ltd., (1962) 106 SJ 669.

② See Charles Calleros, “Punitive Damages, Liquidated Damages, and Clauses of Penalties in Contract Actions: A Comparative Analysis of the American Common Law and the French Civil Code,” *Brooklyn Journal of International Law* 32(2006): 110.

③ 参见张玉卿主编、审校：《国际统一私法协会国际商事合同通则2016》，中国商务出版社2019年版，第579页。

④ See Daniel Kahneman & Amos Tversky, “Prospect Theory: An Analysis of Decision under Risk,” *Econometrica* 47(1979): 263.

因违约金的调整导致违约成本过低，就无法形成有效的督促当事人履约的压力机制。如果法官认为违约金过高就可以随意减免，就意味着法官代替当事人订立合同，这甚至会开启干涉合同自由的“魔盒”。[①] 此外，如果法官调整违约金的权力不受任何限制，可能为司法腐败、权力寻租留下空间。

尊重违约金约定，才能充分发挥合同作为市场经济的基础性制度的功能。一方面，合同是联系交易链条、组织市场经济生活的纽带。只有合同得到充分履行，交易才能有序进行。法治的根本功能在于稳预期，法律的功能在于维护当事人的合理预期。因此，契约的安排体现了一种正义，它“正是构成了一个组织良好的人类联合的基本条件”[②]。另一方面，只有合同得到充分履行，社会财富才能得到增长。违反允诺就是侵害对方的财产。[③] 允诺本身实际上可以被视为个人财富的组成部分，履约请求权就是财产权；促进合同有效，实际上就是创造社会财富。违约金就是最为有效的督促合同充分履行的方式，违约金通过双方自由约定，使得当事人对违约后果有明确的预期，且在违约后避免了违约损害赔偿计算的不便利和不确定。因此，鼓励诚实守信、督促合同履行、弘扬契约精神，必须尊重当事人的违约金约定。

（二）违约金应以不调整为原则、以调整为例外

民法典第七条确认了诚信原则。该原则在违约金适用中的体现表现在，违约金调整是违约金责任承担的特殊情形，因为，从民法典第五百八十五条的规定来看，其第一款宣示了应尊重违约金的约定，第二款规定违约金调整规则。从体系解释看，该条第一款要求尊重违约金约定，是违约金责任承担的一般规则，第二款将过分高于损失作为调减违约金

---

① 参见许德风：《违约金司法酌减的依据及其限度》，载《法学》2024 年第 4 期。

② ［美］约翰·罗尔斯：《正义论》，何怀宏、何包钢、廖申白译，中国社会科学出版社 1988 年版，第 5 页。

③ 参见［德］康德：《法的形而上学原理——权利的科学》，沈叔平译，商务印书馆 1991 年版，第 91 页。

的标准，性质上属于但书规定，属于违约金责任承担的例外情形和特殊规则。

民法典第五百八十五条第二款将过分高于损失作为违约金调减的标准。有学者认为，“违约金调减规范赋予了法官广泛的自由裁量权”。[①] 此种观点值得商榷。事实上，从第五百八十五条第二款的规定可以看出，法院调整违约金的裁量权应当受到三重限制：一是必须基于当事人的请求进行调整，该条并没有将违约金调整完全交由法院自由酌定。二是违约金数额必须“过分高于造成的损失”，才能启动调减程序。三是即便违约金数额过分高于损失，法院也只能“适当减少”而不能大幅减少。从目的解释而言，违约金调整应当尊重当事人的意思自治，而非由法院任意调整。可见，我国民法典严格限制违约金调整，要求法院在调减违约金时必须尊重当事人的意思自治。

实践中，一旦一方提出调整违约金，有的法院就支持当事人的主张，并认为这是维护合同正义所必需，[②] 这显然没有准确把握二者之间的关系。维护合同正义的前提是当事人滥用了约定违约金的权利，逾越了法律规定的界限，否则，法院就没有干预的必要。笔者认为，违约金调整首先应当尊重当事人的合同自由，即坚持契约严守、弘扬契约精神是基本原则。

总之，依据民法典第五百八十五条第二款确定的“过分高于损失”标准，首先要从尊重合同自由出发，尊重当事人约定的违约金，这是一般原则，而调整违约金只是特殊情形，即只有在违约金过分高于损失时，才能依法调减。可见，尊重违约金约定与调整违约金是原则与例外的关系。需要强调的是，违约责任不同于侵权责任，在侵权赔偿责任中，民法典第一千一百八十二条规定了侵害他人人身权益财产损害赔偿数额的酌定规则，赋予了法院酌定赔偿数额的权力。[③] 民法典第一千一百八十三

① 吴泽勇：《违约金调减的证明责任问题》，载《法学评论》2022年第1期。

② 参见罗昆：《我国违约金司法酌减的限制与排除》，载《法律科学（西北政法大学学报）》2016年第2期。

③ 参见王叶刚：《论侵害人格权益财产损失赔偿中的法院酌定》，载《法学家》2021年第3期。

条规定的精神损害赔偿规则实际上也是酌定精神损害赔偿数额。笔者认为，违约金与侵权损害赔偿的功能存在区别，侵权损害赔偿的功能在于填补受害人的损害，而违约金的功能具有多样性，其不仅具有填补非违约方损失的功能，还具有担保功能甚至惩罚功能。法院不应过度干预违约金责任的适用。

二、“过分高于损失”标准来源于违约金的双重功能

我国理论界和实务界普遍认为，违约金具有双重功能，其不仅是一种违约责任形式，也是一种债的担保形式。违约金制度通过调减规则予以平衡，从而达到当事人之间的实质契约自由。[①] 民法典第五百八十五条第二款的规定不仅体现了对当事人意思自治的尊重，而且也来源于和体现了违约金的补偿和惩罚双重功能。

（一）“过分高于损失”标准体现了违约金的补偿功能

违约金作为违约救济的一种方式，当然具有补偿受害人损失的功能。违约金具有事先预估性，具有法定的违约损害赔偿所不可替代的节省举证、避免烦琐程序等功能。当事人通过事先约定违约金条款，排除了赔偿额度、损害发生与否甚至因果关系方面的争议，避免了损害确定的困难，从而有助于损害赔偿的实现。[②] 基于这一原因，违约金具有损害赔偿预定的作用。

民法典第五百八十五条第二款规定的“过分高于损失”标准，也体现了补偿功能。法院在调整违约金时，首先要确定非违约方因违约而遭受的损失，比较违约金的约定是否过分高于损失；在调整过程中，要坚持充分补偿受害人损失的原则，这也是违约金调整的底线原则。此外，在一些类型的合同中，非违约方因违约而遭受的损失难以确定和证明

---

① 参见王洪亮：《违约金功能定位的反思》，载《法律科学（西北政法大学学报）》2014 年第 2 期。

② 参见姚明斌：《违约金论》，中国法制出版社 2018 年版，第 64 页。

(如无形财产损失等),对违约金的约定有助于避免此类举证困难。

基于补偿功能,要区分违约金调减与调增的适用标准。民法典第五百八十五条第二款在规定违约金调减时,要求适用“过分高于损失”的标准,但在规定违约金调增时,只是要求违约金“低于”非违约方的损失即可,而没有要求“过分”低于损失。

基于补偿功能,违约金调整不适用显失公平规则。有学者认为,违约金过分高于损失时,构成显失公平,故应当适用显失公平规则。[①] 笔者认为,该观点值得商榷。违约金调减与显失公平是完全不同的制度。

(二)“过分高于损失”标准体现了违约金的担保功能

违约金的担保功能,是指通过约定违约金督促合同双方履行合同,预防违约的发生。违约金的功能并不限于填补非违约方的损失,其也具有担保功能,据此产生一定的压力机制,督促当事人履行合同。[②] “过分高于损失”标准体现了违约金的担保功能。

第一,“适当高于损失”不必调减。债务人并不需要提供人保或者物保,而只是通过约定适当高于损失的违约金,使其意识到违约后要付出的代价,以此督促当事人履行合同,从而发挥违约金的担保功能。[③] 依据民法典第五百八十五条第二款的规定,如果违约金只是适当高于损失,而非过分高于损失,当事人无权请求法院予以调整,[④] 法院也不得依职权主动调整。即便违约金适当高于法定违约赔偿范围,也是在法律允许的范围内的,因为这有利于充分保护当事人有关合同的全部合法利益,例如生产或交易计划的推进、声誉或精神的正当期待等。[⑤] 通过对不能计算

---

① 参见陈范宏:《显失公平规范研究》,中国社会科学出版社2022年版,第312页。

② Vgl. Janoschek, BeckOK BGB, 70. Ed., 2024, § 343 Rn. 8.

③ 参见徐海燕:《惩罚性违约金例外酌减制度的解释与重构:契约自由与契约正义的平衡视角》,载《法学杂志》2023年第2期。

④ 参见黄薇主编:《中华人民共和国民法典合同编解读》,中国法制出版社2020年版,第413页。

⑤ 参见许德风:《违约金司法酌减的依据及其限度》,载《法学》2024年第4期。

甚至不可赔偿的损失的保护，违约金可以发挥预防违约和担保交易的功能。①

第二，以“适当减少”为原则。依据民法典第五百八十五条第二款的规定，即便违约金过分高于损失，也只能“适当减少”。“适当减少”并不意味着大幅减少，更不意味着调整后的违约金只能与违约造成的损失相等甚至低于违约造成的损失。其背后的法理在于，违约金本身具有担保功能。违约金的数额并不需要与损失的数额完全相等。因此，即便违约金适当高于损失，也应当承认该违约金条款的有效性，如此才能更好地发挥其担保履约的功能。

第三，违约金条款不可弃之不用。按照《国际商事合同通则》第7.4.13条，违约金约定与损失相比较严重过高的，只能减少，而不能完全弃之不顾。② 我国民法典第五百八十五条第二款实际上借鉴了这一规定。在无形财产等交易中，可能出现非违约方难以证明损失的情形，此时，法院不能当然将违约金条款弃之不用，免除违约方的违约金责任，而应当通过民法典和相关法律、司法解释规定的法定赔偿的计算机制，合理认定非违约方遭受的损失，从而仍然适用违约金条款。

违约金的担保功能是其固有功能，这就决定了违约金不可能纯粹是补偿性的，而是具有适度惩罚性的，从而有助于实现当事人的合理预期和整体的商业安排，尽可能地实现当事人的各种规划和计划。③

三、“过分高于损失”是违约金调整的启动要件

民法典第五百八十五条第二款规定的“过分高于损失”标准，实际上确立了违约金调整的启动条件，但在实践中经常被忽视。基于2024年8月16日对中国裁判文书网的案例检索（限定裁判日期为2021年1月1

① 参见邹双卫：《论不同损失状态下的违约金变更》，载《人民司法》2010年第17期。

② 参见张玉卿主编、审校：《国际统一私法协会国际商事合同通则2016》，中国商务出版社2019年版，第580页。

③ 参见谢鸿飞：《定金责任的惩罚性及其合理控制》，载《法学》2023年第3期。

日至2024年8月16日），在针对债权人主张的违约金予以调整的11353件案例中，法院在调整违约金过程中提及债权人实际损失的有9094件，占比约80.10%。但在这些案例中，法院在调整违约金时明确计算了债权人实际损失的有1055件，占比约11.60%；法院在调整违约金时未明确计算债权人实际损失的有8039件，占比约88.40%。可见，实践中普遍存在的做法是，一旦当事人请求调整违约金，法院认为违约金过高的，就直接予以调整，但是为何过高、是否达到“过分高于损失”的程度，裁判中未予说明。此种做法是否符合民法典第五百八十五条第二款的规定，值得探讨。

（一）“过分高于损失”主要是一个事实认定问题

关于过分高于损失究竟是事实认定问题还是法律判断问题，学界存在两种截然不同的观点。一是法律判断说。此种观点认为，违约金过分高于损失必须考虑其他调减考量因素，“过分”是一个程度判断，应属综合衡量中的法律评价问题。违约金是否过高，取决于法院的自由裁量，必须通过综合衡量，才能得出结论。① 也有学者认为，过高的判断“是从债务人承担违约金债务的公平角度来加以把握”。因此，违约金数额是否过高，不应当仅限于对违约金数额与损失数额的比较，违约金过高的判断是法律问题，而非事实问题。② 二是事实认定说。此种观点认为，从法律规定来看，立法仅将违约金过分高于损失作为违约金调整的条件，而未规定其他条件，因此，判断违约金是否过分高于损失，仅需比较当事人约定的违约金数额与非违约方的损失数额，不需要综合考虑各种因素进行判断；虽然“过分高于损失”这一标准包含了一定的评价因素，但其认定属于事实认定问题。③ 笔者赞同第二种观点。法律判断说的不足之处在于，其混淆了违约金调整的启动条件与违约金的数额调整问题。

---

① 参见姚明斌：《违约金司法酌减的规范构成》，载《法学》2014年第1期。

② 参见韩强：《违约金担保功能的异化与回归——以对违约金类型的考察为中心》，载《法学研究》2015年第3期。

③ 参见吴泽勇：《违约金调减的证明责任问题》，载《法学评论》2022年第1期。

从民法典第五百八十五条规定的产生来看，其最初借鉴了《国际商事合同通则》第7.4.13条，但后者采纳“严重过高”标准。虽然，在解释上认为，是否“严重过高”，任何理性人都可以判断，[①] 但是，“严重过高”经常被认为是一个法律判断问题，因此，民法典第五百八十五条第二款在借鉴该条经验时，采用了“过分高于”的表述，更强调其作为事实认定的属性。

从该条规定的内容来看，法院或者仲裁机构调整违约金的基本前提是违约金过分高于损失，而在进入调整程序且决定调整之后，就会涉及如何调整的问题。因此，是否调整违约金和如何调整违约金是两个不同的问题。“过分高于损失”标准用于决定是否调整，而“适当减少”则回答如何调整的问题。在法国，对违约金约定过低或过高的评估属于事实问题，应由事实审法官审理。[②] 至于在违约金调整程序启动后如何进行调整、需要考虑哪些因素，则是法院进行法律判断的问题。因此，“过分高于损失”标准是事实认定问题，“适当减少”才是法律判断问题。

将违约金是否过分高于非违约方的损失界定为事实认定问题，既有助于区分违约金调整的启动程序与调整程序，也有利于限制法院在认定违约金过高方面的自由裁量权。从审判实践来看，在许多案例中普遍存在的问题是：法院在调整违约金时并没有首先审理非违约方的损失，没有回应民法典规定的“过分高于造成的损失”这一适用条件，而是直接由法官进行酌定。裁判中经常出现的情形是，一旦当事人请求调整违约金，就直接由法官根据个人的主观判断或朴素的法律感情进行判断，确定是否应当调整违约金。不少裁判文书中出现“经本院酌定违约金过高”等类似的表述，实际上也表明其混淆了事实认定和法律判断这两个不同的问题。

---

① 参见张玉卿主编、审校：《国际统一私法协会国际商事合同通则2016》，中国商务出版社2019年版，第580页。

② See Muriel Fabre-Magnan, *Droit des Obligations: Contrat et Engagement Unilatéral*, 4e édition, PUF, 2016, pp. 789-791.

（二）“过分高于损失”的事实认定

1. 首先必须确定非违约方的损失

关于违约金调整程序的启动是否存在基本要件，比较法上并不统一。在以非违约方的损失作为判断违约金是否应当调整的国家，存在两种不同的观点。一是实际损失说。例如，根据《国际商事合同通则》第7.4.13条的规定，违约金约定过高的判断必须与实际遭受的损失相比较，严重过高时，才能调整。① 二是双重损失说。英美法区分了补偿性和惩罚性的违约金，二者的区别在于是否显著偏离预先估计的损失或实际造成的损失。② 在“班塔诉斯塔夫汽车公司案”③ 中，法院指出，各个判例中显然确定了强制执行这种条款的三个条件：“所约定的金额必须合理即并不过分高于预估的损失”，“所预估的违约损害必须数额不确定或者难以证明”，以及“当事人必须有提前把损害赔偿额算清楚的意思”。但这个标准仍然没有解决区分的不确定性问题。④ “最有才干的法官也宣布，在试图确定区分违约罚金和预定之赔偿金的界限的原则以作为判决基础时，他们感到很为难。”⑤ 预估损失的困难越大，证明损失的困难越大，那么，约定的赔偿金被认定为合理的可能性就越大。⑥

依据民法典第五百八十五条第二款的规定，违约金调减程序的启动只有一个标准，即违约金过分高于违约造成的损失，这是在总结我国实践经验并借鉴《国际商事合同通则》的基础上作出的比较科学的规定。因为该标准较为客观，即违约金是否过分高于损失，只需要比较违约金

---

① 参见张玉卿主编、审校：《国际统一私法协会国际商事合同通则2016》，中国商务出版社2019年版，第579页。

② See Mindy Chen-Wishart, *Contract Law*, 7th ed., Oxford University Press, 2022, p. 606. 另参见《美国统一商法典》第2-718条、《美国合同法重述（第二次）》第356（1）条。

③ Banta v. Stamford Motor Co., 92 A. 665(Conn. 1914).

④ 参见［美］E. 艾伦·范斯沃思：《美国合同法》，葛云松、丁春艳译，中国政法大学出版社2004年版，第837页。

⑤ Cotheal v. Talmadge, 9 N. Y. 551, 553(1854).

⑥ 参见［美］E. 艾伦·范斯沃思：《美国合同法》，葛云松、丁春艳译，中国政法大学出版社2004年版，第840页。

数额与损失数额即可，所以这主要是一个事实认定问题。然而，理论界许多学者认为，过分高于损失是一个法律判断问题，应当由法院在考量多种因素的基础上予以认定。在判断违约金是否过高时，不能仅依据损害赔偿数额或者最高赔偿限额予以判断，而且应看相关的违约金数额能否起到担保、督促当事人履行合同的作用；在具体判断违约金数额是否过高时，还需要考虑违约方的违约程度、过错程度、非违约方的损失以及非违约方损失的发展状况等因素。① 在实务界，有的法院根据合同总价款因素来调整违约金；② 有的法院根据公平原则和诚信原则调整违约金；③ 有的法院根据显失公平规则调整违约金；④ 有的法院根据其他综合考量因素调整违约金；⑤ 有的法院甚至认为，只要违约方违约程度轻微，就应当调整违约金数额。⑥ 这些观点均值得商榷。

依据民法典第五百八十五条第二款的规定，在合同纠纷中，针对违约金调整，法院必须首先查明非违约方的损失，这是调整违约金的前提和基础。只有在有足够证据证明违约金过分高于非违约方的损失时，法院才能基于当事人的请求依法减少违约金数额。⑦ 据此，启动违约金调整程序，法院必须首先审理损失，并将损失与违约金的约定相比较，得出违约金是否过高的结论。凡是省略该程序而直接认定违约金过高并启动调整程序的做法，均有违民法典第五百八十五条第二款的规定。

---

① 参见王洪亮：《违约金功能定位的反思》，载《法律科学（西北政法大学学报）》2014 年第 2 期。

② 参见重庆市第四中级人民法院（2024）渝 04 民终 672 号民事判决书、重庆市第一中级人民法院（2024）渝 01 民终 4380 号民事判决书。

③ 参见四川省中江县人民法院（2024）川 0623 民初 2808 号民事判决书、广东省广州市番禺区人民法院（2024）粤 0113 民初 10399 号民事判决书、新疆维吾尔自治区昌吉回族自治州中级人民法院（2024）新 23 民终 717 号民事判决书。

④ 参见浙江省金华市中级人民法院（2024）浙 07 民终 1661 号民事判决书。

⑤ 参见重庆市永川区人民法院（2024）渝 0118 民初 4466 号民事判决书、广东省阳江市中级人民法院（2024）粤 17 民终 1103 号民事判决书、四川省南部县人民法院（2024）川 1321 民初 1980 号民事判决书。

⑥ 参见上海市静安区人民法院（2023）沪 0106 民初 39883 号民事判决书。

⑦ 参见罗昆：《违约金的性质反思与类型重构——一种功能主义的视角》，载《法商研究》2015 年第 5 期。

2. 必须由违约方证明过分高于损失

关于损失应由谁举证，存在违约方证明说、守约方证明说、违约方初步证明说三种不同主张。[①] 其实，我国司法实践历来认为，“违约方对于违约金约定过高的主张承担举证责任，非违约方主张违约金约定合理的，亦应提供相应的证据”。[②] 但在一些案件中，法院首先要求非违约方证明损失，甚至要求非违约方就违约金未过分高于损失举证，如果不能举证，就认定违约金过高。[③] 这种做法显然不符合司法解释的相关规定和违约金调整的基本法理。

启动违约金调整程序，必须先由违约方证明违约金过分高于损失。如果违约方不能证明过分高于损失，就要承担不能启动调整程序的败诉风险。[④] 违约方主张调整违约金，实质上就是对双方约定的合同条款作出重大变动，这种变动必须符合法定条件，且必须由提出变动的违约方承担举证责任。如果要由非违约方证明损失以及违约金是否过分高于损失，且非违约方如果无法举证就可能导致违约金被调减的后果，将不利于维护违约金条款的效力，甚至会鼓励违约；[⑤] 且违约金设定本身就是要减少非违约方事后证明损失的困难，因此，由非违约方首先证明其损失显然不合理。

非违约方也要承担主观的、行为意义上的证明责任，即如果非违约方提出违约金的约定合理，其也应提供相应的证据证明自身的损失。此种证明责任仅是针对特定争议事实及违约金约定的合理性提供证据证明，不与败诉结果联系在一起。据此，《最高人民法院关于适用〈中华人民共

① 参见吴泽勇：《违约金调减的证明责任问题》，载《法学评论》2022年第1期。

② 《最高人民法院关于当前形势下审理民商事合同纠纷案件若干问题的指导意见》（法发〔2009〕40号）第八条。

③ 参见青海省西宁市中级人民法院（2014）宁民一终字第386号民事判决书。

④ 我国有学者将举证责任区分为结果意义上的证明责任和行为意义上的证明责任，也有学者称为客观证明责任和主观证明责任。前者与最终的败诉结果联系在一起，后者回答对特定的争议事实由谁提供证据加以证明的问题，通常不与败诉结果联系在一起。参见江伟、肖建国主编：《民事诉讼法》，中国人民大学出版社2023年版，第240页。

⑤ 参见最高人民法院民事审判第二庭、研究室编著：《最高人民法院民法典合同编通则司法解释理解与适用》，人民法院出版社2023年版，第719页。

和国民法典〉合同编通则若干问题的解释》（法释〔2023〕13号，以下简称《合同编通则解释》）第六十四条第二款规定，违约方对违约金过分高于损失“应当承担举证责任”，非违约方“也应当提供相应的证据”。这表明，违约方和非违约方的证明责任存在明显区别，违约方承担结果意义上的举证责任，而非违约方仅承担行为意义上的举证责任。①

总之，在决定是否启动调整程序时，首先应当审理损失，由违约方就违约金过分高于损失进行举证。如果违约方没有就损失举证，法院应当释明，释明后仍不举证或者举证不能的，因为不符合违约金调整的条件，法院不应启动违约金调整程序。如果一方举证证明损失的数额后，另一方予以认可，法院不能越俎代庖否定另一方的认可。按照民事诉讼法上的自认规则，另一方对不利事实予以认可的，法院应当受到这一认可的约束。② 对特定的交易关系而言，非违约方对损失数额的举证也可能存在困难。此时，并不能因为非违约方的举证困难就当然认定其未遭受损失，甚至据此免除违约方的违约金责任，而应当通过适用获利视为损失等规则确定其损失。③

3. 非违约方的损失包括可得利益损失

关于非违约方损失的认定，学理上认为，不仅包括违约造成的直接损失，也包括期待利益损失。期待利益损失是指可得利益损失。④ 我国民法典第五百八十四条采用的是“可以获得的利益”的措辞。在判断违约金是否过分高于非违约方的损失时，之所以将非违约方的可得利益损失纳入损失的范围，主要是基于如下原因。

第一，符合体系解释原则。民法典第五百八十五条第二款在规定违约金调整规则时，并没有明确非违约方损失的范围，因此，需要依据民

① 参见最高人民法院民事审判第二庭、研究室编著：《最高人民法院民法典合同编通则司法解释理解与适用》，人民法院出版社2023年版，第719页。

② 参见夏志毅：《我国民事自认制度的溯源、结构与解释论展开》，载《经贸法律评论》2022年第4期。

③ 参见商标法第六十三条、著作权法第五十四条。

④ 参见李永军：《合同法》，法律出版社2004年版，第637页。

法典第五百八十四条予以确定。依据第五百八十四条的规定，非违约方的损失包括可得利益损失。《合同编通则解释》第六十五条第一款重申了应当根据第五百八十四条确定非违约方损失的规则。这实际上也是我国司法实践的一贯做法。①

第二，符合充分补偿受害人损失的原则。从司法实践来看，一些法院认定违约金是否过分高于损失时未将可得利益损失纳入，② 显然不利于对非违约方进行充分救济，也不符合充分补偿受害人损失的原则。例如，在房屋买卖合同纠纷中，若在房价下跌的情形买受人拒绝履行合同，出卖人的损失不仅包括为履行合同而遭受的损失，如清退房屋的费用等，也包括因房价下跌而遭受的可得利益损失。

第三，有助于充分发挥违约金的补偿功能。从民法典的规定来看，非违约方一般不得再主张违约损害赔偿，将可得利益损失排除在外将使得非违约方的损失难以获得充分救济。

4. 约定的违约金超过损失的 30%

判断违约金是否过高，就是要将违约金数额和非违约方的损失数额予以比较。为了解决审判实践中的判断难题，《合同编通则解释》第六十五条确立了违约金数额超过损失的 30% 这一判断标准，即当事人约定的违约金超过造成损失的 30% 的，一般可以认定为过分高于造成的损失。违约金高于损失、但低于损失的 130% 的，一般不应当予以调整。也就是说，违约金因具有担保功能而具有适度惩罚性，适度惩罚也可以救济当事人通常难以依法主张赔偿的部分类型损失。③ 需要指出的是，法院在认定违约金是否过分高于损失时，并不需要进行复杂的价值判断，而仅是在当事人举证的基础上，准确认定非违约方的损失，并按照增幅 30% 进行计算。但是，依据《合同编通则解释》第六十五条第三款的规定，恶意违约的当事人一方请求减少违约金的，法院一般不予支持。

---

① 参见《全国法院民商事审判工作会议纪要》（法〔2019〕254 号）第五十条。

② 参见江苏省连云港市中级人民法院（2024）苏 07 民终 2740 号民事判决书、四川省中江县人民法院（2024）川 0623 民初 2808 号民事判决书。

③ 参见雷继平：《违约金司法调整的标准和相关因素》，载《法律适用》2009 年第 11 期。

在违约方部分履行的情形，如果约定的违约金过分高于损失，违约方请求调减时，法院也可以依法适当减少违约金数额。在此情形下，如果非违约方拒绝部分履行，则应当按照合同整体的给付义务未履行而造成的损失计算；如果非违约方接受了部分履行，并据此获得了一定的履行利益，此时，非违约方虽然可以请求违约金，但计算损失时应当将其因接受部分履行而获得的利益予以扣除。①

5. 借款合同中违约金的调整应符合违约金调整的一般规则

为规范民间借贷中当事人同时约定逾期利率、违约金或其他费用时出借人可以取得的数额上限，《最高人民法院关于审理民间借贷案件适用法律若干问题的规定》（2020 年第二次修正）第二十九条统一设置了一年期贷款市场报价利率（LPR）的四倍作为上限。

笔者认为，仅承认四倍 LPR 无法充分救济当事人。违约金涵盖的损失可能不仅包含利息损失，如果一概限制为四倍 LPR，可能无法覆盖出借人的全部损失。此外，由于《最高人民法院关于审理民间借贷案件适用法律若干问题的规定》第二十五条和第二十八条将合同约定的利率和逾期利率的上限均设置为四倍 LPR，如果不允许当事人主张损失 130%之内的违约金，将使违约方的违约成本趋近于零。具体而言，在对民间借贷中当事人约定的逾期违约金进行调整时，应当首先判断违约金是否超过了逾期所造成损失的 130%。造成的损失可以按照当事人约定的利率进行计算。例如，当事人约定了四倍 LPR 作为逾期利率，法律既然允许出借人获得四倍 LPR 以内的利息，当事人遭受的损失即为本金加四倍 LPR。逾期违约金与逾期利息性质不同，只有约定的违约金超过本金加四倍 LPR 之数额的 130%时，才应予调整。

需要注意的是，在非民间借贷中的金钱债务逾期时，不能当然地以四倍 LPR 作为判断违约金过高的标准。如果当事人约定了逾期应支付罚

---

① 法国民法典第 1231-5 条第 3 款规定："如果债务约束只有部分被履行的，法官同样可以依职权，按照债权人从部分履行中所获利益的比例，减少约定的违约金的数额，且前款之适用不因此受影响。"

息，要受到《合同编通则解释》第六十五条第二款的限制，即不得超过所造成损失的130%。此处的损失可以参照《最高人民法院关于审理买卖合同纠纷案件适用法律问题的解释》（2020 年修正）第十八条第四款进行确定。该款规定了当事人在买卖合同中没有约定逾期付款违约金的场合，可以将 LPR 加计 30%至 50%作为逾期付款的损失。因此，只要违约金不超过 LPR 加计 30%至 50%之数额的 130%，则不应进行调整。

四、“过分高于损失”标准是违约金调整结果公平合理的保障

具体应当将违约金调整至多少，确实属于法院依法裁量的范围，但这并不意味着法院可以任意调整违约金数额。民法典第五百八十五条第二款在规定了“过分高于损失”的启动条件之后，相应地规定了“适当减少”的调整标准。“过分高于损失”标准不仅是违约金调整的前提，同时也是调整结果公平合理的保障。

（一）违约金调整应当以损失为基准

违约救济就是弥补非违约方的损失，无论是违约金责任还是法定赔偿都不例外。《美国统一商法典》第 1-106（1）条指出，采取的救济措施应使受害方可以处于与另一方完全履行时一样的状态。① 所以，在启动违约金调整程序后，法院始终应当以向非违约方提供充分救济为中心，紧扣损失对违约金予以调整。当然，以损失为基准，并不意味着调整结果一定要与损失等同，而是完全可以高于损失。

（二）调整结果不得低于非违约方的损失

我国民法典和相关司法解释确实没有对违约金调整后的最低数额作出明确规定。比较法上，13 世纪，关于违约金是否可以超过对损害的赔偿金额，意大利教会法学家霍斯廷西斯（Hostiensis）斯提出了至关重要

① U. C. C. § 1-106（1）（1978）.

的“双倍”标准。他认为，应当区分不同类型的违约金分别认定。如果当事人约定违约金旨在明确将来应当赔偿的损害，则其功能在于替代损害赔偿，因此，违约金的数额不得超过合同价值的双倍，或者不得超过实际损害。如果当事人约定违约金的目的在于惩罚，则违约金数额不应当受到上述限制。① 霍斯廷西斯区分不同违约金类型并对其设置不同限额的观点影响了此后一百年的教会法。后续的许多论述与之相似。② 大陆法系国家普遍认为，即使违约金过高，法院作出调整后的最低数额也不得低于非违约方的损失。例如，德国民法典第 340 条第 2 款规定：“享有基于不履行之损害赔偿请求权的债权人，可以主张已发生给付效力的违约金，作为最低的损害赔偿额。不排除针对其他损害的赔偿。”如果损害未超过约定的金额，债权人至少可以主张约定的金额作为违约金；如果损害超出约定的金额，债权人也可以在主张违约金之外就超过部分的损害行使损害赔偿请求权。③ 德国法上，如果一项违约金没有超过实际发生的损害，则不得被调减。如果超出实际损失金额，不允许被减少到实际损失金额之下。④ 英美法则倾向于认为，与预估的损失相比过高的罚金应当被认定为无效，此时适用法定损害赔偿规则，这实际上也强调对非违约方损失的充分救济。可见，两大法系均认为，违约金调整后的最低数额不得低于非违约方的损失，否则，将难以填补非违约方的损失。

在《合同编通则解释》的起草过程中，最高人民法院曾考虑对违约金调整规则作出细化规定，该司法解释草案曾设计了“人民法院可以根据当事人的请求将违约金调整至造成的损失的百分之一百三十”的规则。但有意见认为，这一规则与违约金“补偿性为主、惩罚性为辅”的属性不符，一概调整至损失的 130%，会使违约金在功能上完全体现为惩罚性，不当增加违约成本，进而增加交易成本，在当前整个宏观经济形势乃至经济社会发展的大背景下，可能不利于营造良好的法治化营商环境。

---

① Vgl. Sossna, Die Geschichte der Begrenzung von Vertragsstrafen, Berlin 1993, S. 78ff.

② Vgl. Sossna, Die Geschichte der Begrenzung von Vertragsstrafen, Berlin 1993, S. 80ff.

③ 参见姚明斌：《违约金司法酌减的规范构成》，载《法学》2014 年第 1 期。

④ Vgl. Gottwald, Münchener Kommentar zum BGB, 9. Aufl. , 2022, § 343 Rn. 21-22.

最终，《合同编通则解释》没有规定违约金调整后数额的最低标准，维护了违约金“补偿性为主、惩罚性为辅”的属性。① 笔者认为，为了防止法院的自由裁量权过大，违约金调整后的数额应当有一个最低标准，即不得低于非违约方的损失。

违约金调整首先必须符合违约金的补偿功能，遵循充分补偿受害人损失的原则。不得低于非违约方的损失，应当是违约金调整的底线。但从司法实践来看，一些案件中，法院并没有审理非违约方的损失而径行调整违约金，这就难免导致违约金调整的结果与非违约方的损失差距较大。例如，在杨某林与朱某奎房屋租赁合同纠纷案中，承租人迟延支付每年2万元的房租，一审法院将租赁合同中约定的2万元迟延违约金减至1万元，二审法院则认为，1万元违约金仍过高，根据案件事实并结合当地经济实际水平，改判承租人承担500元违约金。② 一审、二审法院认定的违约金相差竟然高达20倍。从法律上看，如果违约金调整后的数额过低，导致违约成本低廉，客观上会产生鼓励违约的后果。③ 此时，违约金反而会成为违约方在违约后想方设法减轻责任甚至逃避责任的借口，也会无端增加诉累。④

（三）违约金调减的结果应当坚持“适当减少”规则

不得低于非违约方损失虽然是违约金调整后的最低标准，但若径行将违约金调减至损失数额，仍不能发挥违约金的双重功能。依据民法典第五百八十五条第二款的规定，对于约定违约金过分高于损失的，允许“适当减少”，但对于违约金低于损失的，允许“予以增加”，而并没有采取“过分低于”“适当增加”的表述。其本意在于，违约金低于损失

---

① 参见陈龙业：《违约金调整的规则体系——以〈合同编通则解释〉第65条为切入点》，载《环球法律评论》2024年第2期。

② 参见青海省西宁市中级人民法院（2014）宁民一终字第386号民事判决书。

③ 参见罗昆：《违约金的性质反思与类型重构——一种功能主义的视角》，载《法商研究》2015年第5期。

④ 参见罗昆：《我国违约金司法酌减的限制与排除》，载《法律科学（西北政法大学学报）》2016年第2期。

的，就要一概增加到损失的数额，以充分补偿受害人的损失；但在过分高于损失的情形，违约金只能“适当减少”。如前所述，“适当减少”是一个法律判断问题，但何为“适当减少”，现行立法并未作出明确规定。

笔者认为，应当从如下几个方面理解“适当减少”的内涵：一是“适当减少”不是大幅减少或者“拦腰截断”，而是酌情减少。即使违约金过分高于损失，也只能“适当”减少而非过度减少。二是不能弃之不用。即便违约金过分高于损失，也应当维持其效力，不得据此否定违约金条款的效力。三是违约金调整的结果可以适当高于损失。文义上，“适当减少”意味着调整结果可以适当高于损失，这也有利于发挥违约金的担保功能。四是违约金调整程序启动后，不应再适用显失公平等判断合同效力的规则，如果适用合同效力规则使得合同无效或者被撤销，就会与违约金调整自相矛盾。

如果不存在违约方过错程度较重、纯粹商事合同或者违约金条款就是由违约方提供的格式条款约定等特殊情形，违约金调整的结果保持在损失的100%至130%区间内是比较适宜的。主要理由有以下几点。

第一，符合民法典第五百八十五条第二款规定的“适当减少”标准。当违约金过分高于损失时，减少至损失的100%至130%，已经满足了“适当减少”的要求。既然是“适当减少”，就意味着调整后的违约金数额大于非违约方损失。但是，违约金调整程序的启动要件是超过损失的130%，因此，通常情形下，违约金调整的结果在损失的100%至130%区间内，是符合民法典第五百八十五条第二款规定的。

第二，有利于发挥违约金的双重功能。如果调整后的违约金数额与非违约方损失相当，则只是实现了违约金的补偿功能，而无法实现其督促守约的担保功能。如果只考虑违约金的补偿功能，则可能使违约金实际上沦为违约损害赔偿的一种具体形式，这与民法典区分违约金与违约损害赔偿的做法不一致。事实上，《合同编通则解释》将违约金超过损失的30%作为违约金过高的条件，就是为了保证违约金担保功能的实现。

第三，有利于统一违约金调减的裁判规则。由于缺乏违约金调整的具体数额规定，使得违约金究竟应当调整到多少合适，缺乏明确的尺度。在违约金过高的情形，民法典第五百八十五条第二款只是规定“适当减少”，这意味着可以将非违约方损失的100%至130%作为违约金调整后的最终结果，这有利于明确违约金调整的裁判标准，也有利于发挥违约金的双重功能。

（四）违约金数额的调整应当符合公平原则和诚信原则

民法典第五百八十五条第二款规定的“适当减少”，实际上也要求违约金的调整应当符合公平原则和诚信原则的要求。依据《合同编通则解释》第六十五条第一款的规定，法院调整违约金应当遵循公平原则和诚信原则。所谓公平，是指违约金的调整应当兼顾对损失的填补和对合同履行的督促，既要弥补因违约给受害人造成的损失，又要督促当事人履行合同，预防违约的发生。这就要求以损失为基础，兼顾合同主体、交易类型、合同的履行情况、当事人的过错程度、履约背景等因素公平考量，进行“适当减少”，避免简单地“一刀切”。① 如前所述，违约金调整后的结果一般保持在损失的100%至130%，是比较公平的。但是，如果存在一些特殊事由，违约金数额可以不受上述标准的限制，甚至超过损失的130%。例如，如果双方当事人都是商事主体，能够合理预见将来承担违约责任的风险及责任范围，此种情形可以作为特殊事由。所谓遵守诚信原则，是指违约金调整的数额应当能够保障非违约方获得有效救济，如果违约方只需要对其违约行为付出极小的代价，就不利于督促当事人履约。又如，违约金条款是由违约方提出并订入合同条款，违约方违约后又主张调整违约金，这显然不符合诚信原则。再如，许多网店作出的“假一罚十”承诺，实际上就是一个约定的违约金条款。虽然该条款具有明显的惩罚性，但是知假售假的过错程度严重。为体现对这一过错行为的惩罚，法院对这一违约金约定也可以不作调整。这既能补偿非

① 参见黄薇主编：《中华人民共和国民法典合同编解读》，中国法制出版社2020年版，第417页。

违约方的损失，又能担保合同的适当履行，保护消费者权益。

五、结语

虽然两大法系关于违约金调减的规则各具特色，但违约金调减规则已为各国普遍认可。我国民法典第五百八十五条第二款在借鉴《国际商事合同通则》的基础上，结合我国国情作出一定修改，兼顾了合同自由和合同正义，为违约金调整设置了统一规则，是科学合理的。

诚然，在违约金调整中，法院确有一定的自由裁量权，但这种裁量权的行使应当严格依据民法典及相关司法解释的规定。如果无法保障依法裁判，公正司法就难以实现。因此，司法裁判在处理违约金调整问题时，只有严格遵循民法典第五百八十五条第二款，才能保证违约金调整结果的公平合理和统一，进而有效协调合同自由和合同正义的关系，更好维护当事人的合法权益，让人民群众在每一个司法案件中感受到公平正义。

婚姻关系中涉及有限责任公司股权的若干实践问题*

王 丹**

近年来，随着经济社会发展，家庭财产不仅在数量上大幅增加，类型也日趋多样化，除了传统的房屋、车辆、现金等财产外，股权等各类财产权利在夫妻共同财产中的比重增加，家事案件中涉及股权的纠纷亦呈上升趋势。相关纠纷包括登记方擅自处分其名下股权的法律效果，企业登记的持股比例与夫妻约定财产制的关系，“夫妻公司”是否能认定为一人公司，离婚时如何妥当分割股权等。上述问题关系公司法等商事法律与民法典婚姻家庭编如何协调一致，相关制度能否顺畅运行，具有重大的理论和实践价值。本文尝试构建民法典婚姻家庭编与公司法的良性互动桥梁，旨在体系化解释框架内，更妥当地解决实践问题。

一、相关规范梳理

关于夫妻共同财产的范围，民法典第一千零六十二条第一款第二项在婚姻法第十七条“生产、经营的收益”基础上，增加了“投资的收益”，投资的收益包括资本收益，例如股票债券收入、股份、股权等资本利得。[①] 立法上明确投资的收益属于夫妻共同财产。民法典第一百二十五

---

* 原文刊载于《法律适用》2024年第12期，本次刊发时略有增补。

** 最高人民法院民事审判第一庭二级高级法官。

① 参见黄薇主编：《中华人民共和国民法典婚姻家庭编释义》，法律出版社2020年版，第81页。

条[①]确认了股权的独立民事权利地位，但是，对于股权的行使以及处分规则等具体问题，民法典未作规定。公司法作为专门规定公司组织及公司行为的法律规范，并未涉及股权共有，更未涉及股权作为夫妻共同财产的分割问题。在商事登记实践中，亦只允许将股权登记在一人名下，并不考虑其背后的共有关系。因此，从现有法律规范中无法找到涉夫妻共有股权的处理办法。《最高人民法院关于适用〈中华人民共和国婚姻法〉若干问题的解释（二）》（2017 年修正，已废止）第十六条针对以一方名义用夫妻共同财产出资，在夫妻双方协商一致将该出资额部分或者全部转让给该股东配偶的情况予以规定，该条被《最高人民法院关于适用〈中华人民共和国民法典〉婚姻家庭编的解释（一）》［法释〔2020〕22 号，以下简称《婚姻家庭编解释（一）》］第七十三条[②]保留。该规定适用于夫妻一方以共同财产认缴出资，且股权仅被登记在一方名下的情形。其在夫妻共有股权的处理上有效衔接了民法典婚姻家庭编与公司法相关规则：一方面，认可股权的财产权利属性，按照民法典婚姻家庭编关于夫妻离婚时共有财产应予分割的有关规定，明确在该情形下对有限责任公司的出资额在离婚时应当予以处理；另一方面，认可股权的社员权属性，规定分割股权份额应按照公司法规则取得股东身份，以保护公司及其他股东的利益。该条区分了财产分割和对公司显名两个层面的问题，尊重了公司法对股权变动的相关规定。

根据公司法基本原理，股东以其财产向公司出资后，该财产即成为

① 民法典第一百二十五条规定："民事主体依法享有股权和其他投资性权利。"

② 《婚姻家庭编解释（一）》第七十三条规定："人民法院审理离婚案件，涉及分割夫妻共同财产中以一方名义在有限责任公司的出资额，另一方不是该公司股东的，按以下情形分别处理：（一）夫妻双方协商一致将出资额部分或者全部转让给该股东的配偶，其他股东过半数同意，并且其他股东均明确表示放弃优先购买权的，该股东的配偶可以成为该公司股东；（二）夫妻双方就出资额转让份额和转让价格等事项协商一致后，其他股东半数以上不同意转让，但愿意以同等条件购买该出资额的，人民法院可以对转让出资所得财产进行分割。其他股东半数以上不同意转让，也不愿意以同等条件购买该出资额的，视为其同意转让，该股东的配偶可以成为该公司股东。用于证明前款规定的股东同意的证据，可以是股东会议材料，也可以是当事人通过其他合法途径取得的股东的书面声明材料。"

公司财产，公司对该财产享有独立的法人财产权。因此，夫妻以共有财产出资后，不再享有对该财产的所有权，不能分割该出资的财产。而且，随着公司经营规模的变化，股权价值亦处于不断变动中。《婚姻家庭编解释（一）》表述为“出资额”并非指最初出资时的资本数额，而是指离婚时股权对应的财产价值。《婚姻家庭编解释（一）》未规定夫妻没有协商一致的情况，理论上，在夫妻离婚分割共同财产时，与上述规定精神一致，即在股东身份取得上，应尊重公司法的规定，但股权对应的财产价值另一方有权获得。除了离婚分割股权外，近年来，诸如一方擅自转让股权的效力、“夫妻公司”能否视为一人公司等问题，涉及对股权性质、股权变动生效要件的理解等，争议也较大，尚未形成较为一致的意见。2019 年，最高人民法院通过《全国法院民商事审判工作会议纪要》（法〔2019〕254 号，以下简称《九民会纪要》）明确股权变动的时点为受让人姓名或者名称记载于股东名册之日，但理论界仍不乏反对意见。2023 年修订的公司法第八十六条第二款规定：“股权转让的，受让人自记载于股东名册时起可以向公司主张行使股东权利。”这成为主张股权变动时点为记载于股东名册之日的有力立法依据。同时，2023 年修订的公司法第八十四条第二款①删除了之前有限责任公司股权转让需要经其他股东半数以上同意的限制性规定，使得股权转让更为自由，进一步凸显了股权的财产权利属性。因此，除了需要对《婚姻家庭编解释（一）》第七十三条规定作相应修改外，还需要在理论上构建公司法与民法典婚姻家庭编之间的桥梁，使相关规定协调一致。《最高人民法院关于适用〈中华人民共和国民法典〉婚姻家庭编的解释（二）》用两个条文对相关问题予以规定。其中，第九条规定：“夫妻一方转让用夫妻共同财产出资但登记在自己名下的有限责任公司股权，另一方以未经其同意侵害夫妻共同

① 公司法第八十四条第二款规定：“股东向股东以外的人转让股权的，应当将股权转让的数量、价格、支付方式和期限等事项书面通知其他股东，其他股东在同等条件下有优先购买权。股东自接到书面通知之日起三十日内未答复的，视为放弃优先购买权。两个以上股东行使优先购买权的，协商确定各自的购买比例；协商不成的，按照转让时各自的出资比例行使优先购买权。”

财产利益为由请求确认股权转让合同无效的，人民法院不予支持，但有证据证明转让人与受让人恶意串通损害另一方合法权益的除外。”第十条规定：“夫妻以共同财产投资有限责任公司，并均登记为股东，双方对相应股权的归属没有约定或者约定不明确，离婚时，一方请求按照股东名册或者公司章程记载的各自出资额确定股权分割比例的，人民法院不予支持；对当事人分割夫妻共同财产的请求，人民法院依照民法典第一千零八十七条规定处理。”

二、登记方擅自处分其名下股权的法律效果

婚姻关系存续期间，以夫妻共同财产认缴有限责任公司出资，但股权仅登记在夫妻一方名下，登记方擅自处分该部分股权，另一方能否以未经其同意侵犯夫妻共同财产权为由主张转让合同无效并追回该部分股权。这是近年来实践中比较突出的问题。

股权是民事主体因投资于公司成为公司股东而享有的权利。由于公司法未设计共有股权制度，因此，在以夫妻共同财产认缴出资的情况下，不管是股东名册、公司章程还是工商登记中，均只能记载一人。在登记方未经对方同意转让股权的情况下，就涉及股权受让方与未显名配偶一方利益平衡问题。按股权是否为夫妻共有以及一方擅自处分是否为有权处分，目前有两种截然相反的观点及论证思路。一种观点认为，股权不同于传统的物权和债权，是一种商事权利，权利的享有和实现需要以公司存在为前提和基础。以夫妻共同财产出资公司取得的股权，未显名配偶一方只能共享其财产权益部分及转让所得价款，股权由登记方完全享有和行使。该观点的逻辑结果是：股权登记方未经配偶同意处分股权的，系有权处分，未显名配偶一方只能请求分割转让所得。另一种观点认为，股权虽然具有综合性特征，但是其本质上仍为财产性权利，当然可以为夫妻所共有。对此，笔者基本同意后一种观点，但针对审判实践，需要具体厘清几个问题。

（一）股权为财产性权利，可为夫妻共同财产的客体

股权共有之难题尽管表面看是不同法律规定之间协调问题，然其根本仍在于如何理解股权的性质和内容。对于股权的具体内容，民法典没有规定，公司法第四条第二款规定："公司股东对公司依法享有资产收益、参与重大决策和选择管理者等权利。"一般认为，股权根据行使目的和方式的不同可分为自益权和共益权两部分。自益权包括资产收益权、剩余财产分配请求权、股份转让权等；共益权包括股东会表决权、公司章程及账册的查阅权、股东会决议撤销请求权等。① 股权具有收益性权能与管理性权能，前者体现为股东可以向公司主张分配股息红利，后者体现为股东可以参与公司内部治理。② 目前，学者基本能够达成共识的是：股权中的管理性权能应当由登记股东行使，股权中的资产收益权属于夫妻共同财产。"作为夫妻共同财产的只能是其中的财产权、自益权部分，而不可能是非财产权、共益权部分。"③ "按照股权利益分离的逻辑，股权共有的客体只能是股权的财产利益，无论是因离婚还是因死亡而解除共有关系所引致之分割，亦仅限于此。因而股权人身利益之享有仍需经过公司意思形成程序，这表明股东资格并不是共有的客体……股权之财产利益可由夫妻共同共有，这也属于民法典第一千零六十二条规定的'投资的收益'之范围。"④ 分歧点在于，是将股权本身还是仅能将其中的收益权作为夫妻共有财产的客体。如果更多强调股权的管理性权能和成员权属性，则一般认为其不属于夫妻共同财产；如果更多关注其中的财产性利益，则往往基于夫妻的平等处理权，将其纳入夫妻共同财产范畴。

笔者认为，根据民法典第一百二十五条规定，股权是区别于物权、

① 参见贾东明主编：《〈中华人民共和国民法总则〉释解与适用》，人民法院出版社2017年版，第318页。

② 参见冉克平、侯曼曼：《〈民法典〉视域下夫妻共有股权的单方处分与强制执行》，载《北方法学》2020年第5期。

③ 张伟、叶名怡：《离婚时夫妻所持公司股权分割问题研究》，载《法商研究》2009年第3期。

④ 周游：《股权利益分离视角下夫妻股权共有与继承问题省思》，载《法学》2021年第1期。

债权和知识产权等的一种独立财产性权利。与其他财产权的单一性特征不同，股权是一种复合性权利，是诸多权利束的集合。对于股权性质，可从两个层面分析。

第一个层面，股权的“对人权”层面（该层面主要由公司法规范）。其中包括了管理性权能（参与重大决策、选择管理者等）和资产收益权。管理性权能行使的对象是公司，主要涉及公司内部治理内容。资产收益权中的请求分红等权利行使的对象也是公司。“股权概念所体现的法律关系，究其本质而言，属于一种成立于特定当事人间的‘特别关系’，其结构类似于债权关系之构造。申言之，股权享有人（股东）欲行使、实现其股权内容，只能向特定的相对人即公司来主张，股权内容能否实现，也取决于公司对相对应义务的履行。故在此意义上，股权如同债权，属于一种相对性的权利，在性质上不同于物权等绝对权。”①

第二个层面，股权的“对世权”层面，股东行使参与重大决策、选择管理者等管理性权利，是基于股东财产所有权与公司经营管理权分离情况下的制度设计，最终目的也是能够通过公司良好运营获得投资收益；管理是手段，收益是目的。就此意义而言，股权本质上仍属于财产权。“此由公司的营利性质以及资本的逐利性本质所决定……财产性权利是股权的本质特征。”② 作为财产权，理论上当然可以成为数人共有之标的，权利人亦有权处分并从中获得收益。在该层面，股权行使的对象主要是公司其他股东或不特定第三人，行使过程并不限于内部治理。“如同债权之于债权人的归属关系具有绝对性，股权同样是绝对性地归属于其股东。”③ 如同债权，股权原则上也具有可让与性，也就是通过法律行为来变动这一绝对性归属关系。在上述两个层面，当事人产生纠纷的关注点并不相同，在涉及股东人身利益方面，相对人并不关注，在涉及财产权

① 张双根：《股权善意取得之质疑——基于解释论的分析》，载《法学家》2016 年第 1 期。

② 姜大伟：《夫妻单方处分名下股权效力认定的利益衡量及其规范路径》，载《北方法学》2021 年第 5 期。

③ 张双根：《股权善意取得之质疑——基于解释论的分析》，载《法学家》2016 年第 1 期。

益方面，公司并不关注。[①] 如前所述，2023 年修订的公司法将有限责任公司股权变动松绑，不再需要过半数股东同意，这更进一步体现了股权归属关系上的特征。因此，应从股权复杂的结构、内容和权利行使方式的实际出发，在不同法律关系项下，探讨具体的权利义务内容，而笼统地界定股权的性质无助于实际问题的解决。

在与公司关系层面，股权更多地体现股东的资格以及股东与公司之间的权利义务内容，具体包括股东向公司的出资义务、公司置备股东名册并如实记载股东出资情况的义务、公司向股东的分红义务等。在向公司主张权利时，股权不能脱离股东资格行使。管理性权利须直接向公司行使自不待言，资产收益权中重要的请求分红的权利亦不例外，也需要向公司行使，具有“对人权”特点，在此法律关系语境下，股权只能由股东一人行使的结论并无不当。在涉及公司债权人的法律关系中，也应遵循该原则，即以登记的股东对外承担出资不实的法律责任，《最高人民法院关于适用〈中华人民共和国公司法〉若干问题的规定（三）》［2020 年修正，以下简称《公司法解释（三）》］第二十六条第一款[②]即对此作出了明确规定。

在与股权受让方关系层面，股东与股权受让人之间建立股权转让合同关系，其中，更多地体现股权的资产价值以及企业登记或股东名册的公信力。应关注的重点并非股东如何向公司行使权利，而是对这一权利归属关系之处分。股东可以自由转让股权，此系其对私权利的处分，原则上与公司无关，除非法律或者公司章程对股权转让设有限制性规定。在该层面，作为股东与公司关系核心要素的“股东资格”概念，一般无用武之地。公司法第八十六条和第八十七条主要强调的是股权转让后的

---

① 参见周游：《股权利益分离视角下夫妻股权共有与继承问题省思》，载《法学》2021 年第 1 期。

② 《公司法解释（三）》第二十六条第一款规定：“公司债权人以登记于公司登记机关的股东未履行出资义务为由，请求其对公司债务不能清偿的部分在未出资本息范围内承担补充赔偿责任，股东以其仅为名义股东而非实际出资人为由进行抗辩的，人民法院不予支持。”

程序性规则。股东转让其股权无须经公司同意，而仅须通知公司即可，公司此时更多地负有配合义务。因此，实际上公司收到股权转让通知后，该通知即对其具有约束力，其应当按照公司法规定为股权受让方签发出资证明书、修改公司章程、办理股东名册变更以及公司登记变更等事项。就此意义而言，公司本身是股权交易的客体和结果的承受者，而不是股权转让的参与者和“审批人”。因此，股权转让在转让人和受让人之间何时生效与在转让人（受让人）与公司之间何时生效应属两个不同层面的问题，需要在不同的法律关系项下分析。简言之，合同生效，股权在当事人之间变动；通知公司后，股权变动对公司发生效力；工商登记后，股东变动对不特定的第三人发生效力。

在与实际出资方关系层面，应本着实事求是原则，更多地体现投资收益的归属性。从股权生成的逻辑看，股东以实现财产增值为目的，向公司出资或认购股份，让渡作为出资的财产所有权以换取公司股权作为对价，这只是财产的表现形式变化，但是，其财产权属性以及实际权利归属不应因投资方式的不同而发生改变。“出资财产的所有权人即为股东权利实质上的所有者。”[①] 这也是《公司法解释（三）》第二十四条第二款的逻辑基础。[②] 同理，从出资来源看，如果是以夫妻共同财产出资，该出资的财产既然属于夫妻共同所有，基于投资产生的财产形式转换不应改变所有权的归属，亦应认定为夫妻共同所有，否则，无法解释何以夫妻共同财产只因投资公司这一行为就变成了夫妻一方财产。在此意义上，基于出资让渡的财产权转化为公司独立财产权后，获得的对价（股权）可纳入夫妻共同财产范畴，由夫妻共同所有。虽然我国公司法没有对股权共有作出规定，但这仅是法技术的处理结果，股权并非天性排斥共有。

---

① 姜大伟：《夫妻单方处分名下股权效力认定的利益衡量及其规范路径》，载《北方法学》2021年第5期。

②《公司法解释（三）》第二十四条第二款规定：“前款规定的实际出资人与名义股东因投资权益的归属发生争议，实际出资人以其实际履行了出资义务为由向名义股东主张权利的，人民法院应予支持。名义股东以公司股东名册记载、公司登记机关登记为由否认实际出资人权利的，人民法院不予支持。”

在比较法上，德国、瑞士、日本及我国澳门特别行政区均确认了公司股权可以存在共有关系。[①] 虽然否定股权为夫妻共有的观点也认可股权中的财产收益属于夫妻共有，但实际上这只是观念中的，体现在实际操作中，股权中财产权益的载体仍为股权本身，因此，仍需要对股权进行处理。

根据股权的具体行使场合不同，可作区分处理：股权中管理性权能的行使应当遵循公司法的规定。“涉及公司内部治理的管理权行使应当遵循商法规范优先，依股东名册主张行使股东权利，婚姻法关于股权行使一致意见的要求，不应苛责于管理性权利的行使。”[②] 而对于股权的转让、出质、赠与等资产收益权能中涉及对外处分内容的行使，在婚姻维度内，应受夫妻共同财产平等处理权制约，即股权处分属于夫妻共同财产范围内重大处理事项，夫妻双方应当协商一致。当然，协商一致并不是要求每一项对外交易均需要双方共同签字或另一方确认，否则，不仅家庭生活难以开展，也极大地影响交易安全和效率。实际上，在正常的婚姻关系中，非显名一方一般都是全权委托显名一方对外经营，自己并不关心股权的具体行使情况及方式。而且，基于夫妻关系的私密性特征，双方协商处理往往也不会形成书面证据，因此，不能仅以未经其明确授权或未在转让合同上签字为由即认为侵犯了另一方的平等处理权。在相关纠纷处理中，关注的重点是该处分行为是否实质侵害了另一方权益。

此外，从解释论的角度，还需要进一步说明民法典第一百二十五条与第一千零六十二条的关系。从法条之间的逻辑关系看，民法典第一百一十三条规定的财产权利包括了物权、债权、知识产权、继承权、股权及其他投资性权利，民法典第一百二十五条是在第一百一十三条“民事

① 比如，日本商法典第203条设置了股权共有人的义务：第一，共同认股者，负连带缴纳股款的义务；第二，股份属数人共有时，共有人应确定一人为行使股东权利的人；第三，无股东权利行使人时，公司对共有人所发出的通知或催告，对其中一人发出即可。转引自王涌、旷涵潇：《夫妻共有股权行使的困境及其应对——兼论商法与婚姻法的关系》，载《法学评论》2020年第1期。

② 王涌、旷涵潇：《夫妻共有股权行使的困境及其应对——兼论商法与婚姻法的关系》，载《法学评论》2020年第1期。

主体的财产权利受法律平等保护”原则下的具体类型。可见，从权利性质看，股权的本质应属于财产权。民法典第一千零六十二条在列举具体的夫妻共同财产类型时，增加了“投资的收益”内容。需要分析的是，股权本身能否纳入“投资的收益”，还是仅能将基于股权获得的分红和转让的对价等纳入投资的收益？笔者认为，民法典第一千零六十二条中“投资的收益”可以具体分为已经实现的和尚未实现的两部分。股东每年分红所得款项、公司注销后分配的剩余财产、股权转让款等已经实现了的收益属于夫妻共同财产自无疑问，但是尚未实现的资产收益还包含在股权中，而且原则上来讲，股权中的资产收益权是不能与管理权能分离而单独行使的。因此，只要承认股权中的资产收益权归夫妻共有，就需要考虑未显名配偶一方的权益如何实现。实际上，在离婚分割夫妻共同财产时，有限责任公司的股权亦属于常见的分割内容，这恰恰是考虑到股权中含有的财产性利益。只不过在分割时要考虑公司法的程序性规定，这是股东与公司关系项下的问题。如前所述，投资公司获得股权的最终目的仍是获得投资收益，管理性权利仅是手段而非目的。公司法2023年修订在有限责任公司股权转让环节取消其他股东过半数同意的限制，也是股权自由转让原则的体现。股权的本质特征在于其中包含财产性利益，因此，在夫妻关系内部，从权属关系的角度看，股权可以纳入“投资的收益”范畴，广义上也可以作为夫妻共同财产的客体。

（二）登记方未经配偶同意处分其名下股权应为广义的无权处分

对于登记方未经配偶同意处分其名下股权的效力问题，学界有不同观点。有主张无权处分的，[①] 也有主张有权处分的。[②] 从其理由看，均有

---

① 参见冉克平、侯曼曼：《〈民法典〉视域下夫妻共有股权的单方处分与强制执行》，载《北方法学》2020年第5期。

② 参见贺剑：《夫妻财产法的精神——民法典夫妻共同债务和财产规则释论》，载《法学》2020年第7期。

一定道理，区别在于考虑的视角不同：若从夫妻内部关系考虑，则可能认定为无权处分，因为侵害了未显名配偶一方对共有股权的平等处理权；若从夫妻外部关系尤其是股东与公司关系角度考虑，则基于未显名配偶一方不具有股东资格，进而认为其不享有股权而仅是对股权的收益享有共有权，因而主张登记方可以独立行使权利，为有权处分。笔者认为，认定有权处分还是无权处分，是在交易领域需要考虑的问题，其中蕴含着价值取舍，目标应是既要平衡保护股权受让方和未显名配偶一方的合法权益，又不至于对现有法秩序尤其是交易安全造成重大冲击。综合来看，认定为无权处分更符合体系解释原则。

第一，以夫妻共同财产出资有限责任公司获得的股权，在婚姻关系内部应基于其包含财产性利益，认定属于夫妻共同财产范畴，夫妻双方对该财产进行处分应当协商一致，登记方未经配偶另一方同意处分该股权，应构成广义上的无权处分。

第二，《公司法解释（三）》第二十五条将股权代持情况引入善意取得制度，而善意取得制度的逻辑前提就是无权处分，故该条实际上区分了内外部关系。在内部关系中，以实际出资认定真实权利人，进而承认实际出资人的权利，因此，名义股东处分时解释为无权处分。与隐名代持的情况相比，因公司法并未配备股权共有的制度设计，对于未显名配偶一方而言，想将夫妻共同财产出资的事实公示，没有相应的制度予以保障，故而对未显名配偶一方而言，没有“可苛责性”；而隐名代持是实际出资方基于各种考量因素自主选择的结果，风险是由其自己开启的，其也有提前控制风险的能力，但其仍然选择了隐名，具有“可苛责性”。比较而言，对未显名配偶一方的利益保护起码不应劣于股权代持情形下的隐名股东。本着举重以明轻的原则，在现有司法解释已经明确名义股东转让为无权处分的逻辑前提下，以夫妻共同财产出资的情况亦同，即此情况下，显名方未经未显名配偶一方同意所作处分应解释为无权处分，以保护实际出资财产的共有人的利益。但基于股权行使场合不同，应在不同法律关系项下具体分析，即便认定为无权处分，也是从与实际出资人以及股权受让人的关系角度而言的，在股东与公司关系层面，难谓“无权”。而且，民法典在删除合同法第五十一条关于无权处分规定的基础上，吸收了《最高人民法院关于审理买卖合同纠纷案件适用法律问题的解释》（法释〔2012〕8号，2020年已修正）第三条的规定，在买卖合同一章增加第五百九十七条第一款，即“因出卖人未取得处分权致使标的物所有权不能转移的，买受人可以解除合同并请求出卖人承担违约责任”。这表明了无权处分不再影响合同本身效力的立场。因此，不论是否认定构成无权处分，均不影响股权转让合同的效力，区别在于股权是否能够发生变动。此外，虽然逻辑推演的结果为无权处分，但在此情况下，司法审判的关注重点应是该交易是否属于正常的商事交易，是否损害了未显名配偶一方的合法权益。而不能简单地要求所有交易都“共签”来体现夫妻对共同财产的平等处理权。家庭关系的特殊性决定了有权处分和无权处分的事实认定有时并非泾渭分明，司法审判需要以妥善平衡双方利益为目标。在此情况下，司法裁判的视角不在于逻辑推演登记方是有权处分还是无权处分，而在于如何在具体个案中认定股权转让行为是否实质损害了未显名配偶一方的合法权益，进而平衡保护双方利益。

（三）参照适用善意取得制度的考量因素

对动产和不动产物权变动而言，无权处分的逻辑结果就是善意取得制度的适用。善意取得制度是解决利益冲突的一种法政策选择，即以牺牲真正权利人的权利保有利益为代价，来成全善意取得人之取得利益。“善意取得制度得以建构的两大支柱，一为交易保护，在要件构成上具体落实为以处分行为为核心的交易行为；一为合理的权利外观基础，此在要件构成上又决定着善意要件。”[①] 虽然股权转让适用善意取得制度尚有可商榷的余地，[②] 但是在《公司法解释（三）》已将股权代持引入善意

① 张双根：《股权善意取得之质疑——基于解释论的分析》，载《法学家》2016年第1期。

② 具体论述参见王毓莹：《新公司法二十四讲》，法律出版社2024年版，第208~213页；张双根：《股权善意取得之质疑——基于解释论的分析》，载《法学家》2016年第1期。

取得制度的情况下，夫妻中登记一方擅自处分亦应作一体解释。

根据民法典第三百一十一条规定，善意取得制度只适用于动产和不动产。因此，股权转让无权处分情况下，只能参照适用。但如何参照，是否需要完全符合民法典第三百一十一条第一款规定的三项条件，则是下一步要考虑的问题。所谓“参照”，即指某一法条在其构成要件或法律后果中指示参照其他法条，此种参照分为两类：一种是参照法律要件，另一种是参照法律后果，且即使制定法没有明确规定，被指示参照的法规范之适用，始终只能是“相应地”适用。应避免不合事理的等量齐观，即事物或者说被调整的生活关系自身固有的差异所要求的差异化处理不应当被排除。[①] 对参照适用型引用性法条/准用性法条，“一直必须注意系争两个法律事实间之特征上的差异，并针对该差异，慎重地认定拟处理之案型是否有限制或修正拟准用之法条的必要”[②]，“参照适用型法条主要是从法律后果上参照适用”[③]。夫妻一方未经配偶同意处分自己名下股权参照善意取得制度应主要是参照善意取得的法律效果，对于构成善意取得的要件，应斟酌变通。尤其是对于其中“善意”的判断标准，应考虑股权的特殊性以及股权的权利外观基础。

善意取得制度中的“善意”是指交易相对人不知道也不应当知道处分人无处分权。权利的外观基础决定了“善意”的要件。一般来讲，动产通常将占有作为权利外观，而不动产表彰权利的方式是登记，因此，与动产占有人和不动产登记权利人进行交易的，一般应当认定交易相对人为善意，除非存在故意或重大过失情况。为此，《最高人民法院关于适用〈中华人民共和国民法典〉物权编的解释（一）》（法释〔2020〕24号）第十四条至第十六条规定了动产和不动产无权处分情况下交易相对人“善意”的判断标准。这是建立在占有和登记的外观与实际权属大部

① 参见［德］卡尔·拉伦茨：《法学方法论》，黄家镇译，商务印书馆2020年版，第332~333页。

② 黄茂荣：《法学方法与现代民法》，法律出版社2007年版，第174~175页。

③ 王雷：《论身份关系协议对民法典合同编的参照适用》，载《法学家》2020年第1期。

分情况下相一致这样一个基础上的。但是，对于股权的权利外观基础与真实权利关系之间是否具有高度一致性是需要特别考虑的，因为，权利外观只有与真实权利在绝大部分情况下都是一致时，才有可能让相对人产生信赖，法律才有保护该信赖的必要。因此，权利外观基础是支撑善意取得制度的支柱。权利外观基础必须与真实权利关系之间具有高度的一致性，以至于形成一种包括真正权利人与交易相对人在内的社会确信；亦即在通常情形下，依据权利外观基础之存在，即能推知且相信其所公示之权利的真实性与准确性。如果对一项权利所认定的权利外观基础远达不到这一要求，那么，基于此强行建构的善意取得制度，就不仅缺失其内在的正当性，而且也无法实现善意取得之保护交易安全的目的。[①]

对于股权的权利外观，公司法规定了股东名册和登记两种形式。虽然《九民会纪要》明确股东名册是设权登记，是股权变动的生效要件，但是其在解释中亦认可，现实中，部分公司管理不规范，存在股东名册形同虚设甚至不设股东名册的情况。[②] 因此，股东名册与实际出资不一致的情况可能大量存在，彰显权利外观的准确性不够，这导致股权变动适用善意取得制度存在先天不足。对此，《九民会纪要》在解释中也作了变通，即针对这一现实情况，考虑股东名册记载变更的目的归根结底是公司正式认可股权转让的事实，审判实践中可以根据案件实际审理情况，认定股东名册是否变更。在不存在规范股东名册的情况下，有关的公司文件，如公司章程、会议纪要等，只要能够证明公司认可受让人为新股东等，都可以产生相应的效力。[③] 工商登记本身不是设权登记，仅具有对抗效力，与真实权利的差异也会很大，在制度设计上亦无法承载表彰权利的公示作用。可见，即便不涉及夫妻共同财产出资的情况，股权变动在适用善意取得制度时，也对权利的外观基础作出了宽松的认定。由于

① 参见张双根：《股权善意取得之质疑——基于解释论的分析》，载《法学家》2016年第1期。

② 参见最高人民法院民事审判第二庭编著：《〈全国法院民商事审判工作会议纪要〉理解与适用》，人民法院出版社2019年版，第135页。

③ 参见最高人民法院民事审判第二庭编著：《〈全国法院民商事审判工作会议纪要〉理解与适用》，人民法院出版社2019年版，第135页。

我国不承认股权共有登记，夫妻共同财产出资仅登记在一方名下的应是常态，而不是个别现象。因此，在认定交易相对人善意方面，不宜过于苛责，要特别注意股权交易更多是遵循商事的外观主义原则，保障交易安全和交易效率更为重要，否则，股权交易将陷入无尽纠葛中，最终损害整个社会利益。

在商事活动中，交易相对人无法了解股权背后的共有情况，更难以探查共有人之间是否就股东变动达成一致的意思表示，只能信赖客观的公示结果。因此，交易相对人的尽职调查义务不宜扩大到需要查明该股权所对应的出资是否为夫妻共同财产，股权转让行为是否征得了配偶一方同意。在判断善意时更应当考虑是否为正常的商事交易，如果是正常的商事交易，一般应当认为相对人是善意的，除非配偶有证据证明存在交易相对人与登记方串通恶意损害其利益的情况。但是，此处的恶意与善意并非同一层次下相对的概念。善意仅指“不知情”，恶意并非仅指“知情”，还要看是否故意损害配偶一方的合法权益。笔者认为，股权转让参照适用善意取得制度时，主要应考察是否以合理的价格转让，只要股权转让价格能够合理地体现股权的价值，投资的收益即可通过夫妻共有股权转让款的方式取得，并不损害配偶一方的利益，这应是股权善意取得的正当性基础。

股权变动参照适用善意取得制度还存在一个障碍就是股权自何时发生变动，这决定了股权受让方能否最终取得股权。关于有限责任公司股权转让何时生效的问题，公司法领域理论界和实务界主要有以下四种观点。一是股权转让合同生效则股权发生转移，股东名册变更产生对抗公司的效力，工商登记变更产生对抗第三人的效力。二是以通知公司股权转让事实为股权发生移转的标志。股权转让合同生效后，自转让人将转让事实通知公司之日起，股权在当事人之间发生变动。三是股东名册变更则股权发生转移。有限责任公司的股东名册登记属于设权登记，只有将受让人的姓名或者名称记载于股东名册，股权才发生转移。四是公司登记机关变更登记则股权发生转移。《九民会纪要》第八条对此予以明确。[①] 该纪要认为，比较以上四种观点，以股东名册变更作为股权转移的标志，区分了股权转让合同生效与股权权属变更，区分了股东名册记载与公司登记机关记载的效力，兼顾了转让股东、受让股东的利益以及对公司债权人和不特定相对人的保护。该种观点也与最高人民法院审判实践中一贯的倾向性意见一致。[②] 2023 年修订公司法第八十六条第二款规定："股权转让的，受让人自记载于股东名册时起可以向公司主张行使股东权利。"公司法理论界和实务界一般认为，法律通过该条明确将记载于股东名册作为股权变动的生效要件。笔者认为，即便认为记载于股东名册为股权变动生效要件，在股权变动参照适用善意取得制度时，也需要变通适用该构成要件。理由有如下几点。

第一，如果股权尚未记载于股东名册，此时未满足民法典第三百一十一条第一款规定的善意取得的第三个构成要件"依照法律规定应当登记的已经登记，不需要登记的已经交付给受让人"。如果适用该条规定的法律构成要件，得出的结论是：即便股权转让合同有效，因股权未记载于股东名册，受让方未善意取得，法院也不能判决继续履行，受让方只能要求转让方承担违约责任。此结论有失公允，尤其是转让方反悔，其以未经配偶同意为由拒绝履行，等于变相支持了一方当事人违反诚信原则的行为。

第二，如前所述，夫妻关系的亲密性和私密性决定了所谓的内部协商一致不仅无证据证明，当事人也很容易否认。

第三，在公司法范畴内，确定股权转让生效时间的主要目的在于明

① 《九民会纪要》第八条规定："当事人之间转让有限责任公司股权，受让人以其姓名或者名称已记载于股东名册为由主张其已经取得股权的，人民法院依法予以支持，但法律、行政法规规定应当办理批准手续生效的股权转让除外。未向公司登记机关办理股权变更登记的，不得对抗善意相对人。"

② 参见最高人民法院民事审判第二庭编著：《〈全国法院民商事审判工作会议纪要〉理解与适用》，人民法院出版社 2019 年版，第 134 页。

确股东何时可以向公司行使权利，[①] 是从股东和公司关系层面而言的，而不是针对股权转让人和受让人关系的。

第四，公司将股权变动记载于股东名册是公司认可股东享有股权的法定方式，但从实践情况看，并不是唯一方式。有学者即提出其太过理想和僵化的“硬伤”。[②] 实际上，《九民会纪要》在其理解与适用中也指出，股东名册记载变更的目的归根结底是公司正式认可股权转让的事实，因此，即便股东名册未变更，如果公司章程或者会议纪要能够确认公司认可新股东，也是可以的。可见，即便主张股东名册是股权变动生效要件的观点，也并未将其作为唯一方式。这会在实践中导致不同案件认定股权变动的标准并不统一。因此，股东名册可能无法承载转让人与受让人之间权利变动生效要件的功能。

第五，从权利对抗的角度看。股东名册主要是针对股东与公司关系。即便将股东名册作为公司认可股东的标志，亦不能将其作为股东向公司主张股权的前提条件。作为股权受让人，在价格合理的正常商事交易中，转让方已经通知公司，公司未提出反对意见，虽未将股权变动记载于股东名册，但在已经通过变更公司章程或者通过会议纪要等方式确认新股东身份的情况下，新股东亦有权要求公司变更股东名册。公司不能以新股东未记载于股东名册、股权变动未生效为由对新股东变更股东名册的请求进行抗辩，否则公司法第八十六条将陷入悖论。

第六，从新股东与旧股东关系层面看，就更不宜简单以股东名册变更作为股权变动生效要件，尤其是在股权转让中引入善意取得制度时。“不需要登记的已经交付给受让人”应认定为在股权转让人和受让人之间，股权转让合同生效时为“交付”时点。否则，对受让人来说是不公平的。

第七，从对未显名的配偶一方权益保护角度看，由于价格转让合理，

① 公司法第五十六条第二款规定：“记载于股东名册的股东，可以依股东名册主张行使股东权利。”第八十六条第二款规定：“股权转让的，受让人自记载于股东名册时起可以向公司主张行使股东权利。”

② 参见王毓莹：《新公司法二十四讲》，法律出版社 2024 年版，第 201 页。

所获得的股权转让款为夫妻共同财产，并未损害配偶另一方利益。因此，即便认为股东名册是股权变动的生效要件，在适用股权善意取得制度时，基于股权的特殊性，也应当变通适用第三个构成要件，在价格合理的正常商事交易中，股权转让合同生效时，股权已经在转让方和受让方之间发生变动，该变动对公司生效的时间是通知公司之时或者登记于股东名册之时。也即，在股权转让中参照适用善意取得制度时，民法典第三百一十一条第一款的第三项条件既不是记载于股东名册之时，更不是在公司登记机关登记之时，而应当认定股权转让合同生效即满足第三项条件。

三、夫妻双方均登记为有限责任公司股东，公司章程或者股东名册记载的持股比例不宜认定为夫妻约定财产制

虽然一定份额的股权不能因为属于夫妻共同财产出资即登记为“共有”，但是，夫妻可以分别登记为股东，各自享有一定比例的股权。实践中，此种情况也比较常见，尤其是某家公司中股东只有夫妻双方。进而产生的问题是，公司章程或者股东名册记载的持股比例能否认定为夫妻约定财产制，在离婚分割夫妻共同财产时，能否按此比例分割。对此问题，存在不同的认识。笔者认为，此种情况下，同样应该区分内外部关系，确定具体的权利义务内容。在夫妻关系内部，出资的财产属于夫妻共有，相应地，作为对价所获得的股权不管登记在一方名下还是双方名下，亦均属于夫妻共同的财产，公司章程或者股东名册记载的持股比例可能基于公司经营管理等方面考虑，并无财产约定的本意，不能当然得出在婚姻家庭维度该登记即为夫妻约定财产制，除非双方对此另行明确约定。根据民法典第一千零六十五条的规定，夫妻约定财产制应当采用书面形式。夫妻约定财产制是一件非常严肃的事情，不仅涉及夫妻双方的利益，还涉及不特定的第三人利益和交易安全。① 在双方没有明确就股权收益归属进行约定的情况下，在婚姻关系维度内，不能当然根据对外

① 参见黄薇主编：《中华人民共和国民法典合同编释义》，法律出版社2020年版，第98页。

公示的登记信息，确定内部权属分配，而应当按照民法典第一千零八十七条关于分割夫妻共同财产的规定进行处理；但是，在公司经营管理层面，则不考虑夫妻之间的人身关系，双方应当按照企业登记的持股比例各自行使管理权。

四、公司股东仅有夫妻二人不能认定为一人公司

2023 年修订的公司法放宽了对一人公司设立的限制，允许设立一人股份有限公司，同时，取消一个自然人只能设立一个一人有限责任公司等规定，使得一人公司的设立更加灵活、便利。这有利于促进经济发展，但另一方面也会进一步加深与家庭领域问题交织的广度和深度。比如，实践中经常出现的夫妻双方同为公司股东且合计持有公司 100%股权（俗称“夫妻公司”）的情形，此情形能否突破法律关于“一个自然人股东”的限制，将夫妻股东视为一个整体，进而将“夫妻公司”认定为一人公司，适用一人公司法人人格否认的司法规则，尚存在较大争议，有实质一人公司说与普通二人公司说。两种观点分歧的根本点在于是采用形式判断标准还是采用实质判断标准。支持将“夫妻公司”视为一人公司的观点主张，夫妻二人出资成立的公司，注册资本来源于夫妻共同财产，公司的全部股权属于双方共同共有，即公司的全部股权实质来源于同一财产权，并为一个所有权共同享有和支配，股权主体具有利益的一致性和实质的单一性。[①] 普通二人公司说则认为，夫妻是两个独立的自然人，与其他多数自然人成立公司的情况并无二致。笔者认为，不宜将“夫妻公司”认定为一人公司。理由有如下几点。

第一，从一人公司的制度目的看。公司法一人公司规则设计除了在管理上相较于其他公司更为简化外，主要是在责任承担上，通过将人格否认的举证责任分配给股东，以平衡保护债权人利益。公司制度的基石

① 其中，比较典型的如武汉某制衣有限公司诉熊某某、沈某某等申请执行人执行异议之诉案，最高人民法院（2019）最高法民再 372 号民事判决书。

是公司独立的法人人格和股东有限责任，因此，股东与公司是相互独立的两个主体。享有独立于成员的人格是现代公司的最主要特征，也是公司能够获得民事权利能力和民事行为能力的基础。但由于一人公司仅有一名股东，在缺乏其他股东制约的情况下，公司的经营和管理由股东一人全权决定，一人公司股东因此更有机会滥用公司独立人格，使公司成为实现其私人意志的工具。因此，一人公司的债权人对于公司人格否认制度的适用有着更为迫切的需求，同时，也面临着一人公司的封闭性带来的举证困难。① 股东意思与公司意思往往无法区分，两者人格混同的概率更大也更便利，如果在此情况下仍坚持股东有限责任，对债权人利益可能存在损害。在夫妻共同财产出资夫妻二人同为股东的情况下，基于夫妻之间紧密的人身关系，确实存在意思混同的便利，但仍可能存在意思不一致的情况，不能将他们作为“一人”。如果将此实质审查标准作为一人公司的判断标准，将导致无限扩大一人公司范围，进一步解构该制度。是否认定为一人公司，主要区别在于责任承担问题，是在对外关系层面，以债权人利益保护为视角，因此，应当按照公司法商事外观主义原则认定，而不宜将内部关系外化。

第二，从公司法规定看。公司法第二十三条第三款规定：“只有一个股东的公司，股东不能证明公司财产独立于股东自己的财产的，应当对公司债务承担连带责任。”可见，一人公司就是“只有一个股东”，这是一个形式判断标准，而非考虑出资来源或者利益一致性的实质判断标准。“夫妻公司”形式上有两名自然人股东，股东数量就不符合法律关于一人公司的规定。

第三，从股权内容看。股东权利是一个权利束，不仅包含从公司获得经济或其他利益的自益权，也有以参加公司运营为目的的共益权。夫妻二人同为公司股东的，应依照公司章程或股东名册记载的股权比例分别行使股东权利，享有各自股权权益。出资来源于夫妻共同财产，利益

---

① 参见王毓莹：《新公司法二十四讲》，法律出版社2024年版，第107页。

归属于夫妻共同财产，不代表夫妻二人股东意思必然同一，有别于一人公司股东意思的唯一性，不能推断出夫妻股东实为同一股东的结论。司法实践中存在大量股东间具有紧密身份关联的所谓“兄弟公司”“母子公司”，也不乏形式上表现为数个股东但实际上仅由一名股东行使权利的公司，如果将利益一致性作为判断一人公司的标准，将导致一人公司认定的随意性。以身份关系、权益归属或权利行使方式等因素作出实质上单一性的判断，进而认定此类公司为一人公司，欠缺法律依据。

第四，从“夫妻公司”刺破面纱的具体适用标准看。公司是否具有独立人格，取决于公司是否具有独立意思，理论上，股东人数多寡并不成为公司是否保持独立人格的判断标准。依照公司法第二十三条第一款的规定，公司股东滥用公司法人独立地位和股东有限责任，逃避债务，严重损害公司债权人利益，可导致法人人格否认的适用。“夫妻公司”也不例外，实际上，在公司人格否认诉讼中，一人公司与其他公司的差别就在于举证责任。法律基于一人公司的特点，确定举证责任倒置规则的目的是保护债权人利益。如果想否认“夫妻公司”的独立人格，仍应由债权人举证。能否刺破“夫妻公司”面纱要求夫妻股东承担连带责任，并不是以“夫妻关系”为判断标准，而是要回归到公司法第二十三条第一款规定即公司法人人格否认制度，将夫妻共同财产与公司财产是否混同、夫妻是否过度支配与控制公司等作为判断标准。[①]《九民会纪要》对于公司人格否认的考量因素作了具体列举规定，[②] 如前所述，夫妻关系确存在利益一致性，因此，与其他公司人格否认相比，在判断“夫妻公司”财产是否混同时，要将夫妻关系作为重要的考量因素。

五、离婚时对有限责任公司股权的处理

《婚姻家庭编解释（一）》力图区分股权中的财产性权益与管理性

① 参见最高人民法院民事审判第二庭庭长林文学在《在中国法学会审判理论研究会民商事审判理论专业委员会第三届商事法律论坛暨 2023 年年会上的总结》，载最高人民法院民事审判第二庭编：《商事审判指导》总第 57 辑，人民法院出版社 2024 年版，第 32~44 页。

② 参见《九民会纪要》第十条。

权益，明确离婚时分割的是“出资额”，但在实际操作中，基于股权各项权能的不可分性，仍是基于股权整体处分设计的规则，即在夫妻双方意思表示一致的基础上，借用股权转让方式和规则链接至公司法。可见，实际上，即便不承认股权属于夫妻共有，但是，离婚时仍需要对股权进行处理，而且原则上应是整体处理。如上所述，股权作为一种财产性权利，权利人当然有权处分并从中获得收益。在股东与股权受让方关系层面而言，股权转让给谁，转让价款是多少，属于股东对其财产权利处分范畴，对公司原则上不产生影响，公司亦无权干涉，除非公司法或公司章程对股权转让设有限制性规定。尤其是 2023 年修订的公司法将有限责任公司股权转让需经其他股东过半数同意的限制条件删除，股权转让亦无须其他股东同意，有限责任公司人合性仅通过其他股东优先购买权体现。因此，无论夫妻共有的对象是股权本身还是股权的财产价值，均无碍于夫妻双方自由协商分割股权，只要其他股东放弃行使优先购买权，不具有股东资格的配偶一方即可通过取得股权成为公司股东。当然，如果其他股东对拟分割给配偶另一方的股权行使优先购买权，则该配偶一方只能取得相应的转让款。

在夫妻双方对股权处分无法协商一致的情况下，目前，实践中，主要有以下几种做法：一是考虑到有限责任公司的人合性因素，直接判决股权归显名一方所有，另一方获得折价补偿；二是在未显名配偶一方主动主张或者经过法院释明后接受获得股权折价补偿款时，判决股权归显名一方所有，另一方获得折价补偿；三是在认定其他股东放弃优先购买权时，判决由双方各得一半股权；四是在不考虑其他股东优先购买权的情况下，直接判决分割股权。

基于上述对股权性质和内容的分析以及公司法 2023 年修改的情况，笔者认为，在离婚分割夫妻共同财产时，面临的问题不在于在学理上区分夫妻共有的客体是股权本身还是股权中的财产价值，而在于在股权中的管理性权利与财产性权利原则上不能分离的情况下如何实际分割。

对于一人公司和夫妻二人均为公司股东的情况，因为不涉及有限责任公司股权转给股东之外第三人的限制性规定，分割较为容易。可以参照《婚姻家庭编解释（一）》第七十五条关于夫妻以一方名义投资设立个人独资企业的情况处理，即如果双方均主张获得公司股权的，可以在双方竞价的基础上，由出价更高的一方取得公司股权，并以其出价为基准对另一方折价补偿。当然，也可以确定股权分割比例，双方再据此办理股权变更手续。如果仅一方主张公司股权，可以在评估公司股权价值的情况下对另一方折价补偿；如果双方均不愿意获得公司股权，可以解散公司，在对公司所有资产进行清算的基础上，由双方对剩余财产进行分配。

在仅有一方登记为股东且公司有其他股东的情况下，涉及保障其他股东优先购买权的问题，较为复杂。对此，笔者根据离婚纠纷司法实践中出现的三类主要情形分别进行分析。

（一）未显名的配偶一方不主张获得股权，只要求分割股权价值

在此种情况下，不涉及股东资格变化问题，关键是如何准确评估股权的财产价值。实践中，应当鼓励尽量通过夫妻双方协商确定，在夫妻双方对股权价值协商不成的情况下，如果显名一方同意向第三人转让股权，可以针对转让款进行分割。如果显名一方不同意对外转让，则一般应通过评估方式确定。“在进行股权价值评估时，应综合考虑公司净资产、现金流、注册资本、盈利能力等因素，并选取适当的股权价值评估基准日，以确保股权价值的公平合理。”① 对此，实践中面临的问题是显名一方或者公司不配合提供评估所需的公司相关资料，导致无法准确评估股权价值。此时，除了可以将现有的审计报告、财务报表或者工商登记信息等作为股权价值的参考外，还可以根据案件实际情况，按照《最

① 王琦：《离婚时夫妻共有股权的处分规则——以夫妻共有股权的价值评估为中心》，载《河南财经政法大学学报》2020年第3期。

高人民法院关于民事诉讼证据的若干规定》的相关规则，基于显名一方对证据的控制力更强的实际，在其未按照要求提供公司财务资料的情况下，认定未显名配偶一方主张的股权价值的事实成立。

（二）双方均主张获得股权

在此情况下，未显名的配偶一方要求成为公司股东涉及公司法程序规定。在与公司法衔接方面，处理思路应当与《婚姻家庭编解释（一）》第七十三条保持一致。因2023年修订的公司法对股权转让不再设置其他股东过半数同意的限制，原则上，在保障其他股东优先购买权的前提下，也可以对该股权直接分割，而不是必须判决由一方获得。由于离婚纠纷的当事人只能是夫妻双方，公司或其他股东不宜作为第三人参加诉讼，因此，在案件审理过程中，可以在确定价格的基础上通知其他股东，对于优先购买权的行使时间，可以参照《最高人民法院关于适用〈中华人民共和国公司法〉若干问题的规定（四）》（2020年修正）第十九条有关规定处理。① 当然，这种情况下也涉及转给未显名配偶一方的股权如何确定价格的问题，以便能够向其他股东明确“同等条件”的具体内容。双方通过竞价方式由未显名配偶一方取得的情况下，可以将该竞价结果加上其同意的支付方式等作为“同等条件”通知其他股东。一方不愿意竞价，由法院判决双方各自分得一定比例股权。基于未显名配偶一方获得股权是分割夫妻共同财产取得，并无交易价格，笔者认为，考虑2023年修订的公司法第八十四条对有限责任公司股权转让不再要求其他股东过半数同意，进一步扩大了股权转让的自由，对股权变动予以松绑，则对夫妻共同财产分割的情况，也应作宽松处理，仅须考虑其他股东的优先购买权即可。优先购买权的本质是法律规定或者当事人约定

① 《最高人民法院关于适用〈中华人民共和国公司法〉若干问题的规定（四）》第十九条规定：“有限责任公司的股东主张优先购买转让股权的，应当在收到通知后，在公司章程规定的行使期间内提出购买请求。公司章程没有规定行使期间或者规定不明确的，以通知确定的期间为准，通知确定的期间短于三十日或者未明确行使期间的，行使期间为三十日。”

的为权利人提供优先于第三人的交易机会。从转让人的权利与义务构造看，其增加的负担义务主要为程序性义务，即通知义务，其实体性权利则没有增减变化。“同等条件蕴含着深刻的价值理念，体现了优先购买权制度的基本立场——转让人权益不受损害原则。”① 如果通知其他股东，其他股东愿意购买的，由未显名配偶一方与其他股东协商确定交易价格，这实际上已是未显名配偶一方与其他股东的交易行为，并非优先购买权行使问题。其他股东购买的，分得股权的配偶一方获得交易对价。如果不能达成一致，使未显名配偶一方成为股东，亦对其他股东无实质伤害。因为未显名配偶一方实际上是股权的共有人，相当于转让人的地位，而优先购买权的根本特征是优先权人的权利只优先于交易第三人，并不优先于转让人。此种情况公司法虽无明确规定，但根据公司法第九十条的规定，“自然人股东死亡后，其合法继承人可以继承股东资格；但是，公司章程另有规定的除外”。即基于继承能够直接获得股东资格，那么，同为基于身份关系获得，在穷尽以上各种方式仍无法保障其他股东优先购买权的情况下，参照关于继承的法律后果，由未显名配偶一方取得股权，亦不明显违反法正义。当然，如果公司章程另有规定的，应当按照公司章程执行。

（三）双方均不主张获得股权

此种情况下，可以通过股权转让方式解决，由夫妻双方对股权转让款进行分割。

① 梁上上：《优先购买权中转让人的利益失衡与校正》，载《中国法学》2024 年第 2 期。

建设工程施工合同关系的认定*

谢　勇**

审理建设工程施工合同纠纷案件，首先要对争议法律关系是否属于建设工程施工合同关系作出认定。法律关系性质的认定决定了应当适用什么法律。无论是程序上的立案受理还是实体法上的合同效力，法律和司法解释对建设工程施工合同纠纷案件都有较为特殊的规定。例如，《最高人民法院关于适用〈中华人民共和国民事诉讼法〉的解释》第二十八条第二款规定："农村土地承包经营合同纠纷、房屋租赁合同纠纷、建设工程施工合同纠纷、政策性房屋买卖合同纠纷，按照不动产纠纷确定管辖。"建筑法第二十六条第二款规定："禁止建筑施工企业超越本企业资质等级许可的业务范围或者以任何形式用其他建筑施工企业的名义承揽工程。禁止建筑施工企业以任何形式允许其他单位或者个人使用本企业的资质证书、营业执照，以本企业的名义承揽工程。"如果诉争法律关系属于建设工程施工合同关系，就应当依照上述规定确定管辖法院、认定合同效力；如果不属于，则应当依照关于地域管辖、合同效力的一般规则认定合同效力。因此，正确认定诉争法律关系的性质，是正确审理建设工程施工合同纠纷的前提。司法实践中存在的问题主要有：建设工程施工合同与劳务合同、承揽合同如何区分，装饰装修工程、农村建房是

---

* 原文刊载于《人民法院报》2024年7月25日第5版。

** 最高人民法院民事审判第一庭二级高级法官。

否应当适用《最高人民法院关于审理建设工程施工合同纠纷案件适用法律问题的解释（一）》（以下简称《审理建工案件解释（一）》）的规定。

一、建设工程施工合同与劳务合同的区分

民法典合同编以合同标的作为区分有名合同的标准。合同标的是给付，即为或者不为特定行为。合同标的不同于合同标的物。合同标的物是合同标的指向的物。例如，房屋买卖合同的标的是转移房屋所有权，其所指向之房屋属于合同标的物。所有的合同都有标的，但未必有标的物。例如，相邻不动产权利人订立合同约定，不得在特定位置修建房屋，以避免对相对人通风、采光造成影响。该合同的标的是不为特定行为即不得在特定位置修建房屋，但该合同没有标的物。

民法典合同编对建设工程施工合同作了专门规定，未对劳务合同作出专门规定，但对劳务关系作了规定。建设工程施工合同是有名合同。根据民法典第七百九十九条等的规定，承包人的义务是按发包人的要求施工并交付质量合格的建设工程，故建设工程施工合同的标的是按发包人的要求施工并交付质量合格的建设工程。劳务合同虽然不是有名合同，但民法理论和实践对于劳务合同的标的已经达成共识，即提供劳务。从二者标的的差异可以看出建设工程施工合同与劳务合同的差异：建设工程施工合同以交付符合合同约定、质量合格的劳动成果——建设工程为标的；劳务合同以提供劳务为标的，至于该劳务是否产生一个具体的劳动成果，在所不问。生活中常见的劳务合同是请钟点工。钟点工上门提供了劳务，就要支付工钱。但是，承包人并非只要提供了劳务就有权请求发包人支付工程款，只有在承包人提供的劳务物化为质量合格的建设工程后，发包人才需要支付工程款。如果承包人提供了劳务但没有物化为建设工程，或者建成的工程质量不合格，就无权请求支付工程款。

劳务分包合同属于建设工程施工合同，而非劳务合同。根据民法典第七百九十一条、建筑法第二十九条的规定，建设工程合同包括总承包

合同和分包合同。分包合同包括专业分包合同和劳务分包合同。因此，劳务分包合同属于建设工程合同。从合同标的看，劳务分包合同与劳务合同也具有本质区别。劳务分包合同的承包人，并非提供了劳务就有权请求支付对价，只有通过组织建筑工人施工，完成了施工任务，建成符合合同约定、质量合格的单位工程或者分部分项工程后，才有权请求支付工程款。如果劳务分包合同的承包人虽然组织建筑工人进行施工，但未将劳务物化为建设工程或者所施工工程质量不合格，所付出的劳务没有转化成有效的劳动成果，就无权请求支付工程款。

二、建设工程施工合同与承揽合同的区分

建设工程施工合同属于承揽合同的一种类型。建设工程施工合同纠纷可参照适用民法典关于承揽合同的规定。建设工程施工合同和承揽合同均是民法典规定的有名合同。民法典第七百七十条规定："承揽合同是承揽人按照定作人的要求完成工作，交付工作成果，定作人支付报酬的合同。承揽包括加工、定作、修理、复制、测试、检验等工作。"承揽合同以"按照定作人的要求完成工作，交付工作成果"为标的。承揽合同的标的不同于劳务合同以提供劳务为标的，但与建设工程施工合同的标的属于同一类型。建设工程施工合同的标的是交付符合合同约定的建设工程，也属于交付工作成果，因此，建设工程施工合同本身就属于一种承揽合同。依据民法典第八百零八条的规定，建设工程合同章没有规定的，适用承揽合同的有关规定。

发包人不能依据民法典关于承揽合同的约定行使任意解除建设工程施工合同的权利。虽然民法典第八百零八条规定，建设工程合同这一章没有规定的，适用承揽合同的有关规定，但人民法院在适用本条规定时仍然要考虑建设工程施工合同的特点，尤其是建设工程与其他定作物的差异。建设工程属于不动产，在经济生活中价值高、对当事人利益影响大、对公共利益影响亦较大。变更、解除建设工程施工合同对当事人权益具有重大影响，应当十分慎重。民法典第七百八十七条规定："定作人

在承揽人完成工作前可以随时解除合同，造成承揽人损失的，应当赔偿损失。”承揽合同的定作物用途具有特定性，往往是专为了满足定作人的特定需求，如果定作人不再有此需求，继续履行承揽合同会造成浪费，而且定作人合同目的不能实现。在这种情况下赋予定作人任意解除权具有经济合理性。但是，在建设工程施工合同关系中，建设工程规划已经确定，不存在发包人在签订建设工程施工合同后不需要进行工程建设的情况，而且建设工程施工合同标的大，承包人进行工程施工需要在人、材、机等各方面做好准备，如果允许发包人任意解除建设工程施工合同，将对承包人造成巨大损失，并损害交易安全。

三、装饰装修工程合同的法律适用

装饰装修工程合同是否适用建筑法、民法典和《审理建工案件解释（一）》关于建设工程合同的相关规定，是司法实践中常遇到的问题。装饰装修工程分为建筑装饰装修工程和住宅室内装饰装修工程。在法律适用上，对二者应加以区分。

（一）建筑装饰装修工程适用《审理建工案件解释（一）》

建筑装饰装修工程会影响工程质量和安全使用。建筑装饰装修工程施工合同纠纷适用建筑法、民法典和《审理建工案件解释（一）》关于建设工程合同的相关规定。建筑法对建筑装饰装修工程的设计有明确要求。该法第四十九条规定：“涉及建筑主体和承重结构变动的装修工程，建设单位应当在施工前委托原设计单位或者具有相应资质条件的设计单位提出设计方案；没有设计方案的，不得施工。”根据《建设工程企业资质管理制度改革方案》的规定，“建筑装饰装修工程专业承包”资质和“建筑幕墙工程专业承包”资质统一为“建筑装饰装修工程专业承包”资质。如果建筑装饰装修工程施工合同的承包人缺乏相应资质或者违反法律强制性规定，应当依法认定合同无效。

（二）住宅室内装饰装修工程可适用民法典关于承揽合同的规定

住宅室内装饰装修工程施工合同纠纷是否适用建筑法、民法典和《审理建工案件解释（一）》关于建设工程合同的相关规定，在实践中存在不同认识。由于住宅室内装饰装修工程对工程质量、安全使用影响较小，通常不涉及公共利益，故对住宅室内装饰装修工程施工合同效力的认定不宜过于严苛。有的地方法院出台意见规定，住宅室内装饰装修工程可以适用民法典关于承揽合同的规定。此类规定符合社会经济发展实际，可作参考。同时，也应当看到，有的业主或者施工人在住宅室内装饰装修工程施工过程中违规施工，危害建设工程主体结构质量安全或者损害其他业主权益。在这种情况下，受害人请求行为人承担停止侵害、排除妨碍、消除危险、恢复原状、赔偿损失等责任的，应当依法支持。

四、农村建房的法律适用

农村建房是否适用建筑法、民法典和《审理建工案件解释（一）》关于建设工程合同的相关规定，是司法实践中常遇到的问题。对此问题，应当区分情况处理。

（一）农民自建住宅一般不适用《审理建工案件解释（一）》

依据建筑法第八十三条的规定，农民自建低层住宅的建筑活动，不适用该法规定。农民自建住宅主要是低层住宅，通常不涉及公共利益，一般不适用建筑法、民法典和《审理建工案件解释（一）》关于建设工程施工合同的相关规定。对于此类纠纷，既要依法适用《村庄和集镇规划建设管理条例》等法律、行政法规的规定，又要关照我国农民自建住宅的实际情况，依法保护各方当事人权益，维护司法公正。

（二）在农村建设“小产权房”适用《审理建工案件解释（一）》

在农村建设“小产权房”应当适用建筑法、民法典和《审理建工案件解释（一）》关于建设工程合同的相关规定。有的发包人违法在农用地上建设“商品房”，并对外出售。此类工程项目违反建设用地规划和工程规划，未取得建设用地使用权证，属于违法建筑。《审理建工案件解释（一）》第三条第一款规定：“当事人以发包人未取得建设工程规划许可证等规划审批手续为由，请求确认建设工程施工合同无效的，人民法院应予支持，但发包人在起诉前取得建设工程规划许可证等规划审批手续的除外。”因此，在农村建设“小产权房”而签订的建设工程施工合同应认定无效。

【最高人民法院案件解析】

案件审理期间一方当事人破产但管理人长期不履职情形下的纠纷处理

——某建筑公司诉某置业公司建设工程施工合同纠纷案

刘银春* 柳　凝**

法理提示： 本案诉讼一审期间，作为一方当事人的发包人的破产申请被人民法院裁定受理。根据企业破产法的有关规定，破产申请被受理后，已经开始而尚未终结的有关债务人的民事诉讼应当中止，在管理人接管债务人的财产后，该诉讼继续进行。人民法院裁定受理破产申请的同时应当指定管理人，管理人亦应积极履行管理和处分债务人财产、代表债务人参加诉讼等法定职责。而本案的管理人在长达数年时间内未开展任何实质性工作，导致诉讼程序受阻，承包人的工程款债权迟迟无法实现。

针对本案的特殊情况，二审期间，最高人民法院加强对下监督指导，敦促受理破产法院与当地政府部门沟通协调，推动管理人依法履职，积极参与诉讼，排除了审理程序上的障碍。另外，本案债权人提起给付之诉在先，破产受理在后，有观点认为，应当告知当事人变更为确认之诉再行判决。最终，本案对当事人所提给付之诉的诉讼请求进行审理，同

* 最高人民法院民事审判第一庭一级高级法官。

** 最高人民法院民事审判第一庭法官助理。

时，为避免造成债务人对个别债权人的债务清偿的法律后果，在判定相关当事人实体权利义务时，注意做到与企业破产法及其司法解释的规定相协调，较好实现了三个效果的统一。

一、当事人及案件来源

上诉人（一审原告）：某建筑公司。

上诉人（一审被告）：某置业公司。

上诉人某建筑公司因与上诉人某置业公司建设工程施工合同纠纷一案，不服山东省高级人民法院（以下简称山东高院）（2020）鲁民初 42 号民事判决，向最高人民法院提起上诉。

二、当事人起诉情况

某建筑公司一审起诉请求：（1）判令解除某建筑公司与某置业公司签订的案涉工程一期、二期、三期施工合同；（2）判令某置业公司支付工程款 397117343.42 元；（3）判令某置业公司支付自应付工程款之日起至全部付清之日为止，按照同期银行贷款利率以及全国银行间同业拆借中心公布的贷款市场报价利率计算的工程款逾期利息；（4）判令某建筑公司就合同项下承建工程折价或者拍卖的价款优先受偿；（5）判令某置业公司承担本案诉讼费用、保全费用。

三、一审法院查明的案件事实

2010 年 4 月 9 日、2010 年 12 月 10 日，某置业公司（发包人）与某建筑公司（承包人）分别签订案涉工程一期、二期施工合同，工程造价分别暂定为 6.8 亿元及 7.5 亿元。双方还签订了一份未注明签署时间的三期施工合同，暂定造价 7.5 亿元。以上合同均约定，合同确定的暂定价为估算值，实际金额以结算为准。上述合同签订后，某建筑公司进场施工，2020 年 6 月停工并退场。

一审法院根据某建筑公司的鉴定申请，委托专业机构进行工程造价鉴定。鉴定机构作出《鉴定报告》后，又根据接受质询的情况出具《补充鉴定报告（一）》。

2018 年 7 月 27 日，某置业公司向法院申请破产。山东省菏泽市中级人民法院（以下简称菏泽中院）于 2018 年 8 月 6 日作出（2018）鲁 17 破 3 号民事裁定书，裁定受理某置业公司的破产清算申请，并交由山东省菏泽市菏泽经济开发区人民法院（以下简称菏泽经济开发区法院）审理。2019 年 1 月 21 日，菏泽经济开发区法院裁定受理某置业公司的破产清算申请，但并未按照相关法律规定在受理该破产申请的同时指定管理人，亦未在法定时间内通知债权人申报债权。

四、一审法院认定与裁判

2018 年 6 月 26 日，某建筑公司向山东高院提起本案诉讼，山东高院以某建筑公司的诉讼请求缺乏事实根据，证据不足为由，作出（2018）鲁民初 101 号民事判决驳回某建筑公司的诉讼请求。某建筑公司向最高人民法院上诉后，最高人民法院认为，在双方对于某建筑公司已完工程款数额、工程停工损失数额、某置业公司已付工程款数额等均有争议的情况下，一审法院对上述事实均未予查明，仅以某建筑公司没有提供证据证明已施工完成部分的工程造价，也未申请鉴定为由简单驳回诉讼请求，属认定重大基础事实不清；且一审期间，某置业公司向法院申请破产，一审法院未中止审理属程序违法。最高人民法院作出（2019）最高法民终 1649 裁定书，撤销一审判决，将案件发回重审。本次诉讼系重审一审。

一审法院认为，本案争议焦点为：本案相关审理程序问题如何处理；某建筑公司请求解除案涉合同的条件是否成就；某建筑公司请求某置业公司支付欠付工程款及利息是否具有事实及法律依据；某建筑公司主张其对案涉工程价款享有优先受偿权是否具有事实及法律依据。

第一，关于本案相关审理程序问题如何处理。根据企业破产法第十六条、第十九条的规定，在本案的判决方式上，不宜再行以给付之诉的方式作出判决，而应通过确认债权金额及范围的方式作出确认之诉的判决。在法庭辩论终结前，一审法院虽未就此向双方当事人作出释明，但因给付之诉系以确认之诉为前提，故一审法院改而作出确认判决，亦未超出某建筑公司的诉讼请求。菏泽经济开发区法院裁定受理某置业公司破产申请，但并未按照相关法律规定在受理该破产申请的同时指定管理人，亦未在法定时间内通知债权人申报债权，如按照企业破产法第二十条的规定中止审理本案，不利于对双方当事人权利义务关系的保护。

第二，关于某建筑公司请求解除合同的条件是否成就。一审法院认为，案涉一期、二期、三期合同合法、有效，双方当事人均应依约履行。现某建筑公司请求解除合同，某置业公司亦在其2020年7月12日提交的补充答辩意见中明确表示同意解除合同，根据合同法第九十三条第一款的规定，案涉一期、二期、三期合同已由双方当事人于2020年7月12日协商解除，一审法院予以确认。

第三，关于某建筑公司请求某置业公司支付欠付工程款及利息是否具有事实及法律依据。一审法院认为，根据合同法第九十七条的规定，在案涉一期、二期、三期合同由双方当事人协商解除后，因某建筑公司投入的人力、物力、财力成本均已物化到案涉工程之中，故某建筑公司主张某置业公司支付其欠付工程款及相应利息，具有事实及法律依据。

关于工程造价的数额，一审法院对《鉴定报告》《补充鉴定报告（一）》出具的鉴定造价，予以确认。此外，对双方当事人有争议部分的工程造价，一审法院根据案件实际情况，将协议约定的补偿费、一期和二期工程社会保障费、三期安装工程造价计入案涉工程造价。综上所述，案涉工程造价应为1101396548.31元。根据在案证据，认定某置业公司已付工程款数额为887947305.79元、欠付工程款数额为213449242.52元。关于欠付工程款利息。一审法院认为，合同虽未对逾期支付工程款利息作出约定，但某置业公司占有案涉欠付工程款必然对某建筑公司造成利息损失以及融资成本的增加，根据《最高人民法院关于审理建设工程施工合同纠纷案件适用法律问题的解释》（法释〔2004〕14号）第十七条的规定，某建筑公司主张某置业公司按照中国人民银行发布的同期同类贷款利率向其支付欠付工程款利息，具有事实及法律依据。对于欠付工程款利息的起算时间，因合同未对此作出约定，根据《最高人民法院关于审理建设工程施工合同纠纷案件适用法律问题的解释》第十八条的规定，在某建筑公司既未向某置业公司交付案涉工程，亦未提交竣工结算文件的情况下，结合本案系由最高人民法院发回重审的实际，应将2018年6月26日某建筑公司首次提起本案诉讼的时间作为应付工程价款之日，并自此计算案涉欠付工程款利息。对于欠付工程款利息的截止时间，根据企业破产法第四十六条第二款规定，因菏泽中院于2018年8月6日作出（2018）鲁17破3号民事裁定书，裁定受理某置业公司的破产清算申请，故案涉欠付工程款利息应计算至2018年8月6日。

第四，关于某建筑公司主张其对案涉工程价款享有优先受偿权是否具有事实及法律依据。某建筑公司作为与某置业公司签订案涉建设工程施工合同的承包人，其主张对案涉工程价款享有优先受偿权，具有事实及法律依据。因2018年6月26日为应付工程价款之日，故某置业公司以某建筑公司超过法定期限为由，主张某建筑公司对案涉一期工程不再享有优先受偿权，缺乏事实及法律依据。

综上所述，一审判决：（1）确认双方签订的案涉一期、二期、三期合同已于2020年7月12日解除；（2）确认某置业公司欠付某建筑公司工程款213449242.52元及利息；（3）确认某建筑公司对其承建的本案工程在上述欠付工程价款本金范围内享有优先受偿权；（4）驳回某建筑公司的其他诉讼请求。

五、当事人上诉请求

某建筑公司上诉请求：发回重审或改判在一审判决第二项判决工程款数额的基础上增加182066704.02元，并按照增加后的工程款数额计算利息；改判某建筑公司对其承建的工程在增加后的工程价款范围内享有优先受偿权。主要理由：（1）一审判决将往来款、贴息款和借款等合计123035000元作为已付工程款计取错误。（2）一审工程造价存在遗漏项目未计入工程造价的情况。鉴定机构对案涉工程的造价鉴定，存在计价错误和应当计入造价内但未计入的情况，导致鉴定数额偏低。

某置业公司上诉请求：将一审判决第二项某置业公司尚欠工程款数额改判为194731382.52元。主要理由：某置业公司在一审审理期间又支付和发现遗漏支付账目共计18717860元，应从欠付工程款数额中予以扣除。某置业公司破产清算组提交补充上诉请求申请书，增加一项上诉请求：撤销一审判决第三项，并改判确认某建筑公司对其承建的本案工程仅在90938339元工程价款本金范围内享有优先受偿权。主要理由：（1）某置业公司因逾期支付建设工程价款产生的违约金、损害赔偿金8000万元，不属于建设工程价款优先受偿权的范围。（2）案涉项目分为三期，各期进度不同，其中，一期、二期已有多栋楼交付业主实际使用。根据《最高人民法院关于建设工程价款优先受偿权问题的批复》第四条的规定，某建筑公司于单体工程实际交付业主使用之日起六个月内没有行使优先权，因此，不再享有已交付单体工程相应工程价款的优先受偿权。

六、二审法院认定与裁判

最高人民法院认为，本案的争议焦点为：一审判决关于案涉工程造价数额的认定是否正确；某置业公司已付工程款和尚欠工程款数额应如何认定；某建筑公司是否享有建设工程价款优先受偿权。

关于争议焦点一，一审鉴定程序的启动合法，鉴定机构及人员资质合规。一审法院据此采信鉴定机构关于案涉工程造价的意见，并无不当。某建筑公司二审针对工程造价鉴定具体项目提出的异议均为一审鉴定过程中向鉴定机构提出过的异议，鉴定机构通过书面答复、出庭质证等方式充分质证后出具鉴定意见，二审期间，某建筑公司并未提交充分证据和理由证明其所提异议成立，故一审法院对鉴定意见予以采信，并无不当。

关于争议焦点二，一审法院根据双方提交的证据材料，并结合某置业公司与某建筑公司达成的往来款对账协议、备忘录及实际履行情况确认了应从某置业公司已付工程款中扣除的款项。二审期间，双方均提交了新证据，某建筑公司提交的新证据可以证明往来款、贴息款和借款等合计123035000元不应作为已付工程款计取，某置业公司亦认可上述款项为双方其他往来账，故应在已付款中予以扣除。某置业公司提交的新证据证明一审审理期间又支付和发现遗漏支付账目共计18717860元，某建筑公司亦予以认可，故该笔款项应计入已付款中。二审法院对上述款项逐笔审查核对后认定双方的主张均成立。某置业公司主张新支付的款项与前述应从已付工程款中扣减的123035000元抵扣后，某置业公司欠付某建筑公司案涉工程款数额应为317766382.52元。一审判决结合本案合同履行情况、某建筑公司进入破产程序等实际，就利息计算的开始和截止时间的认定，结论正确。

关于争议焦点三，两份偿付补充协议是双方就案涉工程款项的补偿事宜达成的一致约定，所涉8000万元为某建筑公司在案涉工程中实际支出的费用，属于建设工程价款，其性质不属于因逾期支付建设工程价款产生的违约金、损害赔偿金，上述8000万元补偿款项应计入案涉工程造价，也应当纳入工程价款优先受偿的范围。案涉三份建设工程施工合同均是针对各期项目整体签订的，每一期项目作为同一建设工程施工合同项下的工程，工程价款的主张和优先权的行使应当以项目整体为准，建设工程价款优先受偿权亦应作为一个整体进行认定。根据《最高人民法院关于审理建设工程施工合同纠纷案件适用法律问题的解释（一）》（法释〔2020〕25号）第二十七条的规定，在某建筑公司既未向某置业公司交付案涉工程，亦未提交竣工结算文件的情况下，一审法院将2018年6月26日某建筑公司首次提起本案诉讼的时间作为应付工程价款之日，认定某建筑公司主张优先受偿权并未超过六个月的法定期限，并无不当。

此外，关于本案相关审理程序问题。（1）二审查明，菏泽经济开发区法院于2019年1月21日作出（2019）鲁1791破申1号民事裁定书受理某置业公司破产申请，并指定了菏泽经济开发区管委会人员组成的清算组为管理人，但未在法定时间内通知债权人申报债权。某置业公司破产清算组并未实际履行职责，亦未代表该公司参加诉讼。某建筑公司提起本案诉讼的时间早于人民法院受理某置业公司破产申请的时间，故本案不符合企业破产法第二十一条规定的应由债权人向受理破产申请的法院申报债权的情形，一审法院继续审理本案，并无不当。(2) 2023 年 6 月 1 日，菏泽经济开发区法院作出 (2019) 鲁 1791 破申 1 号之一决定书对清算组成员进行变更，并发出债权申报公告。某置业公司破产清算组开始履行企业破产法规定的管理人的各项职责。根据企业破产法的有关规定，某置业公司已不具备参加本案诉讼的合法主体资格，二审法院遂通知某置业公司破产清算组代表该公司参加本案诉讼。某置业公司破产清算组虽提交授权委托书对于原委托诉讼代理人在本案二审期间发表的上诉意见及庭审意见表示认可，但对于该委托诉讼代理人未对优先受偿权问题提出上诉意见提出异议。某置业公司破产清算组提交补充上诉请求申请书，主张案涉工程因已经交付或已提交竣工结算文件，应对已交付使用的楼栋分栋计算行使优先受偿权期限。某建筑公司于单体工程实际交付业主使用之日起六个月内没有行使优先受偿权，因此，不再享有已交付单体工程相应工程价款的优先受偿权，应撤销一审判决关于某建筑公司对案涉工程价款享有优先受偿权的判项，确认其享有的债权为普通债权。某置业公司破产清算组在补充上诉请求申请书中的主张实际上是不予认可原委托诉讼代理人之前的诉讼行为。二审法院对于某置业公司破产清算组变更后的诉讼请求进行了审理。(3) 因菏泽经济开发区法院受理某置业公司破产申请后未在法定时间内通知债权人申报债权，且某置业公司破产清算组一直未正常开展工作，一审法院未中止审理本案，体现了对双方当事人权利义务关系的保护。但一审法院在未向双方当事人作出释明的情况下，通过确认债权金额及范围的方式作出确认之诉的判决确有不当。参照《全国法院民商事审判工作会议纪要》第一百一十条精神，本案应根据某建筑公司提出的诉讼请求进行裁判。某建筑公司的诉讼请求明确为给付之诉，故本案仍应以给付之诉的方式作出判决，某建筑公司只能在破产程序中依法申报债权，不得据此获得个别清偿。

综上所述，最高人民法院于2023年10月7日作出（2021）最高法民终1281号民事判决：（1）维持山东高院（2020）鲁民初42号民事判决第一项；（2）撤销山东高院（2020）鲁民初42号民事判决第二项、第三项、第四项；（3）某置业公司向某建筑公司支付工程款317766382.52元及利息（以317766382.52元为基数，按照中国人民银行同期同类贷款利率自2018年6月26日起计算至2018年8月6日止）；（4）某建筑公司对其承建的本案工程在上述欠付工程价款本金范围内享有优先受偿权；（5）某建筑公司不能就本判决取得的债权获得个别清偿，应在破产程序中依法申报解决；（6）驳回某建筑公司的其他诉讼请求。

七、对本案的解析

本案系承包人向发包人主张工程款而引发的建设工程施工合同纠纷。结合双方当事人的诉辩情况及本案发包人进入破产程序后管理人长期未正常依法履职的实际状况，二审焦点问题可集中归纳为以下三个方面：案涉工程造价、已付工程款和尚欠工程款数额的事实查明问题；某建筑公司主张建设工程价款优先受偿权的范围及权利行使期限问题；本案诉讼期间，发包人进入破产程序，在管理人长期不履职情形下，程序上应当如何解决。

（一）案涉工程造价、已付工程款和尚欠工程款数额的事实查明问题

关于案涉工程造价，一审法院根据当事人的申请委托鉴定机构进行了造价鉴定。经查，鉴定程序的启动合法、鉴定机构及人员的资质合规，鉴定意见作出后，鉴定机构对双方当事人提出的各项异议问题都分别逐项作了答复，对所提异议合理的内容予以采纳并据实调整后出具新的最终鉴定意见。综上所述，一审法院在认定工程造价时采信鉴定意见，并

无不当。

关于已付工程款和尚欠工程款数额问题，双方当事人分别提出上诉。某建筑公司上诉主张一审判决将往来款、贴息款和借款等合计123035000元作为已付工程款计取错误，某置业公司上诉主张在一审审理期间又支付和发现遗漏支付账目共计18717860元应计入已付款数额。二审时，虽然各方分别对对方所提主张的具体数额问题不持异议，但是鉴于发包人某置业公司已经进入破产程序，本案裁判结果将影响某置业公司其他债权人的利益，故在双方均认可对方主张的款项数额前提下，二审法院对双方提交的银行转账凭证等证据逐一审查，在核对无误后，对已付工程款和尚欠工程款数额重新作出了认定。

（二）某建筑公司主张建设工程价款优先受偿权的范围及权利行使期限问题

关于优先受偿权范围问题，双方分歧在于两份偿付补充协议约定的8000万元可否享有优先受偿权。经查，两份协议分别是对2013年度和2014年度停工产生费用的补偿，这些费用为某建筑公司在案涉工程中实际支出，其性质不同于因逾期支付建设工程价款产生的违约金、损害赔偿金，一审法院将其计入工程造价并认定某建筑公司就此部分亦享有工程价款优先受偿权，符合实际。

关于行使优先受偿权的时间问题。第一，双方签订案涉三份合同时，各期项目均是整体作为合同标的。第二，某建筑公司施工过程中，投入的人力、物力、财力无法准确科学地拆分计算至各个楼栋、单元，建设工程价款优先受偿权不宜针对单体建筑分别计算。另外，直至发生本案诉讼时，某建筑公司既未向某置业公司交付案涉工程，亦未提交竣工结算文件，并不构成法律意义上的竣工交付。因此，某置业公司关于应当根据已交付业主实际使用的楼栋分栋计算行使优先受偿权时间的主张不能成立。结合本案系发回重审案件，一审法院将2018年6月26日某建筑公司首次提起本案诉讼的时间作为应付工程价款之日，认定某建筑公司主张优先受偿权并未超过六个月的法定期限，并无不当。

（三）本案诉讼期间，发包人进入破产程序，在管理人长期不履职情形下，程序上应当如何解决

1. 关于中止审理问题

本案曾因一审法院在发包人某置业公司破产申请被法院受理后，既未中止审理也未让管理人参与诉讼情形下作出判决，违反企业破产法有关规定被发回重审。但重审期间，因某置业公司破产管理人成员工作调整等原因，管理人数年内始终未开展任何实质性工作，破产程序一直处于停滞状态，也导致本案诉讼程序受阻，承包人的工程款债权迟迟无法实现。在此背景下，一审法院再次作出判决，双方当事人均提出上诉，形成本案诉讼。

企业破产法第二十条规定“人民法院受理破产申请后，已经开始而尚未终结的有关债务人的民事诉讼或者仲裁应当中止；在管理人接管债务人的财产后，该诉讼或者仲裁继续进行。”该条的假设前提是，法院已经按照企业破产法第十三条的规定在裁定受理破产申请的同时指定了管理人，且管理人接管了债务人的财产。破产程序开始后，管理人成为债务人的实际管理者，全权负责债务人的对外事务。为公平保护全体债权人的利益，债务人自身就应丧失对其财产的管理与处分权，该权利应转移给管理人，进而发生法定诉讼担当。相应地，为便于管理人接管财产和诉讼事务，企业破产法第二十条规定相关诉讼应当中止。该条意在督促管理人尽快接管债务人财产以防止债务人财产流失，被指定的管理人应当在最短时间内实施接管工作。这里规定的中止应是暂时中止，在时间或期限方面不宜过长。通常情形下，人民法院裁定受理破产申请的同时应当指定管理人，管理人亦应积极履行管理和处分债务人财产、代表债务人参加诉讼等法定职责。本案中，菏泽经济开发区法院 2019 年 1 月受理某置业公司的破产申请并指定管理人后，破产程序停滞数年明显超出合理期限范围，不符合常理。此时，本案如果再径行中止审理，恐难

收到好的效果。

2. 关于如何化解本案程序上的障碍问题

如前所述，本案发包人某置业公司已经进入破产程序，诉讼中仍然由某置业公司的原班管理层继续代表该公司参加建设工程施工合同纠纷案诉讼，不排除存在损害债权人共同利益、未来破产程序被动或者建设工程施工合同纠纷案程序违法而进入再审的可能性，其诉讼地位和资格问题值得商榷。稳妥起见，不应由某置业公司原班管理层代表该公司继续进行诉讼，而应让管理人尽快参加到诉讼中行使诉讼权利。针对本案的特殊情况，为彻底解决纠纷，二审详细调查、了解破产案件进展情况，认为破产衍生诉讼程序受阻存在管理人未依法履职和府院协调不到位的因素。最高人民法院及时发出督促函，指导一审法院与政府相关职能部门加强沟通及府院联动，督导该院按照法律、司法解释和有关司法政策的规定，敦促某置业公司管理人依法履职。经过努力，管理人重新更换人员、迅速接管破产企业财产，在了解有关诉讼情况后，代表破产企业参加诉讼。

不过，管理人参与诉讼后，提出变更某置业公司原管理层上诉时的部分诉讼请求，而此时，已超过当事人可变更上诉请求的期间。为避免不必要的程序空转和对债务人其他关联案件产生影响，从有利于案结事了、更好地保障各方当事人权益角度出发，经二审法院释明，某建筑公司对管理人二审参加诉讼并变更诉讼请求的行为表示理解和认可，二审法院在此情形下重新开庭对案件进行审理。如此，既排除了程序方面的障碍，也高效推进了破产工作进程。

3. 关于本案应当以给付之诉还是以确认之诉方式作出判决问题

本案纠纷从诉讼类型划分上分析，系某建筑公司向对方主张给付尚欠工程款的给付之诉。诉讼期间，债务人进入破产程序后，债权人此前提起的给付之诉如何审理并作出裁判，是本案在解决前述程序性问题之后，接下来面临的一个必须解决的问题。有观点认为，根据企业破产法第十六条、第十九条等相关规定，本案不宜再以给付之诉方式作出判决，而是应当向当事人释明，由其变更诉讼请求后作出确认债权的判决，如当事人拒不变更诉讼请求，则应当对给付之诉作出驳回诉讼请求的判决。经查，本案一审未就此事项向当事人释明，认为给付之诉中本应包含予以确认的固有之意，故可以直接作出确认之诉方式的判决。对此种做法，理论和实务领域均存在不同的认识和做法。

我们认为，企业破产法已经明确了进入破产程序后，债权人实现债权需要通过申报债权来实现。故以给付之诉审理并不影响债权人依据该判决申报债权、管理人确认债权。给付判决所体现的个别清偿的效果，在破产程序中将被概括清偿、集体清偿所吸收，即判决在破产程序中发挥的功能仍然仅限于确认债权。比如，在破产程序开始之前已经生效的给付之诉判决，已经无法变更也无须变更为确认之诉，但是并不影响破产程序中债权的确认和清偿。《全国法院民商事审判工作会议纪要》第一百一十条第一款规定，“人民法院受理破产申请后，已经开始而尚未终结的有关债务人的民事诉讼，在管理人接管债务人财产和诉讼事务后继续进行。债权人已经对债务人提起的给付之诉，破产申请受理后，人民法院应当继续审理，但是在判定相关当事人实体权利义务时，应当注意与企业破产法及其司法解释的规定相协调。”可见，诸如本案情形下的给付之诉，人民法院没有必要一定向当事人释明让其变更为确认之诉后再行判决。二审法院以给付之诉的方式作出判决并在判决主文中明确表示权利人只能在破产程序中依法申报债权，不能依据本判决获得个别清偿，注意做到与企业破产法及其司法解释的规定相协调，较好实现了三个效果的统一。

轮候查封债权人对前序查封所涉执行异议之诉判决的第三人撤销权认定

——上诉人郸城某饭店有限公司与被上诉人邓某、马某及原审第三人白城某电器有限公司等第三人撤销之诉案

万　挺[*]　张　乾[**]

法理提示：轮候查封债权人对前序查封所涉执行异议之诉判决能否提起第三人撤销之诉，主要取决于其是否符合民事诉讼法规定的提起第三人撤销之诉的条件。在普通金钱债权执行中，由于执行标的属于债务人一般责任财产，不同债权人分属不同法律关系：一方面，在法律、司法解释针对多重查封的执行异议之诉尚未设置相关合并审理制度之前，案外人取得前序查封所涉执行异议之诉有利判决，并不能当然对抗轮候查封债权人之执行；另一方面，不同普通债权的执行案件发生执行竞合时，对同一执行标的变价款的分配可能存在受偿利益的冲突，在轮候查封债权人参与执行分配时，执行法院应依据执行程序有关规定制订分配方案。在缺乏证据证明前序查封所涉执行异议之诉判决存在虚假诉讼等导致判决结果错误情形时，轮候查封债权人对前序查封所涉执行异议之诉判决提起第三人撤销之诉的，不予支持。

---

* 最高人民法院民事审判第一庭二级高级法官。

** 最高人民法院民事审判第一庭二级高级法官助理、澳门大学博士生。

一、当事人及案件来源

上诉人（原审原告）：郸城某饭店有限公司。

被上诉人（原审被告）：邓某、马某（马某飞之子）。

原审第三人：白城某电器有限公司、北京某投资管理有限公司、某投资发展有限公司、某文化发展有限公司、某彩票销售有限公司、吉林某有机食品有限公司。

上诉人郸城某饭店有限公司因与被上诉人邓某、马某及原审第三人白城某电器有限公司等第三人撤销之诉一案，不服吉林省高级人民法院（以下简称吉林高院）（2022）吉民撤2号民事裁定，向最高人民法院提起上诉。

二、当事人起诉情况

郸城某饭店有限公司一审主要起诉请求：撤销吉林高院（2021）吉民终627号民事判决（以下简称627号判决）。

三、相关案件事实情况

2018年4月18日，吉林省白城市中级人民法院（以下简称白城中院）就涉马某飞合同纠纷案作出（2018）吉08民初1号民事判决：（1）某彩票销售有限公司、某投资发展有限公司共同连带给付白城某电器有限公司投资款及利息71856043.84元；（2）吉林某有机食品有限公司、马某飞对判决第一项确定的某彩票销售有限公司、某投资发展有限公司给付内容承担连带还款义务。在该案执行过程中，白城中院查封了马某飞名下的案涉504号房和2503号房。2021年3月9日，白城中院作出（2021）吉08执恢4号民事裁定，评估拍卖马某飞名下两套房屋。

邓某与马某飞原系夫妻关系，2021年4月15日，双方办理离婚登记手续，双方离婚协议约定案涉两套房屋归邓某所有。2021年3月23日，邓某以案外人身份提出执行异议。2021年4月24日，白城中院作出

（2021）吉08执异8号民事裁定，驳回邓某的异议请求。邓某不服，提起执行异议之诉，白城中院作出（2021）吉08民初36号民事判决认为：案涉两套房屋是在马某飞与邓某夫妻关系存续期间购买，应认定为夫妻共同财产；邓某的工资收入不足以支撑家庭开销，邓某也未举证证明其与马某飞分居及马某飞经营公司所得未用于家庭生活，马某飞经营公司所负债务应认定为夫妻共同债务，法院执行案涉两套房屋并无不当；虽然邓某与马某飞离婚并协议处分了案涉两套房屋，但此行为发生在法院查封之后，对其双方私自处分法院经合法手续查封房屋的行为不予认可。判决：驳回邓某排除执行的诉讼请求。

邓某不服，提起上诉。2021年10月27日，吉林高院作出627号判决认为：执行程序应当按照生效判决确定的执行依据进行，现无生效法律文书确认案涉债务为夫妻共同债务，马某飞作为担保人对投资款债务承担连带还款义务，不是出于家庭日常生活需要所负债务；白城某电器有限公司亦未能举证证明该笔债务系用于夫妻共同生活、共同生产经营或者基于夫妻双方共同意思表示，应由其承担举证不能的法律后果，白城中院仅凭邓某个人陈述即推定案涉借款已用于家庭生活，属于夫妻共同债务，举证责任分配错误，且缺乏事实依据，应予纠正；人民法院有权执行被执行人与他人共有的财产，案涉两套房屋为夫妻共同财产，白城中院对其采取强制执行措施并无不当；邓某作为共同共有人可向法院执行实施机构申请，在房产被处置变价后保留其在夫妻共同财产中的应有份额，但其请求排除人民法院强制执行缺乏法律依据，不予支持。判决：驳回上诉，维持原判。

另查明，2020年7月20日，北京仲裁委员会就涉马某飞借款合同纠纷案作出（2020）京仲裁字第1432号裁决书：（1）某彩票销售有限公司、马某飞等连带向郸城某饭店有限公司支付本金4808000元；（2）某彩票销售有限公司、马某飞等连带向郸城某饭店有限公司支付暂计至2019年3月27日的收益1803748.38元，并支付其后年利率24%的收益等。之后，郸城某饭店有限公司向北京市第二中级人民法院（以下简称北京二中院）申请执行。2020 年 11 月 25 日，北京二中院轮候查封了马某飞名下的案涉两套房屋，并向白城中院转交了参与分配申请书。

2023 年 5 月 22 日，北京市丰台区人民法院就涉马某飞借款合同纠纷案作出（2022）京 0106 民初 16112 号民事判决：驳回郸城某饭店有限公司关于确认（2020）京仲裁字第 1432 号裁决书确定的马某飞债务系马某飞与邓某夫妻共同债务等全部诉讼请求。

还查明，案涉两套房屋已经拍卖成交，拍卖款在白城中院执行账户留存。郸城某饭店有限公司就 627 号判决向吉林高院提起第三人撤销之诉。在该案诉讼期间，马某飞死亡，其子马某参加诉讼。

四、一审法院认定与裁判

一审法院认为，本案需要审查的关键问题是，郸城某饭店有限公司是否符合法律规定的起诉条件，执行异议之诉是否对夫妻共同债务进行实体审理，以及案涉房屋是否为马某飞和邓某的夫妻共同财产。

（一）关于郸城某饭店有限公司的诉讼主体资格

根据民事诉讼法第五十九条的规定，郸城某饭店有限公司提起第三人撤销之诉，其必须是能够参加目标诉讼的有独立请求权的第三人或者是案件的处理结果同其有法律上的利害关系的第三人。郸城某饭店有限公司主张撤销的目标诉讼为案外人执行异议之诉，该案结果为驳回案外人邓某的诉讼请求。郸城某饭店有限公司是轮候查封相关房屋的金钱债权人，并非原执行依据中所涉法律关系的当事人。而执行异议之诉中的当事人仅限于对执行标的提出异议的案外人、原执行法律关系中的申请执行人以及被执行人。郸城某饭店有限公司并非原执行法律关系中的第三人，不具备提起第三人撤销之诉的主体资格。

（二）关于执行异议之诉是否对夫妻共同债务进行审理

根据民事诉讼法（2021 年修正）第二百三十四条的规定，执行异议之诉的审理内容以执行标的为限，案外人是否对执行依据项下债务承担责任不属于执行异议之诉审理范围。邓某是否应当对原债务承担相应责任属于执行依据确定的事项，既然执行依据判决并未确认邓某对相应债务承担清偿责任，也没有其他判决确定由邓某承担责任，执行异议之诉也仅需按照执行依据确定的责任内容确定执行财产范围，并不重新作出认定。在此情况下，执行异议之诉判决告知邓某可以在执行程序中请求保留相应份额仅是对其权利的提示，邓某是否主张此项权利系其对自身处分权之行使，并非执行异议之诉判项内容。郸城某饭店有限公司作为轮候查封的金钱债权人虽然申请参加了执行分配程序，但其执行程序与另案申请执行人所启动的执行程序为相互独立的执行程序。邓某对另案债务是否承担清偿责任与对郸城某饭店有限公司的案件是否承担清偿责任并不是同一案件处理的问题。即便在具体用于执行的财产内容上存在重合，也并不意味着被执行人对于不同的债权人所承担的责任范围相同，仍需依郸城某饭店有限公司自己的执行依据所指向的责任内容确定，而不能通过改变另案责任内容的方式间接实现其权益。如郸城某饭店有限公司认为邓某应当对其债务承担相应责任，可以另行主张权利。但就本案所涉他人债务是否为夫妻共同债务问题而言，与郸城某饭店有限公司并无法律上之利害关系。

（三）关于案涉房屋是否为马某飞和邓某夫妻共同财产

郸城某饭店有限公司虽然主张案涉房屋依登记为马某飞单独所有，但相应房屋系在马某飞与邓某婚姻关系存续期间取得，应首先按照婚姻法及民法典关于夫妻共同财产的规定处理，不能根据登记的记载直接确定财产权利状态，627 号判决据此认定案涉房屋为夫妻共同财产并无不当。同时，执行异议之诉判决虽然确认了案涉房屋为夫妻共同财产，但并未支持邓某对房屋单独所有的主张，案涉房屋并未被排除于被执行人责任财产范围之外。郸城某饭店有限公司系执行程序中对执行标的轮候查封之当事人，其金钱债权之实现并不直接指向执行标的物本身。夫妻共同财产所涉财产份额问题仅影响案涉房屋在变现后被执行人可用于清偿债权的价款给付数额问题，与执行异议之诉中确认该房屋是否为可供执行之执行标的物分属不同问题。执行异议之诉中将案涉房屋认定为夫妻共同财产，对郸城某饭店有限公司仅能构成事实上之利害关系。此外，郸城某饭店有限公司主张邓某在执行异议之诉中存在虚假诉讼行为，但并无证据证明马某飞与邓某之间存在恶意串通行为，故不能认为执行异议之诉作出错误判决。

综上所述，一审法院裁定：驳回郸城某饭店有限公司的起诉。

五、当事人上诉请求

郸城某饭店有限公司主要上诉请求：撤销一审裁定，对本案进行实体审理并改判撤销627号判决，对超范围认定的共同财产及非共同债务问题进行纠正。主要理由：第一，郸城某饭店有限公司具有提起第三人撤销之诉的诉讼主体资格。白城中院和吉林高院剥夺了郸城某饭店有限公司作为申请执行人及诉讼参与人的答辩权益。邓某分走一半的案涉房屋拍卖款直接导致郸城某饭店有限公司分得拍卖款减少一半，同其有法律上之利害关系。一审法院由实体审理转为程序审理系程序不当、适用法律错误。第二，627号判决存在明显超范围认定，是否属于夫妻共同债务不属于执行异议之诉审查范围。第三，627号判决对邓某、马某飞恶意串通逃避债务事宜未作处理存在错误，邓某对马某飞名下房屋没有分配权。第四，如邓某依据627号判决将财产分走一半，郸城某饭店有限公司将没有金额可供分配。

六、二审法院认定与裁判

最高人民法院认为，本案的焦点问题是，郸城某饭店有限公司提起第三人撤销之诉请求撤销627号判决能否获得支持。

（一）关于起诉条件

因吉林高院（2021）吉民终627号案为案外人执行异议之诉，依据

《最高人民法院关于适用〈中华人民共和国民事诉讼法〉的解释》（以下简称《民事诉讼法解释》）第三百零五条“案外人提起执行异议之诉的，以申请执行人为被告。被执行人反对案外人异议的，被执行人为共同被告；被执行人不反对案外人异议的，可以列被执行人为第三人”之规定，在案外人执行异议之诉中，被执行人在不反对案外人诉讼请求的情形下，可以列为第三人。上述对特定执行关系中当事人、第三人诉讼地位的规定，可以在执行异议之诉中确定诉讼参与人。而第三人撤销之诉的起诉条件应当适用民事诉讼法第五十九条之规定，根据该规定，郸城某饭店有限公司提起第三人撤销之诉，应当对前案的诉讼标的有独立请求权，或者案件处理结果同其有法律上的利害关系。

执行异议之诉中，如案外人关于请求排除强制执行的诉讼请求未获得法院支持，执行标的将被执行法院依法采取拍卖、变卖等处置措施，包括轮候查封在内的另案申请执行人可以就变价款通过参与分配等途径享有相关清偿利益；如案外人关于排除强制执行的诉讼请求获得法院支持，根据《最高人民法院关于人民法院民事执行中查封、扣押、冻结财产的规定》（2020年修正，以下简称《查扣冻规定》）第二十八条关于“有下列情形之一的，人民法院应当作出解除查封、扣押、冻结裁定，并送达申请执行人、被执行人或者案外人：（一）查封、扣押、冻结案外人财产的；……”之规定，查封应当解除。可见，轮候查封的效力可能因执行异议之诉判决而受到关联。另外，本案情形涉及共有物执行预留份额等问题，对轮候查封债权人参与分配权益也有影响。但这些关联和影响都来自强制执行程序而非民事实体法律。执行异议之诉作为执行程序中衍生的异议之诉，应当兼顾权益保障和诉讼效率。从目前执行异议之诉相关法律、司法解释规定看，轮候查封债权人作为第三人参加到正在进行的首封执行异议之诉中，尚没有明确法律依据或制度安排。执行程序中，同一债务人还可能不断出现新的债权人，如允许新的债权人都可以针对在先已经审结的执行异议之诉任意提起第三人撤销之诉，在先的执行异议之诉等将形成诉讼往复循环、程序空转，并拖延执行进程。同时，设立第三人撤销之诉的目的在于，救济第三人享有的因不能归责于本人的事由未参加诉讼但因生效裁判文书内容错误受到损害的民事权益。《全国法院民商事审判工作会议纪要》第一百二十条规定，如债权人提交证据证明其主张撤销的裁判文书主文确定的债权内容部分或者全部虚假，可以提起第三人撤销之诉。

（二）关于627号判决是否存在超范围认定事实

关于627号判决是否超范围审理夫妻共同债务。根据民事诉讼法（2023年修正）第二百三十八条的规定，案外人对执行标的提出的书面异议应与原判决、裁定无关。在案涉执行异议之诉中，另案申请执行人主张马某飞担保返还借款和投资款转化为夫妻共同债务。627号判决认定执行程序应该按照生效判决确定的执行依据进行，同时，对当事人的主张作出相应回应，即没有生效法律文书确认案涉债务为夫妻共同债务。该认定和处理并无不当，未超范围审理。郸城某饭店有限公司关于627号判决超范围对夫妻共同债务进行审理的上诉理由不能成立。

关于627号判决对案涉房屋属于夫妻共同财产的认定是否超范围。该案中，邓某作为案外人向白城中院提起诉讼，请求不得执行属于其所有的案涉2503号房和504号房。针对共有物财产的执行，应注意两个方面：一方面，根据《查扣冻规定》第十二条“对被执行人与其他人共有的财产，人民法院可以查封、扣押、冻结，并及时通知共有人。共有人协议分割共有财产，并经债权人认可的，人民法院可以认定有效。查封、扣押、冻结的效力及于协议分割后被执行人享有份额内的财产；对其他共有人享有份额内的财产的查封、扣押、冻结，人民法院应当裁定予以解除。共有人提起析产诉讼或者申请执行人代位提起析产诉讼的，人民法院应当准许。诉讼期间中止对该财产的执行”之规定，共有人可以提起析产诉讼或者申请执行人代位提起析产诉讼。另一方面，根据《民事诉讼法解释》第三百一十条的规定，执行异议之诉可以对案外人是否基于所有权、共有权而享有足以排除强制执行的民事权益作出认定。郸城某饭店有限公司关于吉林高院违背不告不理原则、违反法定程序、超越诉讼请求对夫妻共同财产进行认定的上诉理由亦不成立。

（三）关于627号案件是否恶意串通虚假诉讼

郸城某饭店有限公司称，627号判决对邓某、马某飞恶意串通企图通过利用夫妻共同财产方式逃避债务未作处理存在错误。本案经过公开开庭审理，对案件事实进行全面实质审查，郸城某饭店有限公司并未举证证明马某飞与邓某之间存在恶意串通的行为，故其关于吉林高院（2021）吉民终627号案件是恶意串通虚假诉讼的上诉理由缺乏事实根据。

综上所述，最高人民法院裁定如下：驳回上诉，维持原裁定。

七、对本案的解析

在民事强制执行中，债务人的财产被多轮轮候查封的情形并不少见。《查扣冻规定》第二十六条第一款规定："对已被人民法院查封、扣押、冻结的财产，其他人民法院可以进行轮候查封、扣押、冻结。查封、扣押、冻结解除的，登记在先的轮候查封、扣押、冻结即自动生效。"第二十七条第二款规定："查封、扣押、冻结的财产已经被执行拍卖、变卖或者抵债的，查封、扣押、冻结的效力消灭。"可见，前序查封、扣押、冻结措施的解除，以及对查封、扣押、冻结财产的处理，将直接影响后续查封、扣押、冻结措施的效力。特别是对于不动产而言，由于债务人欠债较多，可供执行的财产可能仅限于被多轮查封的不动产，前序查封的处理，将在事实上影响后续查封债权人债权的实现。由此，便引发了实践中常见的轮候查封债权人对前序查封所涉执行异议之诉判决能否提起第三人撤销之诉的问题，以及涉及执行异议之诉判决正确与否的审理范围、虚假诉讼等问题。

（一）执行异议之诉的审理及其对执行措施的影响

民事诉讼法于2007年修正时设立执行异议之诉制度，其目的在于为实体权益受损的案外人提供诉讼救济，是案外人法律救济制度的重要组成部分。即当据以执行的生效判决、裁定、调解书本身并无错误而案外人无法申请再审或以第三人身份提起撤销之诉时，案外人有权以对执行标的享有排除强制执行的民事权益为由依法提起执行异议之诉。

执行异议之诉的审理主要围绕案外人对执行标的是否享有排除强制执行的民事权益展开，具体而言，主要有两个层面的内容，一是案外人对执行标的是否享有民事权益以及享有何种民事权益，二是该民事权益是否足以排除强制执行。根据《民事诉讼法解释》第三百一十条第二款"案外人同时提出确认其权利的诉讼请求的，人民法院可以在判决中一并作出裁判"之规定，案外人对执行标的享有的民事权益属于执行异议之诉的审理范围。因此，案外人对执行标的的共有情况亦属于执行异议之诉的审理范围。至于对当事人诉辩理由的回应，均服务于执行异议之诉的审理，并未超出审理范围。

《民事诉讼法解释》第三百一十条第一款规定："对案外人提起的执行异议之诉，人民法院经审理，按照下列情形分别处理：(一）案外人就执行标的享有足以排除强制执行的民事权益的，判决不得执行该执行标的；(二）案外人就执行标的不享有足以排除强制执行的民事权益的，判决驳回诉讼请求。"第三百一十一条规定："对申请执行人提起的执行异议之诉，人民法院经审理，按照下列情形分别处理：(一）案外人就执行标的不享有足以排除强制执行的民事权益的，判决准许执行该执行标的；(二）案外人就执行标的享有足以排除强制执行的民事权益的，判决驳回诉讼请求。"据此，执行异议之诉的判决结果，实际上分为不得执行执行标的或准许执行执行标的两种，本质系以执行衍生诉讼之实质审理方式对执行之形式原则的监督制约，进而推动执行正义与执行效率的统一。

(二）轮候查封债权人与前序查封处理的利害关系

在普通金钱债权执行中，执行标的属于债务人的一般责任财产，并非生效法律文书所直接确定的标的，债权人对执行标的亦不享有担保物权等优先受偿的权利。在此情形下，不同债权人之间适用债的相对性原则，而普通债权人之间并无实体法上的利害关系。根据《最高人民法院关于人民法院办理执行异议和复议案件若干问题的规定》第二十六条第二款“金钱债权执行中，案外人依据执行标的被查封、扣押、冻结后作出的另案生效法律文书提出排除执行异议的，人民法院不予支持”之规定，案外人就前序查封提起的执行异议之诉判决并不能必然作为排除轮候查封执行异议的依据，案外人取得前序查封所涉执行异议之诉有利判决，并不能当然对抗轮候查封债权人之执行。

《民事诉讼法解释》第五百零六条第一款规定：“被执行人为公民或者其他组织，在执行程序开始后，被执行人的其他已经取得执行依据的债权人发现被执行人的财产不能清偿所有债权的，可以向人民法院申请参与分配。”第五百零八条规定：“参与分配执行中，执行所得价款扣除执行费用，并清偿应当优先受偿的债权后，对于普通债权，原则上按照其占全部申请参与分配债权数额的比例受偿。清偿后的剩余债务，被执行人应当继续清偿。债权人发现被执行人有其他财产的，可以随时请求人民法院执行。”据此，轮候查封债权人可以参与执行分配。但轮候查封债权人对执行标的参与执行分配而与前序查封债权人产生的受偿利益关系本质上属于执行程序中的执行竞合关系，并不能改变不同债权人分处不同法律关系、分属不同执行案件的事实。在无证据证明前序查封所涉执行异议之诉系虚假诉讼或判决结果错误等情形下，并不足以认定该执行异议之诉与轮候查封债权人存在法律上的利害关系。

从理论上讲，如轮候查封债权人对执行标的享有担保物权等优先性权利，或执行标的属于其执行依据直接确定的标的，则轮候查封债权人属于应当参加执行异议之诉的当事人或有独立请求权的第三人，依法有权参加前序查封所涉执行异议之诉（目前尚没有明确的制度安排，实践中案外人只能依次分别提起执行异议之诉），因客观原因未能参加诉讼的，可以依法申请再审或者提起第三人撤销之诉。在此情形下，《民事诉讼法解释》第三百零四条、第三百零五条关于执行异议之诉参加人诉讼地位的规定，并不能作为否定轮候查封债权人提起第三人撤销之诉资格的依据。主要理由是，《民事诉讼法解释》关于诉讼参加人诉讼地位的规定并不能排除民事诉讼法第五十九条第三款规定的普遍适用。

（三）第三人撤销之诉的审查及虚假诉讼证明责任

民事诉讼法于2012年修正时设立第三人撤销之诉制度，其目的在于对民事权益受到侵害而未能参加诉讼的案外第三人提供救济措施。不同于执行异议之诉衍生于执行程序之中，第三人撤销之诉原则上可对损害第三人民事权益的各种类型的一般民事诉讼提起。但第三人撤销之诉本质上仍是一种非常救济制度，滥用第三人撤销之诉的诉权将严重影响正常民事诉讼秩序的稳定，故作为特殊救济程序，在实践中应严格限定第三人提起撤销之诉的条件，以更好平衡维护生效法律文书的稳定性与救济案外人民事权益的关系。

第三人撤销之诉严格审查的标准之一，即按照民事诉讼法关于第三人的定义严格认定提起第三人撤销之诉的原告主体资格。对当事人的诉讼标的没有独立请求权，或案件处理结果与其没有法律上利害关系的案外人，原则上不能提起第三人撤销之诉。由于执行异议之诉本身亦属于特殊救济措施，且需要平衡“诉讼”的实质审理与“执行”的债权实现等不同价值取向，更需兼顾公平与效率。由于对大额执行标的不动产的多轮轮候查封属于常见现象，如任由轮候查封债权人对前序查封所涉执行异议之诉判决提起第三人撤销之诉，将可能发生多次诉讼，造成程序空转，严重影响执行异议之诉判决的稳定性，并影响执行效率。况且，现行法律对轮候查封债权人作为第三人参加正在进行的前序查封所涉执行异议之诉中并无明确规定或制度安排，故对执行异议之诉判决提起第三人撤销之诉应严格审查。

第三人撤销之诉严格审查的标准之二，即在例外情形下以结果为导向来认定是否符合起诉条件。虚假诉讼扰乱正常的诉讼秩序，冲击司法权威和司法公信力。在存在虚假诉讼等导致裁判结果错误侵害债权人民事权益的例外情形，可以认定债权人属于民事诉讼法规定的第三人，有权提起第三人撤销之诉。《全国法院民商事审判工作会议纪要》（法〔2019〕254号）第一百二十条规定：“……债权人在下列情况下可以提起第三人撤销之诉：（1）该债权是法律明确给予特殊保护的债权，如《合同法》第286条规定的建设工程价款优先受偿权，《海商法》第22条规定的船舶优先权；（2）因债务人与他人的权利义务被生效裁判文书确定，导致债权人本来可以对《合同法》第74条和《企业破产法》第31条规定的债务人的行为享有撤销权而不能行使的；（3）债权人有证据证明，裁判文书主文确定的债权内容部分或者全部虚假的。债权人提起第三人撤销之诉还要符合法律和司法解释规定的其他条件。对于除此之外的其他债权，债权人原则上不得提起第三人撤销之诉。”即债权人特殊债权因判决受到侵害、债权人或管理人的撤销权因判决而无法行使、判决存在虚假诉讼等特定情形，债权人可以提起第三人撤销之诉，这符合第三人撤销之诉应对和遏制虚假诉讼的制度功能，兜底保护债权人民事权益。

需要强调的是，根据《最高人民法院关于深入开展虚假诉讼整治工作的意见》《最高人民法院关于在民事诉讼中防范与惩治虚假诉讼工作指引（一）》等相关规定，认定虚假诉讼需要符合“单独或者与他人恶意串通，采取伪造证据、虚假陈述等手段，捏造民事案件基本事实，虚构民事纠纷”等实质要件。对普通债权人以涉嫌虚假诉讼为由提起第三人撤销之诉应进行实质审查。在立案时以初步适度审查为原则，不要求以查证属实足以证明前诉系虚假诉讼为标准。即综合当事人的主观恶意、案件处理结果的正确与否、对受侵害人合法权益的侵害程度、各当事人之间的关系、各证据之间的关系等因素决定，只要普通债权人提供的证据使法官形成裁判结果极不自然、虚假诉讼的存在具有较大可能性的内心确信，即可认定其已完成立案受理阶段的举证责任。但在审理阶段，仍应按照虚假诉讼能否成立的标准进行审查，对此证明标准要求较高，通常情况下证明难度较大。故在程序上，原则上应当公开开庭进行实质审查，组织当事人举证质证，开展法庭调查和法庭辩论。如经实质审查难以证明存在虚假诉讼，仍应以裁定驳回起诉的形式进行处理。此外，根据《查扣冻规定》第二十四条第一款“被执行人就已经查封、扣押、冻结的财产所作的移转、设定权利负担或者其他有碍执行的行为，不得对抗申请执行人”之规定，债务人在执行期间通过离婚协议分割财产，人民法院可否定其对抗申请执行人的效力，但尚不足以认定案外人执行异议之诉为虚假诉讼。

【地方法院案件解析】

协议离婚后提起离婚损害赔偿请求的时间效力及认定标准

——胡某诉刘某离婚后财产纠纷案

王 丹* 杨 夏** 李 文***

法理提示：协议离婚时间在民法典实施前，无过错方一年后提起离婚损害赔偿诉讼的，从维护民事主体权益及弘扬社会主义核心价值观、实现"三个更有利于"的角度出发，应当适用民法典及其司法解释的相关规定，保障无过错方的合法权益。

判断构成民法典规定的离婚损害赔偿"有其他重大过错"情形的标准：一是配偶一方实施的行为违反了基本的婚姻家庭义务及家庭伦理，包括夫妻间的忠实义务、扶养义务，夫妻对未成年子女的抚养、教育、保护义务等；二是该行为达到了严重伤害夫妻感情、威胁共同生活的程度，超出了无过错一方配偶的容忍限度，并由此导致婚姻破裂。

一、一审法院查明的案件事实

胡某、刘某于2011年6月9日登记结婚，婚后生育一女刘某泽。之

* 最高人民法院民事审判第一庭二级高级法官。
** 北京市第三中级人民法院民事审判第二庭副庭长。
*** 北京市第三中级人民法院民事审判第二庭法官助理。

后双方于2020年2月18日在民政局协议离婚。离婚协议约定：离婚后刘某泽由女方胡某抚养。关于财产分割：位于朝阳区某小区8号楼1单元1号房产产权50%归男方，个人衣物归女方，位于朝阳区某小区8号楼1单元1号房产产权50%归女儿刘某泽；宝马X1汽车一辆，男女双方各一半。关于债权债务，婚后无债权债务。2020年2月21日，刘某与他人再婚，于2020年8月13日生育一子刘某翊。

二、当事人一审起诉与答辩情况

胡某诉称：双方因刘某出轨离婚，离婚后刘某再婚并与再婚配偶生育一子。2022年，胡某偶然得知刘某再婚所生之子的受孕时间系在胡某、刘某婚姻关系存续期间，刘某的上述行为给胡某造成了极大的心理创伤。请求法院判令：刘某向胡某支付离婚损害赔偿20万元。

刘某辩称：本案应适用婚姻法及其司法解释的规定，胡某提起离婚损害赔偿的诉讼已超过了协议离婚后一年的期限，法院不应支持。

三、一审法院认定与裁判

一审法院认为，双方于2020年2月登记离婚，现胡某主张刘某存在过错行为，相关法律事实发生在民法典施行之前，应当适用当时的法律、司法解释。根据《最高人民法院关于适用〈中华人民共和国婚姻法〉若干问题的解释（二）》［以下简称《婚姻法解释（二）》］第二十七条的规定，当事人在婚姻登记机关办理离婚登记手续后，以婚姻法第四十六条规定为由向人民法院提出损害赔偿请求的，人民法院应当受理。但当事人在协议离婚时已经明确表示放弃该项请求，或者在办理离婚登记手续一年后提出的，不予支持。本案中，双方于2020年2月登记离婚，胡某于2022年向法院提出损害赔偿请求时已在办理离婚登记手续一年后，因此，法院不予支持。驳回胡某的诉讼请求。

四、二审法院认定与裁判

二审法院认为：综合双方诉辩主张和查明事实，本案二审争议焦点为刘某应否向胡某支付离婚损害赔偿。经查，胡某、刘某于 2020 年 2 月 18 日在民政局协议离婚，离婚三日后，刘某即与他人再婚，并于 2020 年 8 月 13 日生育一子。根据刘某与他人再婚生子的客观事实及其庭审中的自认，刘某存在违反婚姻义务的过错行为，属于民法典第一千零九十一条规定的“有其他重大过错”的情形，胡某作为非过错方，有权通过离婚损害赔偿制度得到相应的补偿和救济。虽然胡某在办理离婚登记手续一年后提出损害赔偿请求，且离婚事实发生在民法典实施前，但适用民法典的规定明显更有利于保护民事主体的合法权益，更有利于弘扬社会主义核心价值观，对该诉讼请求应适用民法典及相关司法解释的规定进行处理。一审法院对此认定错误，予以纠正，具体数额结合双方在离婚协议中所作财产的分割处理情况，根据案件实际酌予确定。故判决：撤销一审判决；刘某于判决生效后七日内向胡某支付离婚损害赔偿 5 万元；驳回胡某的其他诉讼请求。

五、对本案的解析

自 2001 年婚姻法修正以来，离婚损害赔偿制度始终是理论界和实务界争议较大的热点问题。民法典第一千零九十一条在婚姻法第四十六条的基础上对离婚损害赔偿制度予以进一步完善，解决了该制度在婚姻法时代适用情形过窄的问题。但在司法实践中仍存在一些争议问题需要进一步澄清，通过司法解释、案例制度等不断修正，以更好地追究破坏婚姻关系过错方的责任，为民法典第一千零九十一条的适用积累审判经验。本案即一起登记离婚后无过错方提出离婚损害赔偿之诉的二审改判案件，争议焦点在于双方在民法典实施前登记离婚，一年后女方知晓男方存在婚内出轨与他人生子的行为，能否适用民法典的规定主张离婚损害赔偿。本案涉及离婚损害赔偿制度中重大过错的认定标准、提出离婚损害赔偿的时间要求等法律适用问题。笔者认为，解决上述争议焦点的关键在于厘清以下三个问题。

（一）我国离婚损害赔偿制度的立法沿革

自新中国成立以来，我国先后于1950年、1980年制定、修改了婚姻法，但均未涉及离婚损害赔偿制度。1993年，《最高人民法院关于人民法院审理离婚案件处理财产分割问题的若干具体意见》规定了“照顾无过错方”原则，为离婚损害赔偿制度奠定了基础。但其主要是从尊重人权抑或是从人道主义的角度而延伸出来的，并非站在法律上应负责任的立场来保护受害方的利益。[①] 2001年修正的婚姻法对离婚损害赔偿进行了明确的规定，第一次以法律形式确立了离婚损害赔偿制度，充分体现了当代婚姻家庭立法的公平原则和保护弱势群体利益的原则，是我国司法实践不断发展并逐步与世界各国立法接轨的结果。自2004年4月1日起施行的《婚姻法解释（二）》第二十七条对该制度的具体运用进一步作出规定，明晰了离婚损害赔偿关系的义务主体、适用条件、适用范围、离婚损害赔偿请求权的行使时间、赔偿数额等。但从该制度实施二十年余来的实践情况来看，其一直在司法适用中支持率不高、作用有限。为了扩大离婚损害赔偿的适用效果，发挥该制度制裁导致婚姻解除过错方的功能，民法典对离婚损害赔偿制度进行完善和修改，增加了“有其他重大过错”的兜底条款。从我国离婚损害赔偿制度的立法发展脉络来看，其旨在通过不断完善健全该制度，及时回应新时代发展背景下婚姻家庭司法的需求，对无过错方的合法权益加强保护力度，捍卫受害者的婚姻尊严。

（二）本案应当适用民法典还是婚姻法的相关法律规定

本案中，经查，胡某、刘某二人于2020年2月18日在民政局登记离婚，离婚三日后，刘某即与他人再婚，并于2020年8月13日生育一子，刘某认可婚内出轨并于再婚后半年内与他人生育子女的事实。但对于刘

① 车兴亮：《离婚损害赔偿制度问题研究》，载《河北农机》2019年第3期。

某应否就此承担损害赔偿责任的问题，双方争议较大，胡某认为刘某婚内出轨并与他人生子的行为具有延续性，从维护民事主体权益及弘扬社会主义核心价值观角度出发，应当适用民法典的规定，支持其关于离婚损害赔偿的诉求；刘某认为双方在民法典实施前离婚，应当适用婚姻法及其司法解释的相关规定，胡某提出离婚损害赔偿请求已经超过登记离婚后一年的期限，不应予以支持。对于该问题，本文作以下分析。

1. 关于登记离婚后提出离婚损害赔偿的时间要求

婚姻法中对办理离婚登记手续后，提出损害赔偿请求的时间限制未作出相关规定，但在《婚姻法解释（二）》第二十七条规定了时间限制，即应在婚姻登记机关办理离婚登记手续后一年内提出，过期则不予支持。该“一年”的规定有利于督促权利人及时行使权利，保持社会关系的稳定。但存在以下两方面问题：一是我国婚姻法一直将照顾无过错方利益作为离婚夫妻财产分割的原则，离婚损害赔偿作为三大离婚救济制度之一，应当充分体现出这一理念。鉴于司法实践中常常存在无过错方在离婚一年后才得知对方存在符合婚姻法第四十六条规定的过错情形的情况，如果将起诉请求离婚损害赔偿的期限限制在一年，不利于无过错方权利的行使，也与离婚损害赔偿诉讼程序中保护无过错方合法权益的宗旨相背离。二是从离婚损害赔偿请求权的性质和构成要件来看，离婚损害赔偿更加侧重婚姻家庭的身份性和伦理性，有别于一般侵权的损害赔偿。离婚损害赔偿请求权的请求权基础是一种独立于违约责任与侵权责任的特殊请求权基础，属于一种特别的侵权责任。[①] 由于《婚姻法解释（二）》规定的一年期间，排除了登记离婚的当事人在一年后行使离婚损害赔偿请求权的权利，作为一项对当事人权利会造成很大影响的规定，在我国民事法律体系中缺乏明确的依据。综合上述各种考量，《最高人民法院关于适用〈中华人民共和国民法典〉婚姻家庭编的解释（一）》［以下简称《婚姻家庭编解释（一）》］第八十九条的规定，

① 参见李永军：《论〈民法典〉婚姻家庭编中损害赔偿的请求权基础》，载《法学家》2022 年第 6 期。

双方协议离婚的，办理离婚登记手续后，除已明示放弃权利的外，无过错方提起离婚损害赔偿请求的，人民法院仍应受理。该条删除了《婚姻法解释（二）》关于“或者在办理离婚登记手续一年后提出”的协议离婚损害赔偿请求权行使情形。由于婚姻家庭编在民法典中位于第五部分，根据体系解释的方法，离婚损害赔偿请求权的行使应同样适用民法典诉讼时效的原则规定。无过错方向法院提起诉讼，请求离婚损害赔偿的诉讼时效应为三年，从当事人知道或应当知道原配偶有重大过错行为之日起计算更为合理。本案中，双方于2020年2月18日协议离婚，胡某提出离婚损害赔偿请求的时间是在二人协议离婚一年后，如果根据《婚姻法解释（二）》第二十七条的规定，胡某提起损害赔偿的诉讼已超过了一年期限，不应予以支持，一审法院即是根据该审理思路判决驳回了胡某该项诉讼请求。因此，本案的审理关键在于无过错方提出离婚损害赔偿请求的时间能否适用民法典及其司法解释的相关规定，不受办理离婚登记手续后一年的限制。

2. 本案应当适用民法典及《婚姻家庭编解释（一）》的相关规定进行处理

第一，在认定离婚损害赔偿时，应该优先适用法律位阶较高的法律。司法解释的效力低于法律，是规范性法律文件、补充性裁判依据。对于办理离婚登记手续一年后提出的协议离婚损害赔偿请求权行使情形，婚姻法、民法典并未明确予以规定，而在与《婚姻法解释（二）》位阶一致的《婚姻家庭编解释（一）》中，该“一年”的规定已经明确予以删除。

第二，《最高人民法院关于适用〈中华人民共和国民法典〉时间效力的若干规定》第二条规定：“民法典施行前的法律事实引起的民事纠纷案件，当时的法律、司法解释有规定，适用当时的法律、司法解释的规定，但是适用民法典的规定更有利于保护民事主体合法权益，更有利于维护社会和经济秩序，更有利于弘扬社会主义核心价值观的除外。”该条主要是关于旧法有规定而新法改变了旧法规定时如何适用法律的规定，包括法不溯及既往原则和有利溯及适用规则。其中，在有利溯及标准的把握上，将更有利于保护民事主体合法权益、更有利于维护社会和经济秩序、更有利于弘扬社会主义核心价值观的“三个更有利于”作为判断有利溯及的标准，并以符合诚实信用、公序良俗和日常生活经验法则的要求为判断合理预期的基准，从而确保法律秩序的稳定。《婚姻家庭编解释（一）》中关于协议离婚后提出离婚损害赔偿请求的条款满足了《最高人民法院关于适用〈中华人民共和国民法典〉时间效力的若干规定》第二条有利溯及中“三个更有利于”的标准。意思自治作为民法典的基本原则之一，在涉及私人事务的婚姻家庭领域尤为重要。而最能体现意思自治的，莫过于民事主体按自己的意思处分权利。离婚损害赔偿请求权作为民法典第一千零九十一条明确赋予夫妻中无过错方的权利，如法院仅以超过登记离婚“一年”为由即驳回无过错方的诉讼请求，显然会造成对无过错方权利的不当剥夺，也不符合民法典婚姻家庭编保护无过错方利益原则所追求的目的。基于上述分析，本案中离婚损害赔偿请求权适用《婚姻家庭编解释（一）》更符合公序良俗的相关内容，有利于弘扬社会主义核心价值观。胡某在2022年初知晓刘某再婚生子的具体情形，并在当年即提起离婚损害赔偿之诉，符合法律规定，一审法院仅以该请求超过协议离婚一年为由驳回其诉讼请求，处理不当，二审法院予以纠正，是正确的。

（三）民法典第一千零九十一条中关于“有其他重大过错”的认定标准

关于离婚损害赔偿的认定标准问题，2001年修正的婚姻法第四十六条规定：“有下列情形之一，导致离婚的，无过错方有权请求损害赔偿：（一）重婚的；（二）有配偶者与他人同居的；（三）实施家庭暴力的；（四）虐待、遗弃家庭成员的。”该规定是我国以立法形式首次确立离婚损害赔偿制度，旨在填补受害配偶的损害，通过给予具有经济赔偿和精神慰藉双重作用的抚慰金以抚慰受害方的精神。但由于婚姻家庭的复杂性和特殊性，这种对离婚损害赔偿的法定事由予以限制性列举的方式存在较大局限，审判实践中，法官在面对复杂多变的社会生活中可能出现的以上四种情形之外较为严重的行为时，不能根据案情灵活适用法律条文进行扩大化解释。因此，民法典第一千零九十一条考虑到这一实践困境，在婚姻法第四十六条的基础上对离婚损害赔偿制度予以进一步完善，采取列举式与概括性规定相结合的立法方式，即在原有四项法定过错之外又增设了“有其他重大过错”这一兜底性规定，扩大了离婚损害赔偿的适用效果，为司法审判留下支持的空间和余地。

如何判断是否符合“有其他重大过错”的情形，结合民法典第一千零九十一条前四项规定的内容，“有其他重大过错”应当是与重婚、与他人同居、家暴、虐待和遗弃家庭成员相当的违反忠实、法定、道德义务以及严重损害配偶权益的行为。具体认定标准可从以下两方面进行考量：一是配偶一方实施的行为违反了基本的婚姻家庭义务及家庭伦理，包括夫妻间的忠实义务、扶养义务，夫妻对未成年子女的抚养、教育、保护义务等，例如婚内出轨、婚生子女非亲生等系违背夫妻忠实义务的行为；二是该行为达到了严重伤害夫妻感情、威胁共同生活的程度，超出了无过错一方配偶的容忍限度，并由此导致婚姻破裂。[①] 本案中，刘某在婚姻存续期间出轨他人并孕育子女，在行为上越过了道德的底线和法律的红线，违背了夫妻忠实义务，其过错程度已经超出了无过错配偶的容忍限度，给胡某及其他家庭成员带来了严重的精神伤害，同时加速了婚姻走向终结，属于上述法律规定的“有其他重大过错”情形，胡某作为非过错方，有权通过离婚损害赔偿制度得到相应的补偿和救济。虽然胡某在办理离婚登记手续一年后提出，且离婚事实发生在民法典实施前，但适用民法典的规定明显更有利于保护民事主体的合法权益，更有利于弘扬社会主义核心价值观，对该诉讼请求应适用民法典及相关司法解释的规定进行处理。一审法院对此认定错误，二审法院结合双方在离婚协议中的所作财产的分割处理情况，根据案件实际酌予确定具体赔偿数额，是合理的。

---

① 参见田韶华、史艳春：《民法典离婚损害赔偿制度法律适用的疑难问题》，载《河北法学》2021 年第 1 期。

【热点问题调研】

关于民间借贷纠纷多发高发的原因分析及对策建议的调研报告

——以河南省三个基层法院 1408 件民间借贷案件为样本

河南省高级人民法院民事审判第五庭调研组*

近年来，随着民间借贷市场活跃度不断提高，河南法院受理民间借贷纠纷案件数量呈持续增长的高位运行态势。为了解民间借贷的现状和特点，分析民间借贷纠纷案件诱发因素和防控机制，河南省高级人民法院民事审判第五庭调研组选取三个有代表性的基层法院案件作为样本，对民间借贷纠纷情况进行了要素式调研。

一、当前民间借贷纠纷的现状和特点

本文以郑州市金水区法院、濮阳市华龙区法院、南阳市邓州法院三个基层法院自 2024 年 3 月 1 日至 2024 年 5 月 31 日审理的 1408 件民间借贷纠纷案件为研究样本，其中，郑州市金水区法院样本案件 789 件，濮阳市华龙区法院样本案件 225 件，南阳市邓州法院样本案件 394 件。经统计分析，样本案件呈现如下特点。

---

* 调研组成员：河南省高级人民法院民事审判第五庭庭长高海娟，副庭长芦磊，法官助理刘广富、董国强、贾文方。

（一）借款双方关系

调研显示，在1408个样本案件中，借贷双方关系为朋友的案件数为879件，约占案件总数的62.43%；双方为业务往来关系的有284件，占比约20.17%；双方为亲属关系的有79件，占比约5.61%（见图1）。从样本案件看，民间借贷大多发生在朋友、亲属、生意伙伴等熟人之间，传统以血缘、亲缘、业缘为纽带的借贷方式依然没有改变。同时，调研组开展的网络问卷调查结果显示，135个受访样本中，当问到有资金需求时最倾向于向谁求助的问题时，71.85%的受访者倾向于向亲朋好友等熟人借款，该问卷调查结果与本文1408件民间借贷纠纷案件的统计结果相契合。

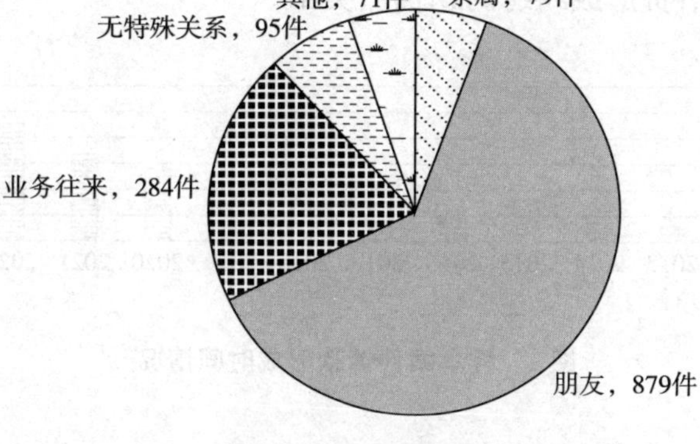

图1　样本案件中借款双方关系

由此可见，民间借贷更易发生在具有一定交往基础的双方之间，普通群众融资第一选择仍是“身边人”，而且借贷发生的数量和双方关系亲疏程度呈正相关性。究其原因，是因为民间借贷融资便捷，出借方出于对风险的考量，需要在资金出借前对借款方的信誉程度、还款能力等方面有所了解，而借款人也更倾向于向熟悉的人提出借款请求。相应地，双方关系越亲近、越了解越熟悉，信任度也更高，发生借贷的概率也更高。

（二）借款时间

从借款形成时间来看，1408 个样本案件中，借款最早形成于 1993 年，最晚形成于 2024 年，因涉及 2012 年之前借款的案件数较少，故予以集中统计。自 2013 年至 2023 年，除 2016 年出现下降外，借款形成数量随时间整体呈递增态势。其中，自 2019 年至 2023 年的五年间共涉及案件 934 件，占案件总数的 66.34%（见图 2）。这说明近年来随着经济的发展，民间融资需求愈发旺盛，民间借贷市场仍然繁荣，纠纷数量也不断递增。同时，随着时间的推移，法院对早些年间形成的民间借贷纠纷案件已经逐步消化，民间借贷案件的存量在不断下降，但是新发生的民间借贷案件数量依旧在不断攀升，也说明风险防范意识没有有效传导到社会层面，民间借贷形成纠纷问题仍然突出。

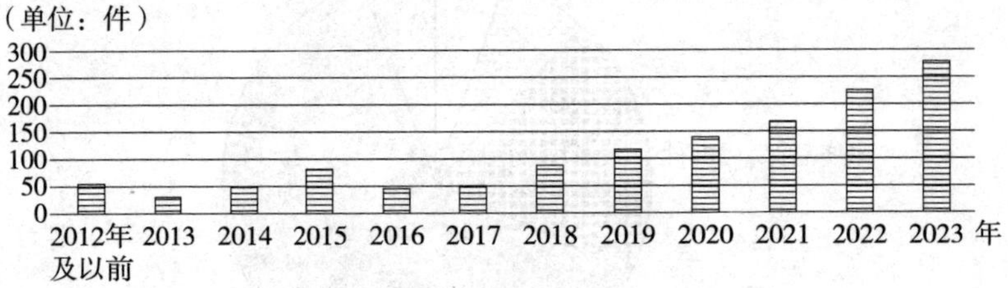

图 2　样本案件借款形成时间情况

（三）借款金额

关于借款金额问题，借款金额在 1 万元以下的案件有 175 件，借款金额在 1 万元至 10 万元的案件数最多，为 613 件，占比 43.54%，借款金额在 10 万元至 50 万元的，有 398 件，占比 28.27%，可见，借款金额在 1 万元至 50 万元的案件占案件总数的 70%以上，是样本案件所涉金额的主要组成部分。其余案件中，借款金额在 50 万元至 100 万元的案件有 124 件，借款金额在 100 万元至 1000 万元的有 92 件，借款金额在 1000 万元以上的案件数最少，一共有 6 件，且均在省会城市郑州市，占案件总数的0.43%（见图3）。上述特征说明，民间借贷借款金额多数在1万元至50万元之间，其中，10万元以内的借款案件最多，占案件总数的40%以上。同时，借款金额与各地经济发展水平亦具有一定的关联性，从三个样本法院的情况比较来看，经济水平越高的地方，借款金额相对越高。

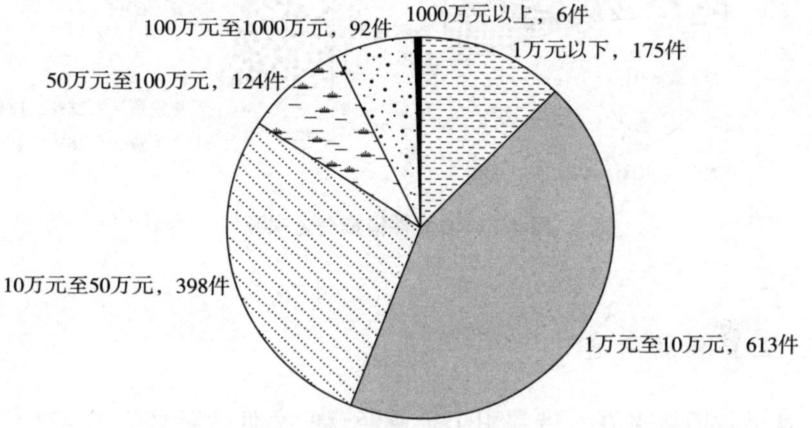

图3　样本案件借款金额

（四）资金来源

如图4所示，出借资金来源于个人劳动报酬的占比最多，案件数为630件，占比44.74%；其次为家庭收入，案件数为539件，占比38.28%；剩余按照借款资金来源由多到少分别为投资收益、转借银行资金、亲友集资及社会集资等。可以看出，样本案件中民间借贷出借资金主要来源于个人收入和家庭积蓄，反映出近年来城乡居民普遍资金富余，家庭积累有部分剩余资金，加大了民间借贷的市场供给。而居民投资渠道相对单一，多数居民不具备投资股票等金融投资经验，在市场供需两种力量的推动下，通过民间借贷谋取较高的利息收益。同时，民间资本的趋利性使部分居民在投资知识缺乏、信息不对称等一系列条件制约下，只能将资金投放到亲友、熟人等具有一定道德约束和信用了解基础的民间借贷方向。①

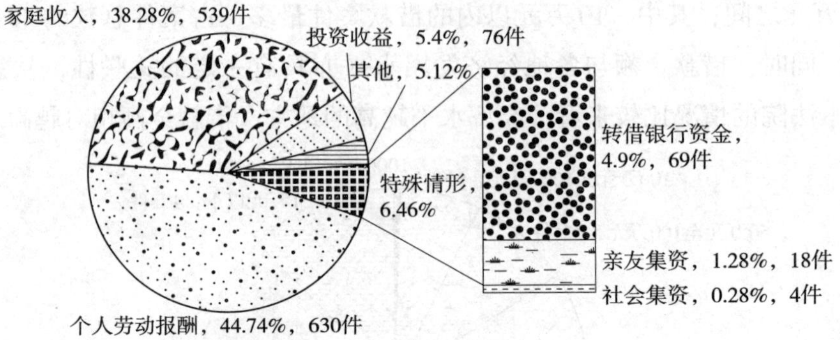

图 4　样本案件借贷资金来源

（五）借款用途

从借款用途来看，借款用于企业经营的案件数最多，为 474 件，占比 33.66%；其次为日常消费借款，有 379 件，占比 26.92%；剩余按照借款用途由多到少分别为偿还债务、购买车辆、购置房产、转借他人、投资房地产等（见图 5）。由此可见，民间借贷纠纷所涉借款资金多用于家庭日常消费和企业经营，且用于企业经营的比例已经超过了家庭日常消费。其原因有三点：其一，在政策层面上，中小微企业、城乡个体工商户由于自身财产有限，经营风险高，无法从国家正规金融机构获取充足的资金支持，而转向民间资本；其二，在经济层面上，受国际经济形势低迷，贸易保护主义抬头等诸多因素的叠加影响，我国经济下行压力加大，企业的用工成本增加，原材料价格上涨，市场萎缩，现金流紧张，导致经营性借款率提高；其三，民间借贷的手续简便、期限灵活、交易成本低，相较于金融贷款效率较高，适应了民间资金需求“短、频、快”的特点，可满足中小企业资金需求的当务之急。

除企业经营外，借款用于购买车辆、购置房产的案件合计为 126 件，

① 参见李世新、张耀谋、李力、郑才林：《我国当前民间借贷成因、问题与对策》，载《区域金融研究》2009 年第 5 期。

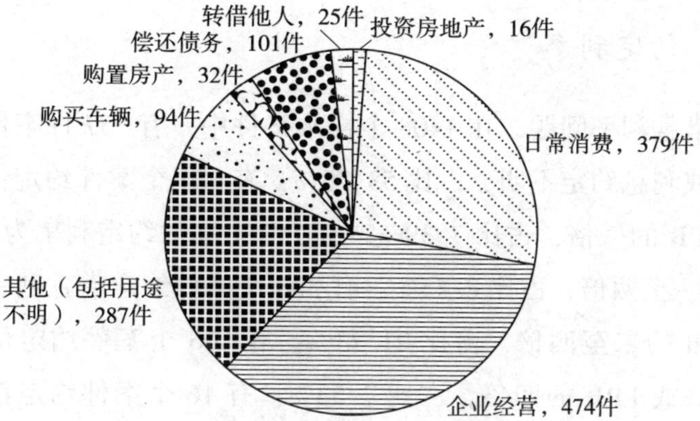

图 5　样本案件借款用途

两项合计占比 8.95%。另外，根据问卷调查的数据显示，在消费类借款中，借款用于婚丧嫁娶的比例为 7.41%，也反映了婚丧嫁娶，特别是在广大农村地区成为推动借款的一个主要动因。调研发现，近年来，相关部门加大对高额彩礼综合治理，取得了一些成效，但是农村地区高额彩礼依然存在，导致部分农村家庭被迫举债，事后因无力还款引发民间借贷诉讼。这一问题成为农村地区特有的借贷类案件多发的重要原因。

（六）借款的合同形式

关于借款合同形式问题，在 1408 个样本案件中，有书面借据的案件数为 1075 件，占比 76.35%；无书面借据的案件数为 333 件，占比 23.65%。上述数据体现了随着权利意识和普法工作的不断加强，当事人证据意识不断提高，能够注意留存书面借据，也便于事后发生纠纷时及时依据证据维护自身权利。从数据情况看，无书面借据的纠纷所涉借款金额一般也较小，原告多依据转账记录、聊天记录、通话录音等证据向法院主张权利，对方往往抗辩是归还之前的借款或系支付货款、委托理财款等其他性质款项，较易引发争议。

（七）约定利率

关于借款利率问题，在1408个样本案件中，有757件案件没有约定借款利息或利息约定不明，占比53.76%；有104个案件约定借款利率为6%或者LPR的一倍，占比7.39%；有119个案件约定利率为6%至12%或LPR的一至两倍，占比8.45%；有306个案件约定借款利率为12%至24%或LPR的二至四倍，占比21.73%；有106个案件约定借款利率为24%至36%或LPR的四倍，占比7.53%；有16个案件约定借款利率为36%或以上，占比1.14%（见图6）。可以看出，民间借贷案件中的出借方没有约定利息或约定不明的情况较多，同时，利率在12%或LPR的两倍以上的案件数也较多，共计428件，占约定有利息的案件总数的65.75%，故关于利率的约定呈现两极分化特征，低息借款相对较少。从案件看，无息借贷多存在于亲戚、朋友间的非长期的、数额不大的资金借用，在河南广大农村地区浓厚的人情社会中，亲人、熟人间的借贷因为情分、面子等，一般不会约定利息。而发生在非熟人间的借贷则一般会约定利息。

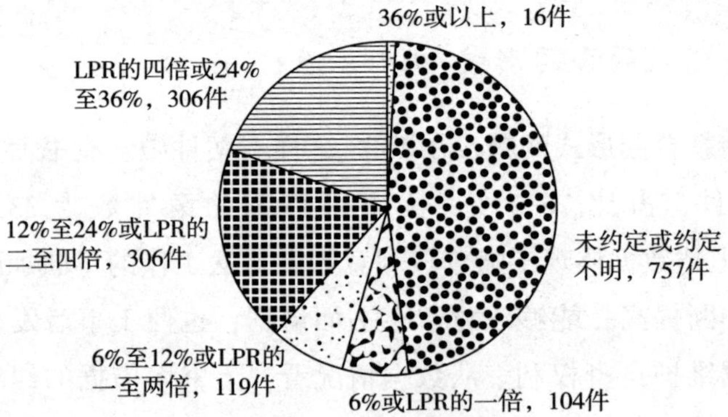

图6 样本案件约定利率情况

（八）款项交付

关于借款交付问题，1408 个样本案件中有 873 件案件全部系银行转账交付，占比 62%；有 279 件案件系全部现金交付，占比 19.82%；有 133 件案件系主要转账交付，少量现金交付，占比 9.45%；有 42 件案件系少数转账交付，主要现金交付，占比 2.98%；通过其他方式交付的案件数为 81 件，占比 5.75%（见图 7）。上述情况说明，多数民间借贷是选择通过转账方式交付借款的，全部现金交付和多数现金交付的案件数共计占比 22.8%，且现金交付的案件中所涉借款金额一般相对较低，上述数据亦是当事人证据意识提升的一个体现，选择事后便于查清事实的转账方式以防风险。

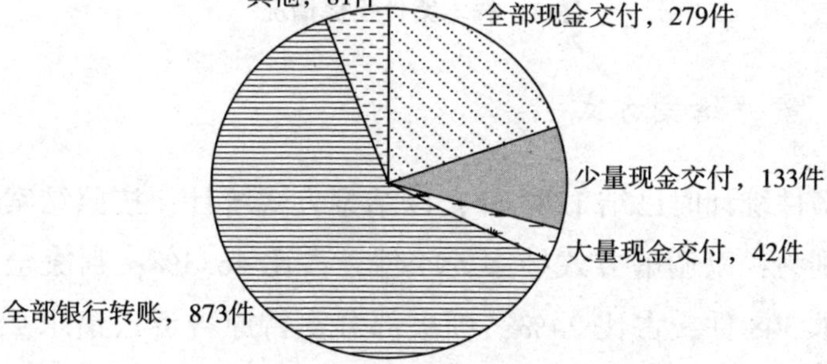

图 7　样本案件款项交付情况

（九）借款的担保

借款是否有担保是能否顺利实现债权的关键因素之一。样本案件中，提供担保的案件数为 159 件，仅占案件总数的 11.29%；未提供担保的案件数为 1249 件，占案件总数的 88.71%。提供担保的案件中，有 104 件案件以保证方式提供担保，占有担保案件总数的 65.41%，系担保的主要形式，有 36 件案件以抵押方式提供担保，占有担保案件总数的 22.64%，系担保的次要方式，其余有担保的案件分别是让与担保 3 件，质押 2 件，其他方式 14 件（见图 8）。上述数据说明，民间借贷中提供担保的总体比例较低，担保方式中以保证方式提供担保为主，且对担保条款的约定也较为简略，这一特征与民间借贷的简便性和灵活性相关。同时，亦说明民间金融资金需求对象主要以中小企业和个人为主，出借人防范风险的手段仍然不足，要求担保的意识较弱，导致执行中实现债权的难度增大，出借人可能赢了官司却拿不到钱。

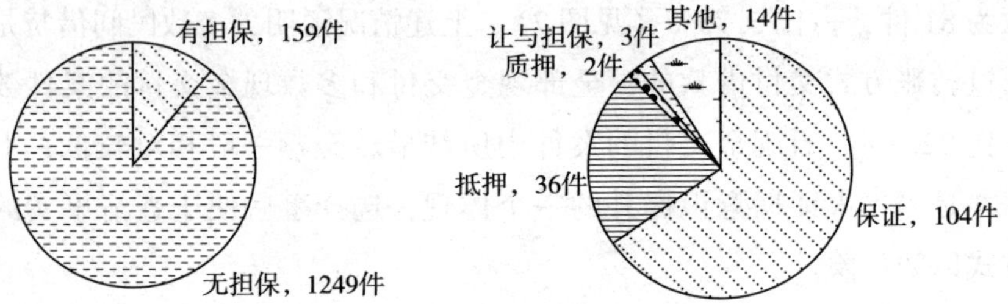

图 8　样本案件担保情况

（十）案件结案方式

样本案件统计时已结 1283 件，以结案方式统计，按照结案数从高到低排序分别为：以调解方式结案 594 件，占比 46.3%；判决全部支持原告诉讼请求 308 件，占比 24%；判决部分支持原告诉讼请求 253 件，占比 19.72%；裁定准予撤诉或按撤诉处理 95 件，占比 7.4%；判决驳回原告诉讼请求 20 件，占比 1.56%；裁定驳回起诉案件 7 件，占比 0.55%；其他结案方式 6 件，占比 0.47%（见图 9）。从上述数据可以看出，民间借贷纠纷案件调解率较高，系主要的结案方式，原因是民间借贷纠纷本就多发于亲友、熟人之间，具有一定的调解基础。但是也有不少法院反映，调解后的执行效果并不理想，调解书申请强制执行现象愈发突出。据平顶山中院调研的数据反映，平顶山市 2013 年至 2023 年，民间借贷纠纷执行案件共 41358 件，以调解书作为执行依据的 19860 件，占比 48.02%，仅比以判决书作为执行依据的案件低 3.96 个百分点。从中可以看出，民间借贷纠纷调解率较高的背后是调解书申请强制执行率的过高，已调解案件仍需诉诸执行，纠纷从诉讼阶段逃逸到了执行阶段，造成

“调解结案，纠纷难了”的窘境，削弱了群众对民事调解制度的积极感受，实质上造成了法院工作外部评价与内部质效的双重负担，对司法公信力、司法权威造成了严峻挑战。①

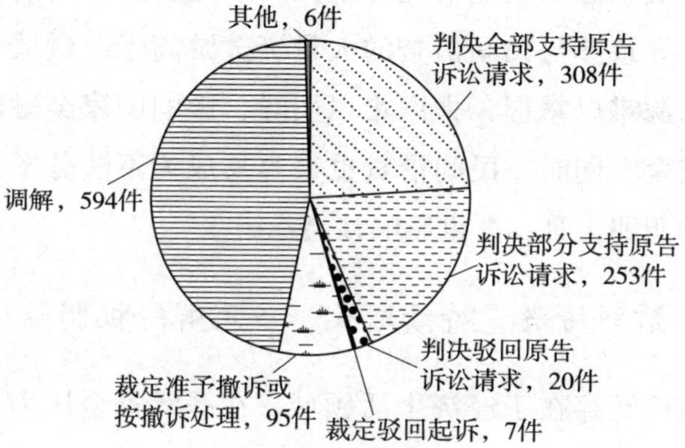

图 9　样本案件结案方式

二、民间借贷纠纷审判实务中存在的问题

（一）立法与监管尚不健全，影响司法引导效果

一是法律规定有待完善。立法层面对民间借贷的规制不够，缺乏市场准入、利率定价机制、监管方式等具体规定，导致民间借贷法律地位不清、法律适用随意性大、合法标准模糊等问题。从我国目前的立法现状来看，民法典第六百八十条第一款虽然规定“禁止高利放贷，借款的利率不得违反国家有关规定”，但并未明确民间借贷的利率标准和标准制定主体。最高人民法院出于解决民事纠纷的目的，出台司法解释对利率标准等问题进行了规定，并未解决立法层面规范缺失的根本问题。在民间借贷纠纷案件数量居高不下的背景下，审判实务裁判依据不足、导向作用薄弱，向前不能预防、向后不能惩戒的问题较为突出。

① 史昶伟、于帆：《民间借贷纠纷诉讼调解衍生执行的困境反思与治理路径》，河南省法学会经济法学研究会2024年年会暨“新质生产力、高质量发展与经济法”学术讨论会一等奖论文。

二是监管机制有待健全。相较于金融监管细致严格，且伴随经济发展实际不断调整完善的实际情况，我国民间借贷监管缺乏充足的法律供给，多为政策引导，缺乏对应监管部门，未能纳入正式监管体系，目前仍处于自由发展状态。在此情况之下，国家无法对民间借贷规模进行准确统计把握，导致参与民间借贷的大量资金游离于金融监管之外，底数难以摸清，来源难以掌握，去向难以引导，影响国家金融政策效果，潜在威胁金融安全。同时，民间借贷也很容易成为不法分子非法集资、诈骗、洗钱等的犯罪工具，严重影响社会稳定。

（二）矛盾纠纷数量持续增长，多元解纷机制亟待完善

民间借贷广泛存在于经济生活领域，在缓解资金压力、促进资金融通方面发挥着重要作用。但民间借贷中书面化、规范化程度不高，加之借款人证据意识淡薄，不签书面借据或未留存现金给付凭证的现象还普遍存在，导致民间借贷领域成为法律风险的高发、多发地带，大量纠纷进入诉讼程序，人民法院受理的民间借贷纠纷数量呈现逐年上升态势，民间借贷多元化解情况仍不理想。

一是纠纷响应主体有待明确。相较于劳动争议的劳动仲裁机构、产品质量纠纷的消费者协会及一些行业协会等纠纷调解组织，民间借贷暂没有对应的监管机构和专业调解组织，而基层群众自治组织、人民调解组织在化解借款纠纷上的职责定位亦不明确，故一旦形成纠纷，当事人双方难以及时寻求好的解决渠道和方式，纠纷的应急响应主体缺位，导致纠纷多以案件形式进入诉讼环节。

二是诉讼与非诉程序对接有待通畅。当前诉讼与非诉程序并未形成有效对接，难以形成合力共治的良性局面。在纠纷多元化解体系的实践探索中，诉前调解力量薄弱，调解成功率偏低，难以取得实质性成果。

（三）当事人虚假陈述常见，查明事实难度加大

当事人陈述对法院认定事实具有重要作用，当事人陈述若客观真实，

便能够提高法院调查取证的效率，更好地保证案件裁判的公平公正。但在审判实践中，因民间借贷具有灵活性、缺乏监管等特性，经常出现当事人缺乏诚信意识，选择性陈述对自己有利的事实的情形，难以反映借款全貌，案件事实真假难辨，难以查清。更有甚者，有的当事人伪造、变造债权凭证等主要证据，恶意串通虚构债权债务关系，损害他人合法权益，严重干扰办案效率和正确裁判。民间借贷已经成为虚假诉讼高发、频发领域，例如河南法院选送的杞县王某科诉冯某军民间借贷纠纷案，当事人虚构债务意图转移财产“逃废债”，2024 年被最高人民法院选为人民法院打击通过虚假诉讼逃废债典型民事案例。

（四）当事人风险意识弱，容易滋生犯罪

一是与金融借款相比，民间借贷缺乏严格的风控管理，出借人对借款人经济状况、诚信状况、还款能力等往往难以严格审查。从样本情况来看，出借人要求提供担保的意识较低，提供担保的民间借贷纠纷案件数仅占案件总量的 11.29%。这就导致纠纷发生后，出借人即使打赢了官司，也会在执行阶段出现“执行难”的问题。

二是民间借贷利益大，容易诱发出借人受利益驱使穷尽手段攫取利益，滋生犯罪。审判实践中，职业放贷、高利转贷、虚假诉讼、套路贷、非法集资等违法犯罪问题多发，刑民交叉等问题争议较大，长期困扰民事审判。

三、民间借贷纠纷现状背后的社会成因

近年来，民间借贷已经突破互帮互助的传统定位，借贷主体多元，借贷关系复杂，纠纷类型多样，呈现出经营性、投资性、金融性特征，引发一系列问题。从社会层面分析，主要有以下问题。

（一）民间借贷利率较高诱使民间资本“脱实向虚”

当前，民间借贷司法解释规定了利率司法保护上限，执行标准为不超过 LPR 的四倍，该利率是从 2015 年规定的“两线三区”（年利率 24%

至36%）调降而来。国家统计局 2024 年 11 月 27 日发布的数据显示，2024 年 1 月至 10 月我国规模以上工业企业累计营业收入利润率为 5.29%。中国人民银行授权全国银行间同业拆借中心公布的 2024 年 11 月 20 日的一年期 LPR 为 3.1%。两相对照，可见民间借贷的司法保护上限虽然经过了调降，但相较于营业收入利润率或者贷款利率，仍然较高。样本统计发现，约定有利息的民间借贷案件中，利率水平普遍在年利率 12%以上，月息 2 分、3 分的情况多见。并且，该统计仅为审判统计，更多的民间借贷并未进入诉讼。较高的利差诱使大量民间资本进入放贷领域，而未投入到实体经济，挤压企业利润空间，推高中小企业融资成本，影响实体经济发展。

（二）正规金融供给不足存在套利空间

调研发现，近年来，金融系统着力做好普惠金融，不断加强金融服务实体经济力度，但受限于正规金融对抵押担保的一般性要求和国有银行较高的放款条件，融资难问题仍然存在，正规金融供给仍存在不足。中小企业与人民群众巨大的融资需求由民间借贷市场承接，催生了民间借贷市场的过度繁荣。审判实践中甚至发现，受限于金融机构对资金流向监管手段的缺乏，有的出借人借助征信优势套取银行资金转贷，甚至出现部分银行工作人员参与民间高利放贷的情形。例如，光大银行许昌分行原行长杨某忠、浦发银行商丘分行原行长何某非法吸收公众存款牟利，同时，二人又利用行长身份以银行名义借款或提供担保，后续引发一系列民间借贷案件。

（三）投资渠道狭窄产生挤出效应

相比海外成熟市场，国内金融市场不够成熟，市场化程度不够高，产品创新相对滞后，投资理财渠道狭窄。当前，我国居民资产配置结构单一，房产配置比例超过 60%，金融资产配置中近一半为现金存款，股票占比少，债券、基金等占比更少。受经济下行压力影响，民众的两大主要投资渠道中，房地产市场持续下行，仍未达成止跌回稳目标，股票市场表现不尽如人意，市场情绪波动较大。银行存款利率持续下行，各大国有银行的存款利率已经降至2%以下。在有效可行投资渠道缺失的情况下，民众往往将资金用于借贷牟利，导致民间借贷无序发展、资金规模持续扩大。经统计，仅2023年1月至2024年10月，诉至河南全省法院的一审民间借贷案件标的额就达1543.87亿元。市场上实际参与民间借贷的资金规模巨大，突破亲缘、地域流动，与正规投资渠道狭窄不无关系。

（四）社会诚信体系建设仍需加强

当前的诚信体系建设与人民群众的期望仍有差距，社会诚信意识和信用水平整体还不够高，守信激励与失信惩戒机制尚不健全，市场主体违约失信现象时有发生。这样的大背景下，民间借贷关系形成后，部分借款人不及时还款，采取种种方式拖延还款，甚至有的借款人最初就没有还钱的打算，出借人缺乏合法有效手段催要还款，我国的诚信体系难以有效规制。诚信体系建设的缺失，导致大量的借贷纠纷难以通过诚信体系过滤，直接涌进法院。

四、民间借贷纠纷综合治理的对策与建议

（一）加强社会管理，推动健全高效诚信的融资理财新秩序

第一，扩大正规金融供给领域范围。建议金融企业落实金融服务实体经济的根本宗旨，加大对中小微企业和个人的支持力度，加大普惠金融服务，降低社会融资成本。制度化拓展金融机构的授信范围，[①] 引导各类政策性银行、国有大型商业银行、股份制商业银行、农村信用合作社、城市商业银行、消费金融公司等金融机构，专注服务区域和拓展服务对

① 通过网络搜索可知，目前已有不少的城市商业银行、农村商业银行等金融机构开展“全域授信、全民授信”工作，为域内群众及小微企业提供融资帮扶，但此类措施并未传导至全社会，也没有实质上改变人民群众的“遇事找亲戚朋友借钱”的观念。

象覆盖面，依法依规降低授信门槛，为不同层次融资需求的个人和小微企业提供对应的融资服务，扩大对“三农”、弱势群体、个体经济等资金支持，让企业和个人了解正规金融的优惠优势及申办途径，在全社会形成向金融机构“借钱”的氛围理念。

第二，向广大群众宣传借贷中的风险。民间借贷风险重重，要教育广大群众识别日常借贷、投资理财中存在的风险；要向全社会公开目前民间借贷纠纷多发高发现状，公开诉讼中的风险问题，提示人民群众预判风险，引导其慎重参与民间借贷；要教育群众识别高息风险，凡以超出同期同类银行存款利息标准宣传的投资理财产品，均有较大的投资风险；要提示群众损失可能无法追回的可能性，在出借前就要做好将来不能还款、产生纠纷、导致诉讼甚至败诉以及执行不能等风险；要警示群众不要参与非法集资、野生平台、虚拟货币等非法金融活动，清醒认识所有的“庞氏骗局”最终都会导致血本无归甚至身陷囹圄。

第三，引导人民群众提高证据意识。要制作书面借款借据，写清借款人的身份信息和住所电话、提供必要担保、载明还本付息周期时限及利息标准，做到“亲兄弟、明算账”；要做好合法权益的维护管理，保存好借条、转款记录等能够证明借款事实的凭证，防止关键证据灭失，保存好逾期后催要本息的聊天记录、催收信函，避免因逾诉讼时效而失权；要警示企业法人或其他组织加强对法定代表人等工作人员、公章（合同章或财务章）、授权委托书等重要人员及印信的管理，防止被不法分子“代理借款”“冒名贷款”。

第四，推动社会诚信体系建设完善。再完善的事后纠纷化解和规制惩罚制度，都不如事先的预警防范。要推动加快个人诚信记录建设，健全守信激励与失信惩戒机制，积极营造“守信光荣、失信可耻”的社会氛围。与此同时，应探索改革当前个人难以查询和上报他人征信信息的问题，[①] 将征信信息的查询、报告等应用场景拓展至个人和一般企业，让人民群众在开展经济活动前能够合法查询交易对方的征信状况，也能让其在遭遇不诚信交易相对人之时及时上传、报告负面信息，让诚信体系建设成果惠及普通群众。

（二）加强审判执行工作，通过司法规制将民间借贷诉讼控制在合理范围

第一，压降民间借贷利率保护上限。逐利是资本的本质属性，但应当将其控制和引导在合理的范围，否则，无序化的高利放贷注定将侵蚀公民财产安全，也不利于经济的发展。必须采取有效措施斩断放贷人通过民间借贷获得高额利益的链条，让放贷行为无利可图，才能实现“釜底抽薪”，让民间借贷重归互帮互助的本质。根据调研情况，建议以不高于 LPR 的两倍作为民间借贷利率的司法保护上限，在不至于过于压缩民间借贷的生存空间的同时，兼顾各方利益平衡，以达到降低实体企业融资成本的目的。

第二，依法严惩不诚信诉讼当事人。民事诉讼制度中失信成本过低、法律条款不够细化、惩罚标准不够严格，为民间借贷不诚信诉讼留下了空间。应当及时修改和完善民事诉讼制度中对虚假陈述、虚假诉讼的惩治规则，加重惩治后果，彰显司法严惩不诚信诉讼行为的决心，亦对潜在的“贪婪”出借人、“老赖”借款人形成强大震慑。

第三，形成惩治非法民间借贷合力。在监管缺失和高利率诱惑之下，民间借贷活动极易催生诈骗、虚假诉讼、非法集资、套路贷等违法犯罪，法院应穿透识别非法民间借贷行为，坚决否定非法借贷合同效力，构成犯罪的要依法移送有关机关处理。法院应当积极支持和配合行政机关落实《防范和处置非法集资条例》，在审理民间借贷纠纷中通过个案和关联

---

① 《征信业管理条例》（国务院令第 631 号）第十五条规定：“信息提供者向征信机构提供个人不良信息，应当事先告知信息主体本人。但是，依照法律、行政法规规定公开的不良信息除外。”第十八条规定：“向征信机构查询个人信息的，应当取得信息主体本人的书面同意并约定用途。但是，法律规定可以不经同意查询的除外。征信机构不得违反前款规定提供个人信息。”

案件发现非法集资线索，并妥善协调解决犯罪线索移送难、立案难的问题。由于民间借贷纠纷所涉刑事犯罪线索往往涉众、敏感、刑民交叉，应当在党委政法委统一领导下，严格落实最高人民法院、最高人民检察院和公安部相关规定[①]，推动畅通工作渠道，形成打击民间借贷领域违法犯罪的合力。

（三）完善监管机制，建立健全民间借贷监督管理体系

第一，探索将民间借贷纳入监管。日本《贷金业法》[②]、马来西亚《金钱借贷法》（1951年）、我国香港特别行政区《放债人条例》[③] 均规定从事金融放贷的机构必须申请办理牌照，持牌经营并接受监管，否则，一律不予保护。这一经验为我们提供了很好的参考，建议从立法层面对金融机构之外的经营性贷款业务进行规范。区别互助型借贷和营利型借贷，对于营利型借贷，借鉴域外经验建立合理便捷的准入制度，将银行之外的经营性放贷人纳入监管，明确经营模式和监管规则，为放贷人有序合法发展提供制度保障，并根据经济形势和民间资金市场现状适时调整民间借贷利率上限。

---

① 《最高人民法院关于在审理经济纠纷案件中涉及经济犯罪嫌疑若干问题的规定》（1998年4月9日）第十条、第十一条、第十二条，《最高人民检察院、公安部关于公安机关办理经济犯罪案件的若干规定》（公通字〔2017〕25号）第二十条、第二十三条、第二十四条。

② 日本采取放贷人注册登记制度，对除金融机构以外从事放贷业务的放贷人进行规范。从事放贷业务的自然人、法人均需要注册登记。其规定了准入条件，例如放贷人最低净资产条件；不允许登记从业的情形，比如有重要事项虚假记载、进入破产程序等；还规定了岗位任职考试制度等。日本还出台《地下金融对策法》，对未注册而私自开展贷款业务的非法机构进行整顿。日本采取分级管理体系，本地的放贷人应向都道府县（地方政府）或者财务局提出注册登记申请，跨区域经营的放贷人应向更高层级的政府和财政部门提交申请。

③ 我国香港特别行政区《放债人条例》规定，从事经营放债作为业务的放债人，包括自然人，需要申领牌照，未取得牌照就从事经营放债人业务即属犯罪，将受到刑罚处罚。且无牌照放债，将无权通过司法手段追讨债权。持牌也有豁免例外情形，即非从事经营性放债为业，例如，雇主向雇员提供福利性借贷、亲友之间一次性借贷则不需要持牌，但仍受利率方面的约束。条例明确放债人有义务向借款人和保证人提供包含借贷主体、金额、利率、借款期限、保证人及保证方式等借贷核心要素的借款协议。放债人要求借款人还款时有义务提供结算书，结算书中应清晰列明借款本金、利息、已偿还款项、未偿还款项的金额及到期日等信息。条例还限制过高利率，并且明确禁止复利。

第二，探索民间借贷纠纷预防模式和化解路径。明确民间借贷监管机构和监管措施，探索民间借贷备案制度，依托金融监管部门搭建全国统一的民间借贷信息备案平台，规范借贷必要信息和风险提示，强制营利型借贷备案，鼓励互助型借贷备案，实现民间借贷信息互联互通、信息共享，解决民间借贷市场信息不透明、行为不规范、监管不到位的问题，也为后续产生纠纷、引发诉讼、纳入征信等程序提供证据支持。授予地方金融监管部门承担对民间借贷活动进行许可、监管、处罚等行政职责，以使前文设计的放贷人制度落地起效。探索民间借贷纠纷解决规则，将营利型民间借贷纠纷分流至监管部门，通过调解或仲裁方式处理，处理后仍有争议的再进入诉讼解决。

第三，尝试推动民间借贷利息收益纳税机制。落实党的二十届三中全会提出的完善综合和分类相结合的个人所得税制度。民间借贷利息是重要的资本所得，出借人借助法院审判和强制执行力获得高额利息收入，占据大量的司法资源，却不承担纳税义务，难以发挥税收调节收入分配、调控社会经济的作用。但是，民间借贷的利息有其自身特殊性，如有的出借人难以收回全部本息、法律关于先息后本的规定、税务和司法衔接机制不畅等问题，虽有一些税务部门和当地法院作出尝试，[①] 但多数浅尝辄止，未有明显成效。可以借助当前民事执行体制改革之机，进一步修改完善相关制度，理顺税务机关和诉讼执行的衔接机制，依法确定利息税征收标准、征税范围、纳税时点等事项，既便于税务机关征管，也便于法院协助，实现民间借贷利息收益中的税种应征尽征，充分发挥税法的调节作用。

---

① 在司法实践中，部分地方法院参与征税实践，并取得一定的成效，也充分说明向利息收入者征税，符合广大群众认识、社会接受度较高。例如，浙江省高级人民法院、浙江省税务局2019年印发《关于对职业放贷人征收税费的会议纪要》（浙高法〔2019〕100号），提出对职业放贷人通过执行程序获得给付的利息收入进行征税；湖南省湘潭市中级人民法院和湘潭市税务局2023年签署《关于自然人民间借贷税费征收联合管控合作备忘录》，启动民间借贷案件个人所得税的征缴工作，对28名当事人依法征收税费及滞纳金55.62万元；河南省许昌市建安区人民法院与区检察院、区税务局2019年签署《关于联合征收借款合同纠纷案件利息收入个人所得税的备忘录》，对民间借贷等利息收入个人所得税进行联合管控。

关于涉不动产共有纠纷案件疑难问题的调研报告

北京市第一中级人民法院民事审判第一庭课题组*

共有作为一项基本的所有权存在形态，涉不动产共有纠纷是审判实践中一类较为常见的所有权纠纷类型，常与房屋拆迁安置、遗产继承分割等问题相交织。在共有的情形下，不仅涉及单个共有人对共有物的支配和使用，还涉及数个共有人之间的相互关系，权利主体的复数性使法律关系变得高度复杂。目前，处理共有纠纷的法律依据主要集中在民法典第二百九十七条至第三百一十条、第一千零六十二条至第一千零六十六条、《最高人民法院关于人民法院民事执行中查封、扣押、冻结财产的规定》第十二条，[①] 相关规定较为原则，实务中，对于此类案件中的典型问题存在不同的裁判思路。基于此，调研组以涉不动产共有纠纷案件中的典型疑难问题为研究对象，结合近年来北京法院审理涉不动产共有纠纷过程中积累的问题样本，提出此类案件审理思路和裁判规则，以期进一步统一裁判标准。

---

* 课题主持人：赵悦（北京市第一中级人民法院审委会专职委员），课题执笔人：黄晓丰（时任民事审判第一庭副庭长，现任清河法庭副庭长）、李正（民事审判第一庭一级法官助理）、郭民妍（民事审判第一庭二级法官助理）

① 参见杨万明主编：《最高人民法院新民事案件案由规定理解与适用》，人民法院出版社2021年版，第188~189页。

一、涉不动产共有纠纷案件的司法现状

（一）案件基本情况

本调研报告以北京市第一中级人民法院（以下简称北京一中院）及辖区法院近三年审理的1212件涉不动产共有纠纷案件为分析样本，从审判程序来看，一审案件1063件，二审案件149件。从案由来看，共有物分割纠纷815件、共有纠纷285件、共有权确认纠纷99件、债权人代位析产纠纷12件、共有人优先购买权纠纷1件。从案件审理结果来看，一审案件中，撤诉及按撤诉处理457件、判决305件、调解272件、裁定驳回起诉22件、其他（移送管辖及终结等）7件；二审案件中，维持原判104件，改判14件、发回重审14件、撤诉13件、调解4件。

（二）案件主要特点

1. 上下级案由之间区分度不强，案由适用混同

根据《民事案件案由规定》，共有纠纷为三级案由，共有物分割纠纷为四级案由。两类纠纷主要集中于共有不动产的分割、共有不动产被拆迁后所得拆迁利益的分割及占有使用费的主张等。样本案件中，共有物分割纠纷案件数量最多，约占67%，共有纠纷案件数量仅占21%，但结合案情分析，作为三级案由的共有纠纷与作为四级案由的共有物分割纠纷在案由适用上存在混同。两类案由下的案件中，均存在当事人要求分割共有不动产的诉讼主张。按照《民事案件案由规定》的适用要求，在能够区分当事人具体诉求所指向的法律关系时，可以在立案时确定或者在审判阶段变更为具体准确的案由，只有在审理后认为诉争的法律关系没有具体案由指向时，才可以适用上一级的概括案由。但部分案件中，立案阶段案由为共有纠纷，当事人在审理阶段明确诉讼请求后，法院未对案由进行调整。

2. 纠纷成诉原因相对集中

样本案件中，涉不动产共有纠纷案件的成因相对集中，主要有以下三种类型：第一类为当事人之间存在继承或婚姻关系，对诉争不动产形成共有，此类案件为传统的不动产共有纠纷，样本案件中有 549 件，约占 45%；第二类为因诉争不动产被征收、拆迁安置，权利客体发生变化，当事人由此主张分割拆迁利益，此类案件有 364 件，约占 30%；第三类为共有关系下，部分共有人向实际占有使用诉争不动产的共有人主张分割诉争不动产的使用收益，例如要求分割房屋租金、支付占有使用费等，此类案件有 299 件，约占 25%。

3. 次生诉讼情形多发

共有物分割程序包含结束共有关系、确定分割方式和履行分割方案三个阶段的内容，各个阶段当事人的行为差异将导致具体诉讼请求不同，[①] 因此，连环诉讼成为不动产共有纠纷中常见的情形。根据当事人进入诉讼的阶段不同，可以分为初次诉讼和次生诉讼。初次诉讼指在本次诉讼前，各方当事人之间不存在其他诉讼，样本案件中约占 46%。此类诉讼案件中，多发生在共有物分割程序的前两个阶段，如当事人在起诉前关于诉争不动产的权属处于共同共有状态，一方起诉要求分割；或各方已就共有物的分割形成一致的意思表示，一方诉至法院要求确权等。次生诉讼即在本诉之前，当事人之间还存在其他诉讼，前诉结果与本诉的形成存在紧密关联，样本案件中约占 54%。次生诉讼的情形比较多样，多发生在确定分割方式和履行分割方案两个阶段中，较为典型的情形有：前案生效判决确定了不动产的权属，但前诉尚不具备分割条件，本诉中共有人起诉要求对不动产进行分割；前案生效判决确定不动产权属后，未实际占有使用的共有人起诉要求实际占有人向其支付占有使用费或分割出租利益等。

① 参见刘子赫：《共有物分割诉讼的类型分析》，载《苏州大学学报（法学版）》2023 年第 3 期。

4. 纠纷多元化解比例高

从裁判结果来看，涉不动产共有纠纷一审案件调撤率约为69%，明显高于其他涉不动产民事纠纷案件。分析其原因，主要有三个：一是涉不动产共有纠纷的当事人多基于亲情关系共有不动产，当事人接受调解、和解的意向更加强烈。二是依照规定，在关于共有物的归属没有约定或约定不明确的情况下，按份共有人可随时请求分割共有物，在此情况下，当事人通过预判裁判结果，在诉讼中及时调整诉讼策略，撤诉后选择适当时机再次起诉，可能更符合其利益诉求。三是由于共有纠纷往往涉及多方当事人，尤其是在涉及房屋拆迁、腾退安置的案件中，当事人起诉后发现遗漏必要共同诉讼参加人，为避免败诉，选择撤诉处理。

（三）纠纷产生原因分析

1. 房屋价值较大，当事人诉争较为激烈

一方面，近年来，随着市场经济的不断发展，城镇住房制度改革不断深入，加大了房屋的稀缺性，相应导致房屋市场价值飙升，使得共有人之间对于房屋如何分割及其占有使用更为看重；另一方面，涉不动产共有纠纷案件中的当事人多为家庭成员，纠纷多因财产代际流转处分引发，且与家庭矛盾相交织，共有状态易受当事人感情亲疏远近变化的影响。一方共有人不经其他共有人同意直接单方处分不动产的情况在实践中不胜枚举，导致各方当事人之间冲突加剧，矛盾更加尖锐。

2. 城市更新加速，原共有物价值转化

随着首都新型城镇化建设进程的加快，拆迁、征收工作不断提速，使得原本为“老破小”的城区平房、农村宅基地房屋拆迁价值成几何倍数增长，自然打破了共有人之间原本稳定的共有状态，拆迁、征收在给当事人带来巨额拆迁利益的同时，也加剧了共有人对拆迁利益的争夺。与此同时，由于拆迁政策的不完善与拆迁的时效性之间的冲突，加之行政监管的不到位，因拆迁政策的执行所导致的部分共有人失权，在客观上增加了此类纠纷。例如，拆迁过程中，基于继承获得宅基地房屋的城市居民无法作为被安置人签订拆迁安置补偿协议，而仅能退而求其次主张拆迁利益的分割。

3. 法律规定较为概括，具体规范需要完善

共有物分割裁判依据为民法典第三百零三条、第三百零四条，基本沿袭了物权法的规定，其仅对共有物分割的方式作出了原则性规定，对不宜实物分割、折价或变价分割的情形没有明确，分割的条件、分割后相关财产权益的处理等也没有涉及。实践中相关问题争议较多，易引发同案不同判问题。例如，2023年以来，北京一中院改判案件中，有多件因一审、二审法院关于占有使用费起算时间认定存在分歧而被改判，由此可见，相关规则亟待细化完善。

二、共有物分割纠纷中的疑难问题梳理

（一）共有物分割条件是否成就

就按份共有而言，原则上各共有人可以随时请求分割共有物。但共有人约定不得分割的，应依其约定。然而，在共有人确有重大理由需要分割共有物的情况下，可不受该约定的限制。就共同共有而言，原则上不得分割共有物，但如共有基础丧失或确有重大理由，亦可请求分割共有物。因此，如何认定原告要求分割的诉求是否符合上述法定分割条件尤为重要。例如，在范某起诉共有物分割纠纷案中，此前生效判决确认各方当事人就案涉房屋存在共同共有关系，现范某起诉要求分割案涉房屋，主张其中三间房屋归其所有。一审法院认为，前案确权判决作出后，案涉房屋所在地的实际情况及相关政策至今没有变化，在此情况下，案涉房屋仍不宜分割。二审法院则认为，一审法院认定案涉房屋不宜分割，但并未对本案中存在影响分割的法定情形作出审查认定，故将本案发回重审。①

---

① 参见北京市海淀区人民法院（2021）京0108民初20727号民事判决书；北京市第一中级人民法院（2021）京01民终7952号民事裁定书。

（二）共有物分割方法如何确定

如共有人无法达成分割协议，法律提供了实物分割、变价分割、折价补偿三种裁判分割方法，应当如何选择？尤其是对于变价分割的方式，实践中有不同做法。

在王某诉那某共有物分割纠纷案中，王某、那某按份继承案涉房屋，每人享有二分之一的所有权份额。后案涉房屋一直由王某居住使用，那某诉至法院，要求分割案涉房屋，王某坚持认为其对案涉房屋有居住使用的需求。法院认为，为平衡那某实现财产权利与王某满足居住需求之间的关系，法院首先按照折价补偿的方式分割共有物，若王某在法院指定期间内无法给付那某应得的折价款，则将对案涉房屋进行拍卖、变卖并由双方分割房款。①

而部分案件对于变价分割持不同态度。在孙某1诉孙某2共有物分割纠纷案中，② 当事人对是否进行拍卖持不同意见，法院认为，考虑到案涉房屋现在由孙某2实际使用，其在本案中亦明确表示不同意按照拍卖的方式进行分割，当前案涉房屋尚不具备分割的条件，故判决驳回孙某1的诉讼请求。还有案例中，法院认为，法律或司法解释并未规定法院系审判中委托拍卖的义务主体，驳回了当事人要求以分割拍卖房款方式分割共有物的诉请。③

（三）共有人主张的占有使用费如何处理

共有纠纷中有一类较为常见的纠纷是共有人向实际占有人主张房屋占有使用费，该类案件通常为析产继承纠纷或共有物分割纠纷的衍生诉讼，在前案认定房屋权属后，共有人主张占有使用费，该类案件主要的争议点在于占有使用费的起算节点，实践中对此观点不一。比如，在黄

---

① 参见北京市第三中级人民法院（2019）京03民终9541号民事判决书。
② 参见北京市第二中级人民法院（2023）京02民终6710号民事判决书。
③ 参见北京市第一中级人民法院（2020）京01民终341号民事判决书。

某 1 诉黄某 2 共有物分割纠纷案中，黄某 1、黄某 2 共有案涉房屋，黄某 1 起诉要求实际使用房屋的黄某 2 支付占有使用费。一审法院判决，黄某 2 支付自实际居住使用之日至实际搬离之日的占有使用费。二审法院则认为，鉴于黄某 1 于本案起诉时第一次向黄某 2 主张相关权利，黄某 2 应自收到黄某 1 起诉状副本之次日起向黄某 1 支付案涉房屋的占有使用费。①

（四）共有拆迁利益归属如何认定

实践中，因拆迁利益分割尤其是涉农村宅基地房屋拆迁利益分割引发纠纷，往往涉及继承、分家析产、财产损害赔偿、确认合同无效等多个案由。一般拆迁单位签订拆迁补偿协议时并未明确安置对象，往往一律将户主列为被拆迁人，或者同时使用被拆迁人、被腾退人、实际居住人等多个概念，导致拆迁补偿款的发放条件无法区分。因宅基地的使用权人与拆迁过程中认定的被拆迁人存在不一致情况，家庭成员多，被拆迁房屋建设时间久远且变化大，导致对拆迁利益的归属及分割成为审理中的难点。比如，在高某 1 诉高某 2 共有纠纷案中，该案审理的争议焦点即案涉宅基地上房屋为双方当事人父母的夫妻共同财产还是高某 1 个人财产，法院认为，虽然相关权属凭证及拆迁时相关认定载明权利人为高某 1，但考虑历史因素、农村房屋建设居住的风俗习惯、实际居住情况、户籍迁出情况等事实综合分析，应认定案涉宅基地上房屋属于双方当事人父母的夫妻共同财产。②

（五）共有物分割案件二审的审理范围如何确定

关于二审法院的审理范围，原则上二审言词辩论应在上诉请求的范围内为之，但基于分割共有物之诉的特殊性，若二审法院审判的范围仅以上诉请求为限，则不能达到分割诉讼的目的。其一，一审判决准予分割共有物并酌定分割方法，若当事人仅对分割方法部分提起上诉，二审

① 参见北京市第一中级人民法院（2022）京 01 民终 9428 号民事判决书。

② 参见北京市第一中级人民法院（2023）京 01 民终 3031 号民事判决书。

法院是否可就准予分割部分调查裁判？其二，一审判决准予分割共有物并将分割方法确定为价金补偿，由共有人以折价的方式补偿给其他共有人，若当事人仅对该分割方法的判决提起上诉，二审可否判决改采其他分割方法？例如，在侯某诉徐某等共有物分割纠纷案中，[①] 一审法院确定以原物分割方法分割系争房屋，侯某上诉称双方不可能共同居住在系争房屋内，原物分割不仅没有解决纠纷，反而激化了双方的矛盾，请求变价分割，此时共有人仅对分割方法有争议。

（六）案外人与其他共有人利益的冲突如何平衡

共有物分割纠纷案件中的案外人包括共有人作为被执行人时的执行债权人及共有物的抵押权人。共有物分割纠纷中对于所有权份额的确定、分割方法的确定等，都会涉及债权人的实体利益，共有物分割可能与债权人代位析产诉讼发生关联，还会涉及与执行案件的程序衔接。

对于案外人而言，根据《最高人民法院关于人民法院民事执行中查封、扣押、冻结财产的规定》第十二条第一款的规定，“对被执行人与其他人共有的财产，人民法院可以查封、扣押、冻结，并及时通知共有人”。而实践中对于是查封被执行人对共有物所享有的份额还是将共有物整体查封，存在不同做法。有观点认为，可以对共有物整体查封并整体处置，理由在于对共有物整体处置具有更强的可操作性，且可避免后续引发买受人提起共有物分割诉讼，也更有利于对债权人利益的保护。相反观点认为，仅能对共有物部分查封和部分处置，如直接处分共有财产，会损害其他共有人的合法权益。

对于其他共有人而言，如债权人提起代位析产诉讼，共有人是否有权拒绝分割共有财产，共同共有人是否有权要求排除对共有物的执行，实践中也存在不同观点。

① 参见上海市第一中级人民法院（2014）沪一中民二（民）终字第733号民事判决书。

三、共有纠纷的审理思路与裁判规则

（一）共有物分割诉讼请求的基本认识

我们认为，共有物分割之诉中，法院的审理不应受原告诉讼请求的拘束。如原告诉请以特定的分割方法分割共有物，法院在确定分割方法时并不受其诉请的分割方法之约束和限制，仍可依据法律规定和标的物的实际情况确定分割方法。在共有物分割之诉中，法院审理的焦点问题为共有物是否具备分割的条件以及应采取何种分割方法，因此，即便原告诉请以某一特定的分割方法分割共有物，法院如认为该分割方法不当，并不宜径行以原告主张的分割不当而直接驳回其诉讼请求。当然，如经法院释明，当事人坚持以其诉请的分割方法分割共有物，而反对其他分割方法，此种情况下，法院不宜以其他分割方法判决分割共有物。

关于共有物分割之诉，被告是否能提起反诉的问题。反诉系与本诉有牵连关系的诉讼，而反诉的本质是一个新诉，具有独立的诉讼请求；且从反诉的目的上考量，反诉旨在抵销或吞并原告的诉讼请求。如前所述，法院对共有物分割之诉的审理不受原告所提出的诉讼请求之约束，故即便被告不同意分割共有物或不同意原告主张的分割方法，其进行抗辩即可，而无提起反诉之必要。

（二）共有物分割条件的认定

在共同共有的情况下，如不存在法定不宜分割事由的情况，则应当允许当事人依自己的意思终结共有状态。共同共有人提起共有物分割之诉，如其诉讼请求仅表述为要求分割共有物，应向其释明诉讼请求是否包含将共同共有转变为按份共有，并明确具体的分割方式。在诉讼过程中，若当事人主张的分割方式无法实现，亦应及时释明以便当事人调整诉讼请求。

在按份共有的情况下，根据法律规定，按份共有人可以随时请求分割。这主要是考虑到按份共有的基础关系相较于共同共有关系，具有财产性较强而人身性较弱的特性；并且多人共同管理一物容易产生分歧，赋予按份共有人随时请求分割的权利，也是提高共有物的利用效率、维护共有人利益的必然选择，但“随时请求分割”也应受到一定的约束和限制。在刘某妤诉刘某勇、周某容共有房屋分割案①中，生效判决认为，单从法律规定来看，刘某妤占份额90%，有权决定对房屋的处分，但双方当事人系父母子女关系，大部分房款由父母出资，父母购房时将大部分财产份额登记在刘某妤名下，具有赠与性质。原告要求其父母转让财产份额，该诉求与善良风俗、传统美德的要求不符。从该案的处理可以看出，共有物分割往往还涉及社会主义核心价值观弘扬与培育、法理情的协调问题，如仅是机械适用法律规定，则可能无法保证裁判结果实质的正当性，在价值判断上亦无法得到认可。

此外，共有人主张以折价或者变卖的方式分割共有的不动产，调研认为，如具有以下情形的，对其分割请求不宜支持：（1）共有人主张分割的共有物为不能上市交易的央产房、军产房、有交易期限限制的定向安置房等特殊不动产，共有人之间就共有物市场价值不能达成一致意见而无法确定共有物市场价值的；（2）共有人主张以向其他共有人支付折价补偿的方式分割共有的不动产，经审查其不具备足够的支付能力，其他共有人对共有房屋有现实居住需求，且不同意拍卖、变卖的；（3）共有人之间就共有房屋折价补偿方案不能达成一致，且双方均不具有折价补偿能力，一方主张将房屋拍卖、变卖后取得价款进行分割，另一方不同意拍卖、变卖的；（4）共有人主张以评估确认的房屋价值折价补偿其他共有人，以获得共有房屋全部所有权，其他共有人明确拒绝的；（5）共有人均不申请对共有房屋评估鉴定，又无法通过协商就房屋价值或者拍卖、变卖达成一致意见的；（6）共有人主张对共有房屋进行司法拍卖，以分割拍卖价款的方式进行分割，其他共有人坚持主张实物分割，且无证据证

① 案情详见《最高人民法院公报》2016年第7期。

明不宜进行实物分割的。

(三) 共有物分割方法的确定

民法提倡有利生产、方便生活的相邻关系处理原则，物权法提倡物尽其用原则，而共有物分割方法的确定亦应贯彻上述原则，即在考察当事人分割诉请的基础上，还要审查分割方法的经济性和有效性，是否能够促进房屋价值的充分发挥。

实物分割是最为便利和快捷的分割方式，但是如共有人因继承、离婚等产生纠纷，如不当选择实物分割方式，可能反而会妨碍房屋的有效使用，或引发新的矛盾纠纷，因此，司法实践中，对于实物分割方法的选择应当更为审慎。一般情况下，判断是否满足实物分割，需要考虑以下条件：(1) 共有财产从物理属性上可以进行实物分割。如共有人要求实物分割农村宅基地上的房屋，宅基地上有多幢房屋，共有人要求共同居住同一宅院可能具有可行性；而如共有人要求实物分割城市中的房屋，在判断是否能予以实物分割时，除了房屋内有多个房间，具备构造的独立性之外，还要考虑房屋附属的厨卫、通道等房屋布局，厨卫、通道等设施在利用上无法独立使用的，实物分割时亦应明确厨卫、通道等共用设施的使用原则。(2) 共有物不会因分割而减损财产价值。尤其是共有不动产用于商业运营时，即便其从物理属性上可以进行分割，但是如分割标准和分割方案未能得到共有人一致认可，通过裁判方式进行实物分割很可能导致商业运营受阻，不动产整体使用价值减损。

在法院认为不具备实物分割条件时，应引导当事人变更诉请为对共有物折价或者拍卖、变卖取得的价款予以分割。如采取折价补偿的方式分割共有物，审理过程和裁判方式目前并无争议。而如以拍卖或变卖的方式分割共有物则涉及审判与执行程序的衔接，所以实践中是否判决变价分割存在争议。有观点认为，若采取拍卖、变卖方式分割共有物，该判决在执行阶段存在诸多变数，拍卖和变卖过程中须办理的手续多、成本高，可能会滋生其他纠纷，所以实践中一般不采取变价分割。① 调研认为，如判决采取拍卖或变卖的方式分割共有物，应当对判决的可执行性、共有物的可处置性进行相应的审查，具体到实践中，应按如下顺序进行审查：（1）共有物无法进行实物分割；（2）现有条件无法对共有物折价；（3）各方当事人均同意通过以法院强制执行程序中的拍卖或变卖方式进行共有物分割，并能够就处置参考价达成一致意见，或在不能达成一致意见时同意法院以询价、委托评估等方式取得的处置参考价作为拍卖或变卖保留价；（4）各方当事人均同意无论共有物拍卖或变卖是否成功，都愿意承担相关拍卖或变卖费用；（5）各方当事人保证共有物能够按时腾退并交付买受人；（6）各方当事人保证共有物不存在其他争议，例如不涉及其他共有、抵押、居住权、租赁等。否则，法院不宜径直裁判以拍卖或变卖方式分割共有物。

（四）共有物分割纠纷中占有使用费的处理

在共有人向实际占有使用共有房屋的共有人主张占有使用费案件中，对于占有使用费起算时点问题，调研认为，应当予以区分考虑。第一种情形是，共有人与实际占有人均系共有权人，此种情形下，通常应以当事人实际主张权利之次日起计算占有使用费。这主要是考虑双方通常为亲属关系，实际占有人占有使用房屋往往是基于家庭成员的内部约定或居住情况延续等因素。而共有权人向实际占有人提出的支付占有使用费之诉请得到支持的前提是共有人对共有物所享有的权利受到侵害，在共有权利得到确认之前，其他共有人对于实际占有人占有的状态未明确提出异议，实际占有人又未拒绝其他共有人共同占有、使用共有物的情况下，实际占有人对共有人权利的侵害便无从谈起。因此，从共有人实际主张权利之次日起计算占有使用费，更符合物尽其用的原则，也体现了对家庭成员内部约定和共有持续性状态的尊重。关于实际主张权利之日

① 参见陈磊：《中国共有物分割诉讼的特殊程序规则研究》，载《重庆大学学报（社会科学版）》2020 年第 1 期。

的认定，应根据具体案情，可以是当事人向实际占有人主张占有使用被拒绝之日或者起诉状送达实际占有人之日等。第二种情形是，权属分割判决确认实际占有人并非共有权人，此后实际占有人继续使用共有物，共有人主张占有使用费的，应自确权判决生效之次日起计算占有使用费。在法院判决共有物的所有权不归实际占有使用人所有的情况下，实际占有人仍然继续占有使用房屋构成无权占有，应推定实际占有人不再是善意占有、使用房屋，故其应自确权判决生效之次日起支付占有使用费。

另外，特殊情况下，部分共有人擅自将房屋出租，其他共有人主张占有使用费的，应以实际占有人出租房屋之次日起计算占有使用费。

（五）拆迁利益分割案件审理中需考虑的因素

涉宅基地房屋拆迁利益分割的案件中，被拆迁房屋大多来源于祖宅，可能存在没有使用权证，宅基地立基人已经去世，房屋经多次重建、翻建，家庭成员户籍情况不断变化等复杂情况。因此，对于涉宅基地房屋拆迁利益分割应当考虑如下因素：（1）审查对房屋建设、改扩建等具有贡献的主体，即便部分共有人因户口迁出或迁为城市户口，但确对建房有贡献的，可按其贡献程度如出资比例等，分得相应的拆迁利益。（2）基于拆迁政策中对各项拆迁补偿利益性质的确定，对拆迁利益的分配予以分别考量。比如，搬家补助费、临时安置费等系针对实际居住使用被拆迁房屋的主体，则未居住使用被拆迁房屋的共有人不应分得该部分费用。（3）对房地拆迁利益应分开计算并分割。因宅基地使用权人的身份存在限制，比如，家庭成员之一户籍迁为城市户口，或另取得宅基地，则其对该被拆迁宅基地不应享有宅基地使用权，故对宅基地房屋拆迁利益的分割不应一味遵循房地一体的原则，如家庭成员不享有宅基地使用权，则关于宅基地区位补偿利益其无权主张，但其对房屋享有份额、确对房屋建设作出贡献的，则可对房屋补偿利益请求分割。

（六）上诉利益的确定

一般而言，上诉案件审理应遵循不利益变更禁止原则，即法院作出判决时也应在上诉声明范围内进行，不得对上诉人作出较原判决更为不利益的判决。[①] 而调研认为，首先，如前所述，基于共有物分割之诉的特殊性，该类案件的审理中，法院不受当事人诉讼请求中具体分割方法的约束，二审审理程序同样如此，上诉人所主张的分割方法同样并非上诉请求的必要事项，法院享有相应的自由裁量权。其次，是否具备分割条件与如何确定分割方法具有牵连性，系共有物分割之诉必然审查的事项，因此，即便当事人仅就分割方法提起上诉，二审审理范围也必然及于对分割条件的审查。最后，分割共有物之诉中关于分割方法的确定本质上属于非讼事件，[②] 其本质是请求法院确定分割方法，并无所谓的胜诉败诉之概念可言，故法院不必受当事人主张的拘束。因此，二审法院可不受不利益变更禁止原则的拘束，作出最适当的分割方法。

（七）案外人与其他共有人利益的平衡

共有物分割涉及案外人时，则需要考虑如何平衡债权人与其他共有人之间的利益冲突。第一，根据民法典的规定，在具有重大理由需要分割的情况下，共有人可以请求分割共有物。因此，如债权人之债权经生效法律文书的确认，已经申请法院强制执行，且被执行人除共有物之外无其他可供执行的财产或其他财产处理完毕后，尚不足以足额清偿债务的，债权人可以提起代位析产之诉，前述情形构成“有重大理由”，共有人不得拒绝分割共有物。如其他共有人的权利因此受到损害，其可按照相关法律规定主张赔偿责任。第二，执行程序中，若共有人之间无法达成协议，共有物以拍卖、变卖的形式分割价款，一般情况下对于共有物应当进行整体处置。拍卖过程中，其他共有人享有优先购买权。

---

① 参见陈磊：《中国共有物分割诉讼的特殊程序规则研究》，载《重庆大学学报（社会科学版）》2020年第1期。

② 从诉讼属性上而言，学界对于共有物分割之诉属于何种类型的诉讼存在诸多争议，包括非讼事件说、民事诉讼说、民事诉讼与非讼事件区分说等。具体可参见房绍坤、张旭昕：《共有物分割判决法律属性之阐释》，载《广东社会科学》2017年第2期；陈磊：《共有物分割诉讼的特殊属性研究》，载《重庆理工大学学报（社会科学）》2019年第3期。

关于完善家事纠纷多元化解的调研报告

广东省深圳市中级人民法院课题组

家是最小国，国是千万家。家庭建设是国家建设、社会建设的基础工程，婚姻家庭纠纷的化解关系社会稳定与和谐。近年来，深圳两级法院进一步深化家事审判改革，妥善化解纠纷，积极融入社会治理。2021年1月至2024年12月，全市两级法院新收婚姻家庭纠纷案件[①] 30551件，审结案件32243件，调撤婚姻家庭纠纷案件14104件。全市法院共计开展家庭教育指导2621次，发出家庭教育令209份，家庭教育责任告知书956份。自2022年7月6日成立起至2024年12月31日，深圳涉外涉港澳台家事审判中心共受理跨境家事案件1842件。

一、婚姻家庭纠纷的特点

离婚作为一种社会现象，来源于社会生活，受社会政治、经济、文化、法律等各个方面的因素影响。社会经济结构、民众法治观念、财产观念的变化，都冲击着全社会的整体婚姻家庭价值观。

① 婚姻家庭纠纷，包括离婚纠纷、离婚后财产纠纷、抚养类纠纷（抚养纠纷、变更抚养关系纠纷、同居关系子女抚养纠纷、抚养费纠纷、探望权纠纷），本报告所称“婚姻家庭纠纷”均指上述七个案由的纠纷。

（一）诉讼特点

1. 子女不再是维系婚姻的基石，“闪婚闪离”情况突出

为子女而维持婚姻的传统观念已发生根本转变，未成年子女已不再是维系婚姻的主要因素。感情不和是离婚的最主要原因，在家暴、出轨等法定离婚情形之外，“日常琐碎”更加影响婚姻质量，当事人更注重日常生活的感受与体验。“闪婚闪离”现象多发，反映出结婚较为感性，离婚又缺乏理性。

2. “80后”“90后”是离婚的“主力军”

“80后”“90后”一代多为独生子女，自我意识和个人观念突出，但在结婚后面临夫妻、婆媳、翁婿等家庭成员之间的相处问题，容易产生矛盾。部分夫妻即使经历了长期磨合，仍然未能将爱情转化为随年岁增长的浓厚亲情，或者因外部经济、社会、情感的关系影响导致“相看两厌”，最终选择“劳燕分飞”。

3. 诉讼中不同意离婚的情形占比低，女性提出离婚的占比高

大多数人对离婚的态度更趋于接受，而不再坚持固执维系。女性在经济上的独立也投射在其婚姻观念中，导致其更有底气主动解除婚姻关系，或在被离婚时选择同意。

4. 离婚争点多且相互牵连

离婚纠纷涉及争议焦点多元，离婚后财产纠纷、抚养类纠纷虽然发生在离婚或者结束同居等亲密关系后，甚至一方或双方再婚再育，但是争议点还是有牵连，加上新的矛盾，处理难度大。

5. 协议离婚衍生的离婚后财产纠纷高发

主要是对财产分割未考虑成熟，急于签订离婚协议，加之不具备相关法律知识，部分财产未书面约定分割，双方默认或者口头约定，情势发生变化后一方反悔。

6. 跨境婚姻家庭纠纷主体多为华裔

跨境婚姻案件中，当事人虽是外籍或港澳台居民身份，但很大一部

分都是华人或华侨，涉港澳的婚姻家庭纠纷主体绝大部分是原深圳或者珠三角的居民，都是早年因为各种原因获得国外或者境外身份。

（二）化解难点

婚姻家庭纠纷处理难点多体现在身份关系的解除和财产关系的析分的综合作用，涉及感情认定、子女抚养、财产分割、离婚救济等多个问题，在诉讼过程中甚至在诉讼终结后还可能在当事人或各自家庭之间发生伤害事件，导致家庭成员被追究刑事责任和民事赔偿责任。

1. 需要统筹考虑纠纷涉及的各种因素

不同意离婚的一方并不意味着不愿解除婚姻关系，可能系因财产分割或抚养等问题无法协商解决而诉至法院。很多被告在表达离婚意愿时的立场仍然是“不愿离婚”，该立场体现的真实意图是财产分割与子女抚养或者离婚救济等问题必须“如其所愿”。

比如，当财产主要是房产时，因房产归属的影响因素涉及是否主张房产所有权、出资比例、父母出资情况、双方实际居住需求等，抚养权的归属并非房产归属的主要和绝对的决定因素，导致房产并不必然判归抚养子女一方所有。这种情况下，应当在补偿比例以及其他救济渠道上体现对女方与子女权益的照顾。

2. 家事调查、家庭教育指导的现实需求凸显

抚养类纠纷涉及人身关系的认定，情感因素更加突出，且该纠纷涉及亲子关系及离异父母之间关系，受到经济条件、隔代亲子关系等因素影响，而抚养类纠纷的根源与离异父母的认识密切相关，离异父母关系的重建与亲子关系的修复培养都需要一个长期的过程，因此，抚养类纠纷是婚姻家庭纠纷中较难解决的问题，只有父母真正从未成年人利益最大化角度出发，才能解决根本矛盾，对亲子关系评估、心理疏导，在开展家事调查、调解、提供家庭教育指导、实现未成年人利益最大化等方面提出了较高要求。

3. 探望正常化是解决纠纷的重要突破口

造成探望受阻的主要原因包括：一是离异父母将抚养费与探望权捆绑，认为二者互为因果，一方不支付抚养费，另一方就阻碍探望，越受阻碍越不支付抚养费，造成矛盾在循环中激化；二是直接抚养一方担心另一方的探望给子女造成不良影响；三是双方过往矛盾造成的伤害尚未修复，转而加诸子女身上，因此，不配合对方探望。

探望矛盾的根除以及探望权行使引发的抚养权归属、抚养费争议的解决，都需要以全局的眼光分析双方之间的矛盾，引导双方采取正确的方式方法处理因离婚衍生的纠纷。

（三）跨境家事纠纷“找人查物”困难

跨境家事案件相较于国内家事案件而言，在财产关系方面明显具有诉讼标的额大、财产形式多样、跨境财产查明困难的特点，在身份关系方面明显具有人员流动性大、分居情形多且时间长的特点，这些情况导致跨境婚姻双方在诉讼离婚时，出现无法联系被告、外籍当事人在国外生活无法注册使用深圳移动微法院、夫妻一方对对方夫妻关系存续期间持有的财产不明等情形。就跨境离婚后财产纠纷而言，也遵循“原告就被告”的一般管辖原则，但跨境家事案件当事人具有明显的全国、全球投资、置业特点，财产查明及分割难度较大。这些问题或导致调解工作无法开展，或导致跨境婚姻双方因对彼此持有的财产情况不明，进而无法建立信任，缺乏调解基础，而对夫妻共同财产分割的巨大分歧常导致家事调解工作陷入僵局。跨境家事纠纷“找人查物”困难导致纠纷调解不易开展。

二、化解婚姻家庭纠纷的主要做法

深圳两级法院从加强家庭教育与法治宣传、完善共建共治共享格局以及法院内部集成式多元化解平台建设等方面着手，加大纠纷化解力度。

（一）坚持党的领导，完善婚姻家庭纠纷社会治理新格局

1. 转变理念，找准家事审判职能在婚姻家事纠纷源头治理体系中的位置

依靠党委领导与人大监督以及政府的支持，推动行政机关与社会力量的治理，深圳两级法院主动融入党委领导下的社会治理大格局，把工作重点下沉到纠纷产生的源头。同时，积极推进调解、诉讼等解纷方式的相互衔接，使专业成熟的调解思路和基层对社情民意的了解功能互补，指导基层调解做到举一反三，将相关调解思路原则和方法运用到相同类型纠纷中，让调解发挥最大效力，达到事半功倍的效果。

2. 推动建立健全婚姻家庭纠纷发现与介入机制

通过实施“无讼社区”等基层源头治理现代化工程，培育良好的基层社会治理秩序。龙华区法院适时将家事纠纷万人成讼率、家事调解协议司法确认率指标作为单独指标，精确到街道、社区，为精细化推动家事纠纷源头治理提供数据支持。目前，街道司法所的职能均并入街道综治办或者平安建设办，人民调解的具体工作主要由街道负责。因此，与街道对接是融入社会治理的重要一环。在全市推进婚姻家庭纠纷庭街联建共治，在街道设立“法庭驻点工作站”，把诉讼服务、非诉解纷、司法确认工作融入街道综治办或者平安建设办。各基层法院通过发挥退休法官、退休检察官、资深学者等在基层社会的号召力和影响力，推动组建社区人民调解队伍，促进德治、自治与法治相融合。指导制定家事调解规程，实行调解员坐班及主动上门调解机制，通过定期培训、指派法官对接指导，切实提升基层调解能力。

3. 发挥司法裁判的导向引领作用

司法裁判，是定分止争的主要依据，是法院“安身立命”的根本，既对进入诉讼程序的纠纷确定权利义务，又对可能发生的纠纷起到明确的预期和指引作用，因此，也是纠纷前端化解的主要依据。深圳两级法院注重形成优质高效的示范案例，增强办案效果。定期向社会公众发布

《家事审判白皮书》，以及反家暴、未成年人权益保护、妇女权益保护、老年人权益保护等案例，在家事案件这座“富矿”里挖掘一批典型案例，充分发挥“一个案例胜过一打文件”的示范引领作用，为多元解纷的联动部门预防和化解纠纷提供参考借鉴，从而指导法治实践，指引社会生活。

（二）以家庭教育为抓手，构筑预防纠纷的“防火墙”

家庭有着独特的社会价值和功能，深圳两级法院充分认识到家庭教育在家庭纠纷预防与化解中的重要作用，家庭和谐以及家庭教育理念与方式方法的转变是解决婚姻家庭纠纷的关键，需下大力气加强家庭教育。

1. 丰富家庭教育内容

首先，培育青年人对恋爱、婚姻、家庭的正确观念，充分利用好民政婚姻登记机关设立的家庭辅导室、妇联的婚姻家庭纠纷调解室等，持续深入地培育正确的婚姻家庭观念，在多元化的价值观中坚持对婚姻家庭的责任与义务。同时，积极建设支持家庭的公共服务，特别是加强心理健康服务的供给，提供专业服务与支持，缓解出现危机的婚姻家庭当事人的负面情绪。其次，协助父母树立未成年人利益最大化的观念，将和谐家庭关系作为重点内容编入家庭教育指导课程。最后，帮助父母树立家庭是第一课堂、家长是第一任老师的责任意识。家长需承担对子女实施家庭教育的主体责任，用正确思想、方法和行为教育子女养成良好品行与习惯。

2. 提供精准化指导服务

与深圳市妇联联合签署符合深圳区域特点的《关于联合开展家庭教育指导工作的实施方案》，从适用情形、工作原则、指导形式、分级干预、指导流程、文书范本等方面作出具体规定，以规范法院开展家庭教育指导的具体事项。重点是制定个性化的指导方案，每个家庭面临的问题和困难不尽相同，导致家庭教育指导服务对家长教育素养和子女发展的影响效果存在差异性。应以需求为导向，将工作重点聚焦于因类施教，开展针对性、多样性的精准指导服务。

3. 构建家庭教育指导保障机制

市妇联自2022年启动“领航计划”深圳市家庭教育从业人员实训班，主要培训内容为家庭教育指导价值观、政策与行业发展、理论知识与应用技术等，并开展家庭教育指导实践活动，经专家审核后颁发“深圳市家庭教育指导员”证书。深圳两级法院将继续支持和选拔两级法院优秀社工等家事审判辅助人员参与该专业培训。

（三）以统筹联动为目标，建成全市多元纠纷化解平台

在“家事调解员+家事调查员+家事观察员+专业社工”四位一体机制的基础上完善配置科学、集约高效的家事审判运行工作体系，建成全市一站式家事纠纷化解平台，提供从诉前联调、诉中调解、家事调查、家事观察、亲子关系评估到诉后回访、帮扶的全流程服务，为全国深化家事审判改革提供深圳样本。

1. 加强调解组织建设，完善调解程序

矛盾纠纷内容和类型日趋多元化、多样化和复杂化，亟须不断探索与推进调解组织的专业化与职业化。目前，全市法院形成了一支相对稳定、具有一定经验的调解员队伍，市中院与各区法院分别购买家事调解服务的做法，既实现了资质准入门槛、考核管理的统一，又保证调解员主要来源、人员与经验的稳定性。后续依据家事调查、心理疏导的实践情况，集约管理经验，尝试对调解实行集中管理，同时，完善调解程序。由于调解有其自身的效用边界，只有那些包含当事人合作意愿和包容对方动机的案件，才适宜调解。家事调解程序的运用，以具有调解的必要或有调解可能性为前提，在进入调解程序之前，对调解的案件及当事人进行评估显得尤为重要。根据过去的调解经验，设计调解服务评估表，用以协助家事调解员辨认纠纷是否适宜调解。

2. 完善家事调查制度，保证家事调查的中立性、客观性和有效性

对于需要进一步查明的事项，特别是涉及未成年人抚养权的案件，

委托相关机构或家事调查员进行调查。目前，我们的模式是各区法院自行制定或者与区委政法委、妇联等其他联动机制成员单位联合制定家事调查制度，规定家事调查员资格程序与运作流程。调查员基本是由法院购买（少数由政法委、妇联等联动单位购买）社会服务，通过委托调查的方式开展工作；统一管理和指导调查员的资历要求、选拔程序、职业训练、考评标准，提升调查员的专业素质，拓展社会调查的广度和深度。调查报告内容强调调查事项的全面性，调查报告的详尽度，调查的客观中立性，调查报告对子女情感需求与生活教育需求兼顾，包括父母的亲子关系以及与抚养子女相关的人员和子女的关系、父母过往冲突行为和原因，以及对有需要多次调查的作出进一步规定，充分发挥社会调查报告应有的功能与作用。

3. 完善心理疏导、评估以及亲子关系评估制度

婚姻家庭纠纷中，当事人大多处于矛盾最激烈时期，负面情绪较多，甚至出现过激行为，有的存在心理障碍或者疾病。针对这种情况，探索建立五段式心理疏导工作模式，即准备阶段，包括介入判断、自愿接受、契合度等；开始阶段，包括建立关系、收集信息、专业评估；关键阶段，包括制订计划、技术运用、探寻内心诉求；冲刺阶段，包括满足内心需求、促进理性思考；收尾阶段，包括总结、评估。对有需求的当事人还开展亲子关系评估。不少未成年人对于自己所在家庭的关系变化比较敏感，他们能感受到家庭中每一段关系的变化，但由于认知水平和语言表达能力有限，难以表达自己的感受，而引导表达和展示亲子关系的状态，需要专业的心理评估。对此，可借助体验式亲子互动游戏、“家庭动物图”及绘本图画讲故事等，促进亲子家庭的具象化表达，有利于了解亲子关系状况。

4. 做好判后回访的延伸服务，向后端发力

为促进家事纠纷的有效解决，增强家事审判的社会辐射功能，完善了判后跟踪回访机制。因考核指标所限，必须在审限内结案，部分案件无法做到案结事了，未能从根本上化解纠纷，特别是涉及抚养探望、人

身安全保护令等纠纷案件。例如，在王某与欧某离婚案件中，因双方分居，王某已经两年多未见到孩子，其每次去欧某住处探望孩子均发生冲突。而抚养权归属与探望问题具有人身属性，不能采用强制方式，判决往往难以实现案结事了。因探望权没有实现而引起抚养权变更之诉、抚养费之诉等新案件的情况很普遍。判后回访正是解决此类纠纷的最好方法，由专业社工、心理咨询师、家庭教育指导师定期开展判后回访，以"时间换空间"，在较长的时间内修复离异父母关系，重建信任与沟通。具体工作制度包括制作家事回访记录表，涵盖回访人、回访时间、回访方式、回访内容等信息，建立与社区、派出所等基层组织的长效协同机制，动态掌握和对接当事人的司法需求，最终消除矛盾，避免一案结多案起，真正实现源头治理。

（四）树立大局意识，实现家事审判职能最大效果

深入贯彻落实最高人民法院院长张军讲话精神，彻底化解纠纷，并通过办案关注、思考类案的成因，特别是相关类案明显升降的原因等，针对性提出建议，实现家事审判职能最大效果。

1. 牢固树立纠纷"到我这里为止"的责任感和使命感。

首先，以"如我在诉"的意识，积极主动化解纠纷，争取一揽子解决，避免在诉讼过程中形成新的矛盾，如离婚后财产纠纷、子女抚养权的变更和抚养费的增减，以及强制执行探望、强制执行抚养费等。其次，勇于担当，善于和敢于发现事实真相。婚姻家庭纠纷当事人诉讼能力相对有限、案件关乎伦理人情、对弱者的倾向性保护、涉及人格身份权益等多方面因素决定了宜从宽掌握法院依职权查明的启动门槛。司法认定的案件事实只有与客观发生的事实相符合，司法公正才能立得住。最后，坚持贯彻实质公平与和谐化解纠纷的理念。家事纠纷在审判思路上更应注重对情理法的融会贯通，从情理出发阐释法律、填补法律漏洞、灵活适用法律，不断增强裁判的可接受度，更好体现司法的人文关怀。

2. 预防因家庭情感纠纷导致恶性事件

近年来，因家庭、婚恋等感情纠纷最终引发的故意伤害甚至恶性事件时有发生。这些案件中，涉事双方往往因为一时冲动而采取极端行为，造成不可挽回的损失。全面审视双方主张并穿透双方矛盾实质，不能仅仅因为一方不理智的、不愿意分割财产而不愿意离婚甚至因为财产分割难度大而一律不判离结案；对确有家庭暴力可能的，应及时颁发人身安全保护令。加强法律宣传教育，通过开展以案释法、宣传图文视频等方式，提高当事人对家庭暴力后果、故意伤害行为后果的认识，教育其理性处理问题，避免感情纠纷演变为暴力犯罪。

3. 形成优质高效的综合治理类司法建议

针对婚姻家庭纠纷的成因与特点，向民政、妇联、司法、教育等部门发送综合类司法建议。在结婚登记前应进行婚姻辅导，使夫妻做到真正“持证上岗”。民政局离婚登记部门与妇联妇女权益保护相关部门，则需精准加强对离婚协议风险的提示与告知，降低离婚协议签订后不能履行的风险，以避免离婚后纠纷的产生。总之，通过有效的司法建设，充分发挥民政部门以及社会组织、群团组织在社区的组织协调作用，运用好全市婚姻登记处以及216个婚姻家庭纠纷调解室，深入社会“神经末梢”的调解力量，对于存在矛盾或分居的家庭尽早开展婚姻关系辅导与治疗。

4. 建立与家事特别程序相适应的审判管理与考核机制

贯彻家事裁判理念，发挥家事审判的诊断、修复、治疗作用，决定了家事诉讼程序的特别性和相对较长的办案周期。调解、调查、观护、心理辅导、评估等工作以及一揽子解决纠纷要求审判管理部门结合家事审判的工作实际，建立特别的审判管理流程与考核指标。例如，制定相对灵活的审限规定，或者将必要的调查、调解、心理辅导、亲子关系评估等措施吸纳为流程管理的节点，在考核评价指标体系中增设相关考核要素。

三、婚姻家庭纠纷化解工作效果

（一）纠纷化解的法律效果、社会效果进一步增强

1. 不断提升家事审判水平

撰文《深圳法院家事案件审理与改革的现状与对策建议》《民法典婚姻家庭编对家事案件审理的影响》《抚养权争议中实现未成年人利益最大化之探讨》，编撰《婚姻相关纠纷类案审理指南》，及时总结家事审判改革经验和成果，统一全市两级法院家事案件裁判标准；发布《深圳法院家事审判白皮书》；《深圳龙华法院推进未成年人司法保护工作的实践与思考》入选《深圳蓝皮书：深圳法治发展报告（2022）》、多篇案例获评广东省与深圳市典型案例；先后完成重点调研课题——《家事审判程序研究》《跨境家事案件法律适用问题研究》《遗产管理人参与诉讼制度研究》；每年全面统计分析上诉发改情况，梳理、总结上诉发改率高发原因，以编发《民事审判通讯》、召开座谈会等方式开展交流研讨。连年深入各基层法院指导，并梳理《家事审判疑难问题解答》，进一步提升了业务指导的精准性、融合性、实效性。

2. 发挥裁判文书释法说理与以情感人的效应

针对家庭矛盾激烈，当事人情绪极端的案件，以高度的责任心撰写裁判文书，用心用情开展情感治疗与修复工作。准确全面归纳诉辩请求，引导双方换位思考，反省自身不足，使当事人的情绪得到安抚，理解居中裁判的立场。在涉及抚养与探望的案件中实现探望的规范化、具体化，社工参与指导与协调，制订具体的探望计划。增强裁判文书释明法理的同时，与道德评价有机结合，融合社会价值取向和公民价值准则，回应当事人的期待，提升对司法裁判的满意度。例如，黄某诉郝某案在全市法院“六优”评选中获评一等奖，并获评全国法院未成年人司法保护优秀裁判文书优秀奖。该案判决后，以文书内容为基础，提炼出离异父母的常见认知与行为规律，形成了全市统一的家庭教育指导书文本，将释

法说理贯穿于诉前与诉中全流程。

3. 将调解做到当事人的心坎上

全市法院家事案件诉前、诉中、判后的调解由一名调解员全程跟踪，并及时记录各阶段性调解方案，一方面避免了更换调解员导致当事人重复倾诉的二次情感伤害，另一方面调解记录为法院裁判提供了重要参考，极大提高了判决的可接受度及群众的司法获得感。例如，崔某与李某离婚案，一审判决二人离婚，李某因不服抚养权归属及房产拍卖前费用承担比例不明确而上诉。二审中，案件因抚养权归属问题无法达成共识，但在调解中明确了房产变卖或拍卖前相关费用的承担比例问题。最终案件依据调解中双方确定的费用承担比例作出判决，双方均接受判决结果，并赠送锦旗向法官与社工表示感谢。

（二）家事纠纷多元化解机制进一步完善

1. 注重与联动单位协调沟通

市中院与市妇联联合会签《关于建立家事纠纷协调解决机制的若干意见》《关于联合开展家庭教育指导工作的实施方案》，加强部门联动，在开展婚姻调解、业务培训时畅通信息、资源互享，共同研判、处置典型纠纷和突发事件。福田区法院率先与区妇联签订《关于建立诉前婚姻家庭纠纷化解合作机制的备忘录》，启动“法院+妇联”联动非诉讼矛盾化解机制，还与深圳市律师协会签订《关于建立婚姻家事疑难复杂案件调解机制备忘录》，形成家庭矛盾纠纷化解的“多车道”。南山区法院西丽法庭先行探索“庭所共建”源头治理工作，“一庭两所”全方位对接；还在南山区妇联婚姻调解中心设立“家事法官联络站”，法官远程指导和定期驻点相结合。深圳涉外涉港澳台家事审判中心强化功能集聚效应，与政法委、司法行政、妇联等单位加强联动，揭牌成立深圳市首个涉外涉港澳台家事纠纷人民调解委员会，增强审判中心基层社会治理功能，设立龙华区粤港澳家庭与未成年人服务社会工作室，探索与香港有关组织合作开展纠纷前端化解，以及研究专业社会工作在涉港澳家庭教育指导和未成年人保护工作方面的发展路径。

2. 对调解、家事社会调查与心理评估工作建章立制

制定《家事案件审理规程（试行）》《家事案件调解员工作规程（试行）》《家事案件调查员工作规程（试行）》等规范性文件。龙华、龙岗、福田、宝安、南山区法院（婚姻家庭纠纷收案、结案数量较大的法院）离婚纠纷调解率连年均为40%以上。龙华区法院成立“三专”调处团队，设立由专业家事调解员、专业心理咨询师以及专业家事社工组成的“与爱同行”家事纠纷调处团队，开展全方位联动、全流程介入、全员调解的“三全”调解模式，实行矛盾诊断、心理干预、判后回访“三步”柔性化解，走出了一条“案结、事了、人和”的家事调解新路径，切实防范了“一案结而多案生”。例如，刘某与陈某探望权、抚养权、抚养费纠纷案，一揽子解决六个在诉案件，从源头上化解纠纷。[①]

3. 家事解纷队伍专业化、社会化建设与物质保障进一步加强

合理配置家事审判司法资源，大力推进社会购买服务，做到有条件的基层法院成立专门审理婚姻家庭纠纷的家事审判庭或者合议庭，暂时没有条件的法院则指定特定法官专门审理家事案件。保证家事审判队伍的稳定性与年龄层次及性别搭配的合理性。不断探索建立由专业社工、心理咨询师、家庭教育指导师等参与的家事审判新模式，将家事审判和源头治理相结合，为营造共建共治共享的社会治理新格局创造条件。

市中院购买家事司辅集约化服务，集约化工作场所和人员配备等硬件保障已经落地，与市妇联共同建立的家庭教育指导共建基地暨家事纠纷调解中心已于2024年6月正式启用，龙华区法院、龙岗区法院也已与辖区妇联建立了家庭教育指导共建基地，其他各基层法院的家庭教育指

① 该案基本案情是，夫妻双方协议离婚后未能处理好后续事宜，因财产分割、探望权行使、变更抚养关系、抚养费等问题不断产生纠纷，矛盾愈演愈烈，互相提起多个诉讼，仅在深圳法院系统就有六起案件、多个审判程序，对夫妻双方和未成年子女的正常生活造成严重困扰。承办法官在审理和调解过程中，注重对夫妻双方情绪的把握，对各案争议焦点逐一提出针对性解决方案，并利用各争议焦点的互补性做当事人的思想工作，逐步将双方疑虑一一化解，最终顺利达成整体调解，六个案件一并调解结案。

导共建基地亦在筹备中。此外，深圳各基层法院也围绕家事审判特点和需求，加强了硬件与软件建设，功能齐全、设施便利。各基层法院借助智慧法院建设积极探索线上家事纠纷审理模式，龙华区法院建设“一站式跨境家事诉讼云平台”，实现了多法域法律资源一站式收录、域外法查明一站式服务以及涉外法律信息一站式检索。

（三）普法宣传与家庭教育力度进一步加大

1. 加大媒体宣传力度

南山区法院西丽法庭参与最高人民法院与央视联合录制的《家和万事兴》节目，在全国两会期间播出，获得社会一致好评。深圳涉外涉港澳台家事审判中心构建国际化诉讼服务体系等工作经验和案例先后四次经由《中国日报》报道，以丰富的形式生动讲述中国法治故事。两级法院家事审判团队成员参与录制市委政法委《法说平安》节目，宣传家庭教育指导工作及跨境婚姻纠纷化解机制；录制《鹏法微课堂》；以家事审判与未成年人权益保护为主题接受新浪网直播访谈，在线观看人数达82.4万人次，被多家媒体报道；召开“民法典对婚姻家事审判工作的影响”座谈会，网上直播在线观看达101万人次，深圳卫视都市频道第一现场节目对此进行报道；受邀在深圳卫视都市频道《深圳市民文化大讲堂》栏目讲授《民法典中的婚姻关系》；在深圳卫视都市频道《法官说法》栏目录制《离婚了，未成年人权益怎么保护》节目；深视新闻对全市法院未成年人权益保护工作以《深圳法院推进家事审判改革保障未成年人权益》为题进行报道；受邀参加市直机关工委《民心桥》节目访谈直播；发布普法宣传短片《一别两宽，离婚协议怎么签?》。另外，多次在市中院公众号发布全市法院保护妇女权益与未成年人权益以及家庭教育指导典型案例。

2. 加强家庭教育指导

成立全市家庭教育法律指导工作站，公布家庭教育令统一格式文本；认真梳理总结实践中家庭教育指导内容，编写《秉持未成年人利益最大化原则给予孩子正确的爱》家庭教育指导书，向家事案件当事人及基层法院以及民政局、妇联、街道办等联动部门发送；目前，正在构建事前宣讲、诉中调引、判后再教育的“三段式”家庭教育法律指导工作，拟在南山区法院西丽法庭试点面向起诉到法院的家有未成年子女的离婚夫妻开设线上家庭教育课程，力争实现家庭教育全面覆盖、靶向明确、层层深入。南山区法院设计《家庭教育指导信》，目前已累计向 556 件案件中的未成年人的父母发出。罗湖区法院制作《离异父母合作指南》，持续开展“家长课堂”家庭教育辅导活动。福田区法院在一起监护权案件中持续九个月跟踪修复离异家庭儿童心理创伤，该案例入选 2022 年广东省未成年人司法保护典型案例。

3. 积极开展普法活动

利用国际劳动妇女节、国际儿童节、“国际家庭日”及“女法官国际日”，反家庭暴力法等各相关法律颁布实施周年等时间节点发布典型案例，联合妇联与基层司法人员，深入学校与社区，并同步在媒体宣传，扩大普法受众范围。例如，2024 年 5 月市中院在龙华区第二外国语学校开展“与法同行，护航青春”普法活动，并现场进行民法典有关知识问答，寓教于乐；南山区法院西丽法庭在深圳市第二高级中学开展“护航高质量 法治进校园”普法活动，通过模拟法庭再现庭审过程，给未成年人上了一堂生动的法治教育课。福田区法院协同辖区街道、荔园小学等单位开展“播种法治校园”等普法活动六场，广泛邀请人大代表、学生代表参与“庭审观摩”。组织开展“美好生活 · 民法典相伴”主题普法，在福保、沙头街道线上线下开展“法官直通车”“把民法典请回家”等系列释法答疑活动。市中院家事审判团队开展民法典婚姻家庭法律普法授课十余场，在深圳改革开放干部学院、市民政局、市海关等单位以及南山、罗湖等妇联干部成长班、维权能力提升专题培训班授课。

约稿函

《民事审判指导与参考》由最高人民法院民事审判第一庭编。自2000年创办以来，本书以传播最高人民法院民事审判政策和指导意见、介绍最高人民法院和全国地方各级人民法院的优秀审判工作经验以及审判实践中疑难问题的解决思路为己任，对全国法院民事审判工作起到了重要的指导与参考作用，并为全国民事审判工作人员及其他关注、研究民事审判工作的法律工作者提供了一个广阔、互动的交流平台。为了能够有更多优秀稿件更好地反映各地民事审判研究成果，特在此向全国法院系统人员征集与民事审判相关的稿件：

【业务文章】 主要收录民事审判实体法律适用以及裁判方法、审判理念等方面的文章，文章应立足审判实践，言之有物、论证有据、观点明确，切忌拖沓，每篇6000字左右为宜。

【地方法院案件解析】 主要收录各地法院审结具有典型性和一定指导意义的案件，主要包括基本案情、审判情况及对涉及的法律问题的评析。每篇文章不超过5000字。

【热点问题调研】 主要收录各地法院针对民事审判实践中的新情况、新问题进行调研形成的调研成果，调研文章应当数据翔实、分析论证透彻，并提出相应的意见和建议。每篇文章以1万字左右为宜。

【地方法院传真】 主要收录各地法院有关民事审判工作的规范性意见和文件等，为各地法院提供一个信息共享、经验交流的平台。

来稿请发送到以下电子邮箱，并注明联系人电话等联系方式，写作规范及体例请参照已出版图书相应栏目的文章。

联 系 人：张一宸
电　　话：010-67556755
电子邮箱：zuigaofaminyiting@163.com

最高人民法院民事审判第一庭
《民事审判指导与参考》编辑部

中国审判指导丛书

——各级人民法院审判工作权威参考指导用书

《刑事审判参考》：最高人民法院刑事审判第一庭、第二庭、第三庭、第四庭、第五庭共同主办。自 2021 年起，丛书由人民法院出版社出版发行，作为《中国审判指导丛书》的重要组成部分。丛书自 1999 年 4 月创办以来，秉承立足实践、突出实用、重在指导、体现权威的编辑宗旨，在编辑委员会成员、作者和读者的共同努力下，密切联系刑事司法实践，为刑事司法人员提供了有针对性和权威性的业务指导和参考，受到刑事司法工作人员和刑事法律教学、研究人员的广泛欢迎。丛书主要收录指导案例、刑事司法规范及其理解与适用、刑事政策及其解读、理论前沿、实务探讨、编辑部答疑、经验交流、疑案争鸣等内容。2021 年，作者将对丛书的体例、栏目设置及相关内容等进行完善和提升，力求以全新的面貌将更权威、实用的内容展现给读者。全年 6 辑，每辑 68.00 元，共 408.00 元。

《民事审判指导与参考》：最高人民法院民事审判第一庭编。丛书收录最高人民法院关于民事审判工作的司法解释及其理解与适用、指导意见和最新政策精神及其解读、民事审判会议纪要、最高人民法院典型案例评析、示范性裁判文书、实务研讨、理论研究、各地方法院经验交流等内容，旨在传播最高人民法院和地方各级人民法院的优秀民事审判工作经验，对最新疑难经典案例进行探讨与解析，提供审判实践中解决疑难问题的思路，是最高人民法院民事审判第一庭履行对下指导职责的工作平台。全年 4 辑，每辑 68.00 元，共 272.00 元。

《商事审判指导》：最高人民法院民事审判第二庭编。丛书刊登最高人民法院关于商事审判工作的指导意见、司法解释及其理解与适用、典型案例评析文章、示范性裁判文书、地方实务调研成果、理论研究文章等。丛书对各级人民法院商事审判工作具有重要指导作用和参考价值。全年 2 辑，每辑 68.00 元，共 136.00 元。

《知识产权审判指导》：最高人民法院民事审判第三庭编。丛书主要内容包括知识产权审判政策与精神、司法解释理解与适用、调研报告和案例评析，以及反映知识产权审判动态的专题论述和优秀裁判文书等。丛书对各级人民法院知识产权审判工作具有重要指导作用和参考价值。全年 2 辑，每辑 68.00 元，共 136.00 元。

《涉外商事海事审判指导》：最高人民法院民事审判第四庭编。丛书收录当年出台的司法解释、司法指导性文件以及涉外商事案件相关问题的批复和案例评析，重点收录最高人民法院对高级人民法院有关国际商事仲裁裁决司法审查法律问题请示的复函，并附有高级人民法院的请示。丛书对各级人民法院涉外商事海事审判工作具有重要指导作用和参考价值。全年2辑，每辑68.00元，共136.00元。

《立案工作指导》：最高人民法院立案庭编。丛书主要收录有关立案的司法解释理解与适用、各级人民法院立案工作的实践经验、调研报告和案例评析等。丛书对各级人民法院立案工作具有重要指导作用和参考价值。全年2辑，每辑68.00元，共136.00元。

《审判监督指导》：最高人民法院审判监督庭编。丛书主要收录关于审判监督工作的司法解释及其理解与适用、最新的政策与精神及其解读、最高人民法院案例评注、典型案例、会议纪要、优秀裁判文书、业务交流等内容。另外，还设置了审监信箱，回应全国法院审判监督工作中的疑难问题。丛书对各级人民法院审判监督工作具有重要指导作用和参考价值。全年2辑，每辑68.00元，共136.00元。

《中国少年司法》：最高人民法院少年法庭工作办公室编。丛书设置了有关少年司法工作的政策与精神、法官论坛、改革与探索、理论与实务研究、典型案例、裁判文书以及规范性文件等栏目。丛书的出版，旨在切实加强对少年司法工作相关问题的研究、加强对全国少年法庭工作的指导、强化相关方面的调查研究和理论探讨。丛书对各级人民法院少年审判工作、相关政法部门少年司法执法工作和有关社会组织的未成年人权益保护工作，都有重要的指导作用。全年4辑，每辑68.00元，共272.00元。

《执行工作指导》：最高人民法院执行局编。丛书对我国目前执行工作中的重点、热点和难点问题，从不同角度进行理论研究和实践经验的提炼与总结；同时，丛书紧紧围绕最高人民法院执行工作大局，紧密结合执行工作理论与实践，为全国广大法官以及其他法律职业者提供及时、权威的执行工作业务指导和参考，对正确理解相关规定、统一执法标准和破解执行难问题具有重要指导作用。全年4辑，每辑68.00元，共272.00元。

《国家赔偿与司法救助办案指导》：最高人民法院赔偿委员会办公室编。编委会成员分别由全国人大法工委国家法室、最高人民法院赔偿委员会办公室、最高人民检察院刑事申诉检察厅、公安部法制局、司法部法制司、财政部条法司等部委工作人员组成，收录了国家赔偿与司法救助相关的政策、法律法规、司法解释及其理解与适用，有普遍指导意义的请示案件及其答复，重大新型疑难案例评析，国家赔偿理论与实务研究，国家赔偿工作调研报告，地方国家赔偿工作动态等内容，集中反映最高人民法院、最高人民检察院等单位对于国家赔偿工作重要政策、观点、理论研究和实践指导的意见，对国家赔偿与司法救助工作具有重要的指导作用和参考价值。全年2辑，每辑68.00元，共136.00元。

2025年中国审判指导丛书征订单

银行汇款方式：

开户银行：工行王府井金街支行

账号：0200000709004606170

开户名称：人民法院出版社有限公司

行号：102100000072

邮箱：fysgzzz@163.com

邮局汇款方式：

邮编：100745

地址：北京市东城区东交民巷27号人民法院出版社

联系人：王玺佳 010-67550536/18601031761

靖存锴 010-67550595/18601032892

传真：010-67550541

订购单位				联系人		
联系电话				邮编		
详细地址						
电子邮箱		纳税人识别号				
代号	书名	全年辑数	定价	邮费	合计	订购份数
202510	《刑事审判参考》	六辑	408.00	61.20	469.20	
202511	《民事审判指导与参考》	四辑	272.00	40.80	312.80	
202512	《商事审判指导》	两辑	136.00	20.40	156.40	
202513	《立案工作指导》	两辑	136.00	20.40	156.40	
202514	《审判监督指导》	两辑	136.00	20.40	156.40	
202515	《知识产权审判指导》	两辑	136.00	20.40	156.40	
202516	《涉外商事海事审判指导》	两辑	136.00	20.40	156.40	
202517	《中国少年司法》	四辑	272.00	40.80	312.80	
202518	《执行工作指导》	四辑	272.00	40.80	312.80	
202519	《国家赔偿与司法救助办案指导》	两辑	136.00	20.40	156.40	